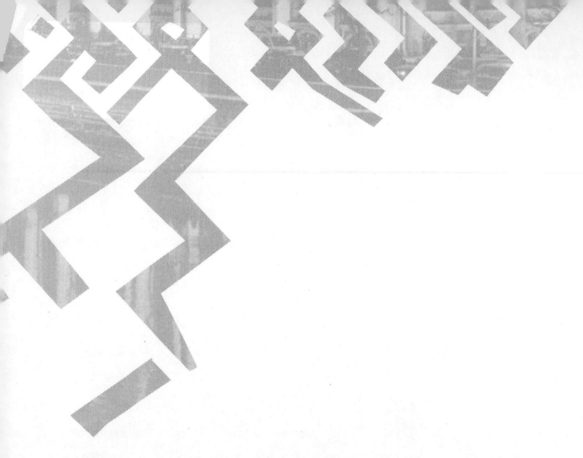

Russian text studies based on corpus

基于语料库的
俄语语篇研究

陈 虹◎著

中国财经出版传媒集团

经济科学出版社

Economic Science Press

图书在版编目（CIP）数据

基于语料库的俄语语篇研究/陈虹著 . —北京：经济
科学出版社，2017.7
ISBN 978 - 7 - 5141 - 8280 - 4

Ⅰ.①基…　Ⅱ.①陈…　Ⅲ.①俄语 - 语法 - 研究
Ⅳ.①H354

中国版本图书馆 CIP 数据核字（2017）第 189884 号

责任编辑：李　雪
责任校对：刘　昕
责任印制：邱　天

基于语料库的俄语语篇研究

陈　虹　著

经济科学出版社出版、发行　新华书店经销
社址：北京市海淀区阜成路甲 28 号　邮编：100142
总编部电话：010 - 88191217　发行部电话：010 - 88191522
网址：www. esp. com. cn
电子邮件：esp@ esp. com. cn
天猫网店：经济科学出版社旗舰店
网址：http：//jjkxcbs. tmall. com
固安华明印业有限公司印装
710 × 1000　16 开　17.5 印张　300000 字
2017 年 7 月第 1 版　2017 年 7 月第 1 次印刷
ISBN 978 - 7 - 5141 - 8280 - 4　定价：58.00 元
（图书出现印装问题，本社负责调换。电话：010 - 88191510）
（版权所有　侵权必究　举报电话：010 - 88191586
电子邮箱：dbts@ esp. com. cn）

感谢安徽财经大学出版基金的资助

前　　言

　　跨学科研究是现代语言学发展的一个重要方向，本书顺应这种多元化发展趋势，以俄罗斯学者伊·罗·加里别林（И. Р. Гальперин）的语篇理论为基础，利用小型自建俄语语料库中的语料和数据，根据统计学中广义的线性回归模型，并使用普通最小二乘法做参数估计，利用 STATA 软件在计算机上进行运算，对语义独立片段、回溯和前瞻范畴进行了比较全面的定性研究和定量分析，并得出了一些有价值的研究结论。

　　具体而言，本书首先介绍和分析了国内外语料库研究和建设的总体情况，重点关注了语料库的标注原则、模式和类型，并同时提出了语料库的著作权问题。接下来，本书在简略回顾国内外语篇研究的历史和现状之后，重点介绍和分析了加里别林的语篇理论，并详细论述了加里别林语篇研究的十大基本范畴。在细致研究了本书的方法论和理论基础之后，由于目前还没有面向语篇研究的语料库，我们认真分析了小型语料库建设的可行性和必要性，以及它的代表性和有效性，在理论论证可行、前人实践可建的基础上，根据语料库创建的一般原则、步骤和方法，用手工标注方式，创建了面向语篇研究的小型俄语语料库。小型自建俄语语料库总词次接近18万，包含30个文学语体语篇、20个政论语体语篇和20个科技语体语篇。基于小型自建俄语语料库，我们对加里别林十大基本语篇范畴之中的语义独立片段、回溯和前瞻范畴不仅进行了静态的描述性研究，而且使用实证方法，以统计学中广义的线性回归模型为基础，并使用普通最小二乘法做参数估计，利用验证假设的方式，对语义独立片段、回溯和前瞻范畴在语篇中次数分布的影响因素作了详细分析。根据线性回归计量结果，我们得出以下结论：

第一，功能语体（指文学、政论和科技三个语体）对语义独立片段和前瞻范畴在语篇中的次数分布没有显著影响，但对回溯在语篇中的次数分布有显著正向影响。

第二，语义独立片段、回溯和前瞻三个语篇范畴之间存在着一定的相互影响关系。具体表现为，回溯在1%的显著水平上对语义独立片段在语篇中出现的次数有正向影响关系；前瞻在1%的显著水平上是回溯在语篇中次数分布的显著正向影响因素。

第三，语篇字数与语篇范畴之间存在着显著的正相关关系。在控制其他变量的条件下，语篇字数越多，语义独立片段、回溯和前瞻在语篇中的次数分布也会相应增多。

第四，语篇范畴总体次数分布的显著影响因素不一定是其具体类型的显著影响因素；语篇范畴具体类型次数分布的显著影响因素可能与该范畴总体次数分布的显著影响因素不同。

第五，语篇范畴各具体类型在语篇中次数分布的显著影响因素可能相同，也可能不同。

一切事物和现象都是动态发展的，语料库建设和语篇研究同样也都具有开放性。随着自建俄语语料库的继续扩充和完善，利用它还将可以进行很多更有意义、却目前只能在构想层面的语篇研究课题。

目
录
contents

> > > > > >

... ; ...

绪　论

一、问题的提出

语篇语言学的研究对象是语篇，可以是单个语篇，也可以是小型语篇，或者是已建成的大型语料库中的语篇。随着语料库语言学的兴起和发展，基于大型语料库的语篇研究备受关注，同时基于语料库的语篇研究得出的结论正改变着过去的某些看法。语篇语言学遵循实证主义的研究传统，它与语料库语言学的研究方法相结合的基础是两者都重视真实语言的分析，都重视实证性和统计分析。

俄罗斯语篇语言学诞生于 20 世纪 50 年代，其产生源于语言实际应用的需要，正如尼·谢·巴斯别拉夫（Н. С. Поспелов）指出，连贯话语中实际的句法单位不是简单句或复合句，而是脱离了连贯话语的具体语境后仍具有结构独立性和语义完整性的复杂的句法整体①。因此俄罗斯语篇语言学的兴起是出于语法单位突破"句本位"的需要，阿·阿·舒金（А. А. Щукин）指出："俄罗斯语言学中的主流意见认为，语篇由两个或更多的句子组成。②"研究表明，俄罗斯的语篇语言学主要有三个研究方向：句法学、句法—修辞学和章法学。句法学方向的研究侧重探究句际结构与语义关系及超句体的句法界

① Поспелов Н. С. Сложное синтаксическое целое и основные особенности его структуры［C］. Доклады и сообщения Института русского языка АН СССР［A］. М. Изд-во АН СССР. вып. 2, 1948：241.

② Щукин А. А. 再论俄罗斯篇章语言学现状［C］. 俄语语言文学研究［A］. 北京：外语教学与研究出版社，2002：380.

限，此研究方向的代表人物有伊·阿·福伊古洛夫斯基（И. А. Фигуровский，1961），尼·谢·巴斯别拉夫（Н. С. Поспелов，1948），柳·玛·罗谢娃（Л. М. Лосева，1980），柳·瓦·苏霍娃（Л. В. Сухова，1982），叶·阿·列福耶罗夫斯卡娅（Е. А. Реферовская，1983，1989），加·阿·卓拉托娃（Г. А. Золотова，1954，1979），格·雅·沙尔加尼克（Г. Я. Солганик，1973，1997）；句法—修辞学方向的研究注重用实义切分法描述超句体的交际结构及其表达功能，此方面的代表人物有沙尔加尼克（1973，1997），尼·谢·瓦尔金娜（Н. С. Валгина，2003），卓拉托娃（1954，1979），维·瓦·阿金茨奥夫（В. В. Одинцов，1980）；章法学方向着重探讨语篇的范畴、构件与功能类型及其相互联系，其代表人物加里别林（1981）主要从十个方面探讨与语篇相关的问题：语篇信息类型、语篇的切分性、接应、连续统、语篇的语义独立片段、语篇中的回溯和前瞻、语篇的情态性、语篇的整合与完整性。加里别林的研究成果对语篇语言学具有开拓性意义，正如奥·鲍·西拉金尼娜（О. Б. Сиротинина）在《语言学问题》Вопросы языкознания 杂志上评论其著作时所言，它"完成了话语语言学发展中的一个完整阶段——寻找语篇的基本特征、言语单位和范畴的阶段，并同时开创了一个新的阶段——深入研究各类语篇的阶段"[①]。

我国俄语界对语篇的分析和研究只是近二三十年的事，起步相对较晚，到了 20 世纪 80 年代才有了较大的发展，著名的学者有华劭、王福祥、李锡胤、吴贻翼、肖敏、陈国亭等教授，他们分别就句子的实义切分与词序、复杂句法整体、语篇分析、篇章修辞等问题发表了大量的文章和专著。其中华劭教授和陈国亭教授对句子的实义切分和词序进行了深入的分析和研究。华劭教授在《有关句子实际切分的一些问题》（1983）中，主要对实义切分的概念、主位和述位的表达方式、聚合体、独立变体和组合体、非独立变体等问题进行了阐释。王福祥教授长期致力于语句之间、句子与上下文、言语与语境之间的关系研究，先后出版了《俄语话语结构分析》（1981）、《俄语实际切分句法》（1984）、《话语语言学概论》（1994）等书。此外，在研究俄语的同时，他还关注汉语语篇理论的发展，于 1989 年

---

① 转引自：王松林. 苏联话语语言学的发展 [J]. 中国俄语教学，1987（4）：28–29.

出版了《汉语话语语言学初探》。在该书中，王福祥教授摆脱了传统研究的束缚，致力于研究大于句子的片段，尝试用实义切分理论去阐释语篇的内部构建规律。在分析句子时，他不赞成把形式切分与实际切分完全对立起来，主张把两者有机地结合起来；研究句际联系时，他主张用实义切分方法来分析语句，尤其是用来分析大于句子的言语单位，从而对句际联系形成正确的认识。王福祥教授还尝试把"篇章语言学"、"话语分析"和"文章学"三门学科结合起来构成一个总的"话语语言"学科。陈国亭教授在《实义切分理论的创立和发展》（1989）中主要论述了实义切分理论的发展历史，指出采用该理论分析词序的重要性。李锡胤教授（1993，1996）把语篇作为言语产品来研究，把整个语篇看成是一个符号。他认为，篇章分析主要指篇章的结构，提出了对篇章结构进行功能分析的总体思想，昭示了实义切分理论在语篇分析中发展的新趋势。肖敏教授（1989）侧重篇章修辞学的研究，他认为，"篇章修辞学是俄语修辞学的一个新兴分支。其主要内容应该包括三个方面：（1）语言材料在篇章整体中的修辞功能，这一部分的任务是系统描述各种语言手段在篇章整体中所起的修辞功能；（2）篇章的表现手段及其语言表达；（3）篇章整体的修辞结构。"吴贻翼在著作《现代俄语语篇语法学》（1989）中以语篇语言学为理论基础，着重研究了现代俄语中句子的实义切分、超句统一体及其实义切分、片段及其实义切分，换言之，他主要研究了构成俄语语篇中语言单位之间的形态接应和语义接应，即研究了连贯性语篇的内部构成规律。

近年来，国内俄语学界对语篇语言学的研究呈现出多角度的特点，一批青年学者为此做出了很大贡献。刘云红（2003）在心理语言学框架内，结合俄罗斯和西方对语篇理解的研究理论和观点，分析了语篇的命题、连贯性、信息结构，并说明了语篇理解的心理机制。乐苓（2005）对俄语科学语篇的本质特征和组织规律、科学语篇的结构和类型特点进行了系统全面的研究。杨志欣（2007）根据语篇语言学和广告学等相关学科的理论，描写了俄语电视广告语篇的一般构建规律：一方面研究了俄语电视广告语篇的宏观布局结构、构成其宏观布局结构的典型要素和相互关系；另一方面，从语音、词汇、句法、修辞格和具体互文性等方面描写了俄语电视广告语篇在语言运用上的主要特点。曹艳伟（2007）以政治语篇为材料，从理论和实践两方面对辞格在言语活动领域中的运用进行了探讨和研究。李玫（2008）探讨了近几十年西方对英语词汇搭配概念的不同理解与分类，在充分借鉴国内外对俄语词汇搭配和俄语语篇研究成果的基础上，以韩礼德和哈桑的词汇衔接理论为出发点，对俄语语篇中词汇搭配的类型、功能以及选择词汇搭配的限制原则进行了较为系统的归纳和分析。陈勇（2009，2010）主要从符号学的角度来考量语篇，认为符号学最终走向语篇研究是一个发展趋势；面向整体性的语篇聚合分析和面向连贯性的语篇组合分析应该兼顾语篇双面双层的特点，从实体和形式两个层面来分别把握整体性和连贯性在语篇表达和内容两个层面上的具体特点应该成为"篇章符号学"分析的具体操作思路。史铁强和安利（2004，2006，2008，2009，2010）发表了一系列文章，描述了加里别林提出的一些语篇范畴和重要概念。郭春燕（2010）对话语篇单位和类型进行界定的同时，提出了一个比对话统一体高的单位，即对话语段。她认为，话轮、对话统一体和对话语段构成了对话语篇由低到高的三个不同的层级体系。对话语篇概念的提出，拓宽了对话语篇的研究思路，提供了新的研究视角。郭明（2010）在三维空间系的架构内，从文学语篇内部范畴结构出发，对语篇内部范畴进行了梳理和总结，分析了小说的范畴结构及其相互关系，为从语篇范畴角度分析作为文学语篇的小说这一对象提供了一个全新的研究方向。李文戈（2010）在对比语篇学的框架下分析了语篇特征的标准、语言的元功能，从翻译角度划分了语篇类型，注意到了语篇中语篇功能的多重性、翻译目的、作者意图、读者层次等因素对翻译策略的决策作用。综上所述，我国俄语界对语篇的研究早期偏重于与实义切分相关的领域，对其他方面涉及较少；近年来，其研究领域在不断扩大，朝多元化、多视角的研究方面发展。

本书顺应当前语篇语言学多维度发展的大方向，拟在梳理语篇语言学和语料库语言学的理论和方法基础上，通过自建的含有俄语语篇的小型语料库，探讨 И. Р. Гальперин 提出的语篇范畴，即在两个学科理论基础上，用语料库语言学的研究方法来探讨语篇特征。

二、本书研究的目的

近年来，国际上基于语料库的语言研究和应用研究日新月异，我国外语界在 20 世纪 80 年代以来开始注意和重视引进、介绍国外语料库语言学的先进理论和技术，并逐渐开始建立汉语语料库的研究和应用体系。目前，国内英语界对语料库的语言研究和应用研究走在前列，汉语界也取得了长足的发展，相比之下，国内俄语界在该领域的研究缓慢而薄弱。本书希望通过详细地介绍这门学科的历史发展，阐述该学科的基本概念及其对语言学未来发展以及其他学科的积极作用，使更多的俄语学界人士了解和关注语料库语言学、计算语言学，甚至是应用语言学的理论和方法。此外，语篇语言学也是 20 世纪 60 年代开始受到关注和研究的新兴学科，它从 60 年代的启蒙、到 90 年代的空前被关注以及 21 世纪的跨学科发展，其研究范围不断扩大和深入。随着语料库语言学的兴起和发展，基于语料库的语篇研究也将备受关注，基于语料库的语篇研究将会在大量数据基础上得出结论，这些结论也许会改变过去的某些传统看法。本书将两个学科相结合，创建小型语料库，使用语料库的研究方法来考察语篇语言学的基本概念和研究对象，具体研究目的如下：

第一，介绍语料库语言学的发展历史和国内外研究现状，阐述语料库语言学的基本概念和基本理论；

第二，介绍语篇语言学的发展历史和国内外研究现状，阐述语篇语言学的基本概念和基本范畴；

第三，阐述将语料库语言学和语篇语言学结合来研究的现状和前景；

第四，阐述创建小型俄语语篇语料库的原则、方法和过程；

第五，通过创建的小型俄语语篇语料库研究体现语篇特征的基本范畴：语义独立片段、回溯、前瞻等；

第六，探讨小型自建俄语语料库的逐步完善问题以及利用自建语料库进行语篇及语篇范畴的后续研究问题。

三、本书研究的意义

基于俄语语料库的语言学研究有着迫切的理论意义和现实意义。语料库语言学是语言学和计算机科学交叉形成的一门边缘学科，利用语料库可以对语言的某个或多个方面进行研究，是一种新的研究方法，目前正处在飞速发展之中。一方面，通过语料库人们易于发现以前无法观察到的语言现象，从而提出语言学研究的新课题；另一方面，对于学者们提出的语言学理论假设可以通过语料库进行验证。语篇语言学遵循着实证主义的传统，语料库语言学与语篇语言学的结合点是两者都重视真实语言的分析，都重视以实证性和统计性为基础的研究。随着计算机技术的发展，越来越多的学者利用语料库研究语篇，语料库语言学影响着语篇语言学的研究方法，在语篇研究中发挥着越来越重要的作用。本书具体研究意义如下：

第一，理论意义：梳理语料库语言学和语篇语言学的发展历史、基本概念、基本理论，介绍两个学科国内外的研究现状，阐述基于语料库的语言学研究的国内外现状以及基于语料库的语篇研究的迫切性；论述创建语料库的基本原则、方法和过程；为语言学与统计学、计量科学以及计算机程序运算相结合进行语篇研究提供方法借鉴。

第二，现实意义：建立一个含有70个俄语语篇的小型语料库；利用自建的含有俄语语篇的语料库考察体现语篇特征的语篇范畴；对俄语语料库建设、机器翻译、俄语教学和测试、词典编纂、教材编写以及语言研究都有很大的实践意义。

四、本书研究的创新之处

本书的独创性和新颖性包括内容和研究方法两个方面。就内容方面来说，本书的独创性、新颖性表述如下：

第一，介绍语料库语言学的发展历史和国内外研究现状，阐述语料库语言学的基本概念和基本理论；

第二，阐述将语料库语言学和语篇语言学结合来研究的现状和前景；

第三，阐述创建小型俄语语篇语料库的原则、方法和过程；

第四，通过自建的含有俄语语篇的语料库研究体现语篇特征的基本范畴；

第五，探讨如何不断改善自建语料库以及利用自建语料库继续进行语篇范畴研究。

就研究方法而言，本书的独创性和新颖性体现如下：

第一，理性主义与经验主义相结合：任何学科的理论研究都含有理性主义的成分。而语篇语言学和语料库语言学除此以外，都遵循实证主义的传统，即都重视真实语料的研究和分析，以实证性和统计为基础，实证性和统计性的研究正是经验主义的体现。

第二，描写和阐释相结合：描写和阐释是语言学中相辅相成的研究方法。描写是阐释的基础，阐释是更深入的探讨。本书通过语料库来描写语言现实，用以阐释语篇范畴。

第三，定性研究和定量研究相结合：定性研究是研究者用来定义问题或处理问题的途径；定量研究通过对研究对象的特征按某种标准作量的比较来测定对象特征数值或量的变化规律。本书在借助语料库进行定量研究之前，需要通过定性研究确定研究对象的定义和性质；在进行定量研究过程中，又须借助定性研究确定研究对象的规律和一般性特征。

第一章

语料库概述与研究现状

20世纪80年代以来，随着计算机应用技术的不断发展，以语料库为基础的语言学研究在语言学和计算机科学研究中逐渐占据重要位置，也取得了一定的成果，语料库的建设和研究受到世界各国的广泛重视。世界上的主要语言都建立了许多不同类型、不同规模的语料库，语料库加工的程度越来越深，其应用范围越来越广，语料库在语言学研究和自然语言处理中发挥着越来越重要的作用，已经成为现代语言学研究的重要平台和基础。有鉴于此，我们首先回顾一下语料库的基本概念及其在世界各地的研究现状，作为本书的研究基础。

第一节 语料库概述

一、语料库的定义

语料库（корпус, corpus or corpora）一词源于拉丁语，本义为"体"（body），有"全集"、"汇总"的含义。在语言学领域，不同的研究者对语料库的界定并不完全相同。

西方学者对语料库的研究最早，定义简单多样，侧重不同。例如，辛克莱（Sinclair）认为，语料库是"按照明确的语言学标准选择并排序的语言运用材料汇集，旨在用作语言的样本"①。雷努夫（Renouf）认为，语料库是"由大量收集的书面语或口语构成，并通过计算机储存和处理，用于语言学研究的文本库"②。比伯（Biber）等对语料库的表述为，"一个语料库不只是一些文本的集合，而是用来试图代表一种语言或一种语言的一部分。语料库的合理设计将取决于它试图体现的语言特点"③。而托尼尼－鲍尼莉（Tognini－Bonelli）的观点是，"语料库可以定义为，用于语言学分析的具有代表性的文本的集合……其研究对象为自然、真实的语言"④。

俄罗斯学者对语料库的界定简单明确、直指核心。例如，俄语国家语料库的说明中对语料库这样定义："语料库是以某些语言电子形式的文本集合为基础的信息查询系统。⑤"这里强调了语料库的三个要点，第一，语料库一定是电子形式的，即以计算机为基础；第二，语料库是由某些语言的文本集合构成的，即语料库的规模比较大；第三，语料库是一个信息查询系统，即语料库具有检索功能。

中国学者对语料库的界定建立在西方学者的研究成果之上，因而比较详尽而全面。例如，俞士汶认为，"在现代语言学的意义上，对语料库的认识至少应该包含如下三点：（1）语料库中存放的是在语言的实际使用中真实出现过的语言材料；（2）语料库是以电子计算机为载体承载语言知识的基础资源；（3）真实语料库需要经过分析、加工、处理，才能成为有用的基础资源"⑥。何婷婷在自己的博士论文中写道，"作为专业术语的语料库指的是为某一个或多个应用而专门收集的、有一定结构的、有代表性的、可以被计算机程序检索的、具有一定规模的语料的集合"⑦。在这个定义的基础

①　Sinclair, J. Basic computer processing of long texts ［A］. In G. Leech and C. Candlin （Eds）. Computers in English Language Teaching and Research ［C］. London：Longman, 1986：187.

②　Renouf, A. Corpus development ［C］. In Sinclair, J. （Ed）. Looking Up ［C］. London：Collins, 1987：1.

③　Biber, D. Conrad and R. Reppen. Corpus Linguistics：Investigating Language Structure and Use ［M］. Cambridge：Cambridge University Press, 1998：246.

④　Tognini－Bonelli, E. Corpus Linguistics at Work ［M］. Amsterdam and Philadelphia：John Benjamins, 2001：2.

⑤　参阅：http：//www. ruscorpora. ru/corpora-intro. html.

⑥　俞士汶. 计算语言学概论 ［M］. 北京：商务印书馆, 2007：76.

⑦　何婷婷. 语料库研究 ［D］. 武汉：华中师范大学, 2003：3－4.

上，她总结出了语料库的四个重要特征，即"结构性"、"代表性"、"可机读性"、"一定规模"的"语料集合"①。梁茂成认为，"真正意义上的语料库是一个按照一定的采样标准采集而来的、能够代表一种语言或者某语言的一种变体或文类的电子文本集。可以说，一个语料库由若干个电子文本构成，而这些电子文本作为一个整体可以代表某语言的某种变体或文类"②。

综上所述，我们认为，现代的语料库是指将真实情况下使用的大量语言信息经过科学的收集和处理（包括预处理、自动语法附码、自动句法分析、语义分析等）、用电子形式保存在计算机里、以供自动检索、索引以及统计分析的语言材料的集合，它由自然出现的书面语或口语的样本汇集而成，用来代表特定的语言或语言变体。这里还需要强调指出以下八点：第一，语料库的设计和检索不是混乱无序的，应该在系统的理论语言学原则指导下进行，而且它的设计和开发一定要具有明确而具体的研究目标；第二，语料库中的语料必须是从自然运用的语言中收集而来的语言样本，其构成要遵循明确的语言学原则；第三，语料库不是原始语料简单堆积的集合，而是按照应用目的而标注了语音、语法、语义、语篇、语用等语言信息、有一定结构的语料的集合；第四，语料库中的语料是以电子文本的形式储存，并且通过计算机来自动处理的；第五，语料库具有一定的容量，其容量的大小取决于语料库的设计原则和研究需要、建库过程中语料库资源的获取难度以及其他因素；第六，语料库中的语料是连续的文本或话语片段，而不是孤立的句子和词汇；第七，语料库既是一种研究方法，又代表着一种新的研究思路；第八，学者们在语料库的建立和开发过程中逐渐形成了一些独特的方法和原则，他们对这些方法和原则在理论上进行了探讨和总结，逐步形成了"语料库语言学"（корпусная лингвистика，corpus linguistics）。

二、语料库的类型

根据不同的标准和研究目的，语料库可以分成不同的类型，常见的语

---

① 何婷婷. 语料库研究［D］. 武汉：华中师范大学，2003：4.
② 梁茂成，李文中，许家金. 语料库应用教程［M］. 北京：外语教学与研究出版社，2010：3.

料库类型主要有以下几种。

按照语料库的用途划分，语料库可以分为通用语料库（генеральный корпус，general corpus）和专用语料库（специальный корпус，specialized corpus）。通用语料库指"收集的语料只用来建立一个用于研究的平台，而不是针对某个具体的目的"，专用语料库是"设计用来做专门用途研究的"①。通用语料库一般容量较大，常常达到数亿词次，力求最好地代表一种语言的全貌，是描述语言全貌、编制工具书、核查语言用法等最理想的语料。专用语料库又称专题语料库（корпус специального назначения，special purpose corpus），是出于某种特定研究目的或只收集某特定领域的语料样本或专门为某一特殊应用而进行标注的语料库。

按照语料选取的时间划分，语料库可以分为共时语料库（синхронный корпус，synchronic corpus）和历时语料库（диахронический корпус，diachronic corpus）。"由同一时代（主要是当代）的语言使用样本构成的语料库称为共时语料库"；"收集不同时代的语言使用样本构建而成的语料库称为历时语料库"②。历时语料库是观察和研究语言变化时使用的语料库；共时语料库是相对历时语料库而言的，基于不同时代语言而建立的多个共时语料库可构成一个历时语料库。

按照语料库中语料的语种划分，语料库可以分为单语语料库（одноязычный корпус，monolingual corpus）和双语/多语语料库（двуязычный/многоязычный корпус，bilingual/multilingual corpus）。单语语料库仅收集一种语言的语料，是开发和使用最多的语料库。单语语料库又可分为"单原文库（single monolingual corpus），即只收录一种语言的原创文本的语料库，和单译文库（single translational corpus），即只收录一种语言的译文的语料库"③。双语/多语语料库是指由两种或两种以上的语言文本作为语料构成的语料库，可以有"对应的、类比的和翻译的三种形式"④。平行/对应语料库（параллельный корпус，parallel corpus）是由原文文本及其平

---

① Kennedy, J. An Introduction to Corpus Linguistics［M］. London：Longman，1998：19-21.
② 梁茂成，李文中，许家金. 语料库应用教程［M］. 北京：外语教学与研究出版社，2010：4.
③④ 王克非等. 双语对应语料库：研制与应用［M］. 北京：外语教学与研究出版社，2004：6.

行对应的译语文本作为语料构成的双语或多语的语料库，其对应程度可以是词级、句级和段级的。王克非认为，类比语料库（comparable corpus）是"由不同语言的文本或同一种语言不同变体的文本所构成的两个或两个以上的语料库"①。从这个定义我们可以知道，类比语料库侧重于语料库中语料的关系，因此类比语料库有单语类比语料库和双语/多语类比语料库之分。翻译语料库（translational corpus）是"由彼此具有翻译关系的不同语言文本构成的语料库"②。值得注意的是，翻译语料库中的语料不一定具有句级等某级别上的对应关系，它可能只是篇章上的对应收录。

按照语料来源的信道划分，语料库可以分为口语语料库（корпус устной речи, spoken corpus）和笔语/文本语料库（корпус письменной речи, written corpus）。"口语语料库的语料是口语录音，常常需要人工将录音转录为文本文件。"③英国国家语料库（BNC）口语子库是目前世界上比较著名的口语语料库，有1000万词，包括1200小时的讲话录音。俄语国家语料库（НКРЯ）中也包含一个不大的含有对应文本语料的口语语料子库。中国学习者英语口语语料库（Spoken English Corpus of Chinese Learners, SECCL）是国内比较有代表性的口语语料库，它于2002年开始开发建立，设计规模为100万词符。

按照语料库的结构划分，语料库可分为平衡结构语料库和自然随机结构语料库。平衡结构语料库在建库前预先设计语料库中语料的类型，定义每种类型语料所占的比例，并按照这种比例组建语料库。自然随机结构语料库通常是按照某个原则随机收集语料来建设的语料库。

按照语料库是否更新来划分，语料库可分为参考语料库（reference corpus）和监控语料库（monitor corpus）。参考语料库比较稳定，一旦建成，结构和内容就不再发生改变；而监控语料库则需要不断地更新，处于不断发展之中，是一个对语言文字的使用进行动态追踪、对语言的发展变化进行监测的"活"的语料库。监控语料库对于词典编撰特别有利。

按照语料库中语料语言的来源划分，语料库可分为本族语者语料库

---

①② 王克非等. 双语对应语料库：研制与应用 [M]. 北京：外语教学与研究出版社，2004：7.
③ 何婷婷. 语料库研究 [D]. 武汉：华中师范大学，2003：6.

（native speakers' corpur）和学习者语料库（learner corpus）。本族语者语料库中的语言使用样本全部源自于本族语者；在分析非本族语者或学习者语言使用特点时，经常以本族语者语料库作为参照。由非本族语学习者语言使用样本构成的语料库是学习者语料库。学习者语料库又可分为口语语料库和笔语/文本语料库。

语料库还可以分为样本语料库和全文语料库。"样本语料库从文章中摘录一段文章，作为语料库中的一条样本，记入语料库。全文语料库中的每一个语料都是一篇文章的全文。"①

俄罗斯学者德·阿·西奇娜娃（Д. А. Сичинава）还提出了一种比较独特的语料库分类方法，即根据文本的涵盖范围把语料库分为完全语料库（полный корпус）、文化代表性语料库（культурно-репрезентативный корпус）和标准语料库（эталонный корпус）②。完全语料库的主要特征参数是时间。对于早些时期来说，建立完全语料库是现实的，但是对于 20 世纪（包括 19 世纪后半叶）的标准语来说，建立这种语料库就不太可行了，唯一可能的是建立一种近似的、按照一定比例选取文本的语料库。当然，为了特定的研究目的，建立小型完全语料库是可行、现实而有意义的。Д. А. Сичинава 认为，一个文化代表性语料库需要包括俄罗斯一、二流作家的作品和具有文化价值的翻译作品（包括圣经）。此外，语料库需要反映语言集体整体的语言使用习惯和语言能力，文化价值不一定能保证作者语言的规范性。因此，十分有必要建立规范、标准的语料库，该语料库应该收集语言比较规范、中性的作家作品和非文艺文体的文本，如大众文学作品（侦探小说、爱情故事等）和政策等，而一些语言风格独特的作家作品则不能进入标准语料库。

此外，对于根据语料库中的语料是否经过处理或标注来划分语料库类型的分类方法，目前存在着分歧。杨惠中（2004）和刘泽权（2010）认为，按照上述标准可以把语料库分为生语料库（raw corpus）和标注语料库

① 何婷婷. 语料库研究［D］. 武汉：华中师范大学，2003：6.
② Сичинава Д. А. К задаче создания корпусов русского языка［J］. http：//rscorpora. narod. ru/article. html.

（аннотированный корпус，annotated corpus）。"生语料库是指没有经过任何加工处理的纯文本语料库。标注语料库，顾名思义就是对语料进行了标注。"① 杨惠中认为，标注语料库根据编码标注的复杂程度，可细分为以下四种情况："（1）不加任何处理的纯文本语料库；（2）经过格式属性标注的语料库，如对段落、字体、字号进行标注；（3）对识别信息进行标注，如作者、体裁、语域以及词性等标注；（4）特殊标注，如错误附码等"②。也有些学者不同意这种对语料库的分类，他们认为，"纯文本语料库"不是真正意义上的语料库，只要是语料库就应该是含有被标注过了的语料的集合；由未被标注语料的集合构成的只是文本数据库。"语料库不仅仅是原始语料的集合，而且是有结构的、标注了语法、语义、语音、语用等语言信息的语料的集合，这是语料库区别于一般的文本数据库的重要标志。"③ 我们也赞同这种观点，丰富的语言信息标记是语料库区别于一般电子文本集的主要特征之一，只要是语料库就应该是由大量标注过的语料构成的；把用各种方法收集而来的文本简单堆砌在一起构成的松散集合只能叫作文本数据库或电子文本集。电子文本集虽然也可以提供不少有用的信息，如词汇的频率、词汇搭配关系等，但被称之为语料库就应该比简单的电子文本集具有更高的内涵，如科学的结构、准确丰富的标注、复杂的语言信息、方便快捷的用户使用方法、获取容易、研究便利等。

三、语料库的标注

语料库的有效利用在很大程度上依赖于语料库标注的层次和质量。对语料库进行标注是利用计算机资源对语料进行批量处理和检索、对语言进行多维度和多层面研究的基础，它也是语料库语言学、计算语言学关注和研究的重要课题之一。

在创建语料库的过程中，需要对收集来的普通文本进行处理，即在普

---

① 刘泽权.《红楼梦》中英文语料库的创建及应用研究［M］. 北京：光明日报出版社，2010：6.
② 杨惠中主编. 语料库语言学导论［M］. 上海：上海外语教育出版社，2004：43.
③ 何婷婷. 语料库研究［D］. 武汉：华中师范大学，2003：5.

通纯文本文件里添加明确表示文本基本信息或文本单位语言特征的特殊符号或符号串，这些符号或符号串称为标记或附码（тэг，tag）；而为语料库文本添加标记或附码的过程称为标注（разметка или аннотация，annotation or tagging）。① 标注后，语料库中文本的语言信息由隐性变为显性，在检索信息时，既可以使用基于普通字符串的检索方法，又可以对标记进行检索，也可以两者组合来检索，这可以大大增强语料库的检索功能，更有利于语言学研究。

（一）语料标注的原则

英国著名语言学家利奇（G. Leech）是当今语料库研究的代表人物之一，他认为（1993）② 语料库的标注应该遵循以下七个基本原则：（1）标注附码可以删除，语料库中的文本可以恢复到原始语料状态；（2）标注附码可以单独获取，另外储存；（3）语料库的使用者应该清楚标注的原则和标注附码的意义；（4）在语料库的使用和说明文件中，应该明确标注的方式与标注者的身份；（5）应向使用者表明，语料的任何标注，即无论是人工标注、计算机自动标注还是两者结合的标注，都并非完美无缺，因为标注过程本身实际上是对语料库中文本的结构和内容特征进行解释的过程，不同的人会有不同的理解；（6）标注模式应该尽可能地基于被广泛认可和普遍接受的、中立的语言学理论和原则；（7）任何标注模式都不能理所应当地被视为通用标准，即使有，也只能通过大量的实践和比较才能获得。目前世界上还没有一种被普遍接受的标注模式，综合考量已有的各种标注模式，分析各种模式的优缺点，结合自己语料库的实际情况，建立一种折中的标注模式是比较理想的做法。

我国学者何婷婷（2003）结合自己在开发语料库过程中的经验，对利奇的语料库标注七条基本原则进行了整理、扩充和综合，从计算机可读、可处理、可理解的角度出发，提出了自己的七条基本原则，即：（1）原始语料和

---

① 参阅：傅兴尚等主编. 俄罗斯计算语言学与机器翻译 [M]. 北京：语文出版社，2009：305 – 306.

② Leech, G. Corpus annotation schemes, Literary and Linguistic Computing [J]. 1993, 8（4）: 275 – 469.

标注符号的数据独立性原则；（2）语料标注的公开性原则；（3）语料标注的通用性原则；（4）语料标注的折中性原则；（5）语料标注的一致性原则；（6）标注符号的确定性原则；（7）用户知情权原则。① 此外，何婷婷认为在制定语料库的标注规范时，还要注意处理好四个方面的关系：

第一，详细标注和简单标注的关系。对于语料库的使用者来说，语料库标注得越详细使用就越便捷；但对于语料库的标注者来说，在考虑语料库标注的详略尺度时，还要考虑标注方法制定的难度和标注工作的难度、工作量问题。

第二，通用性和专用性的关系。建立语料库是一个巨大的工程，只有实现语料库标注的通用性，才能追求共享性，最大限度地发挥语料库的价值，减少重复劳动。但有些时候，如在特定的研究领域，或对某理论进行验证性研究时，也会要求语料库做特殊标注。

第三，原则性和灵活性的关系。在标注语料时，严格的标注规范是必不可少的，但是面对丰富多彩的语言应用事实，规范也不能保证时时适用，肯定会有不确定或很难确定的地方。因此，在具体标注时，有些地方需要标注者依靠语感来灵活判断。

第四，绝对性和模糊性的关系。对语料进行标注时，有些属性可以由机器毫无争议地进行处理；有些属性需要人来具体判断；还有些属性，即使是人来判断，也仍然存在争议，或者无法准确判定。对于这些不能或很难确定的情况，可以采取模糊的方式进行处理，即或者把标注的属性类别层次提高一些；或者把多种可能的标注方案都标注出来，或者当有几种可能的标注方案可以选择时，选择其中概率值最高的一种标注；或者统一规定一个常量符号来表示所有不确定或很难确定的地方。②

实际上，无论是利奇的标注七原则，还是何婷婷改进的标注七原则和应注意处理好的四关系，他们的思想可以概括为一点，即最大可能地地方便标注者和使用者。语料库的标注和使用始终是一对矛盾，正如丁善信所说："从用户的角度，语料库标注得越详尽越好，而标注者则还需考虑标注

---

① 参阅：何婷婷. 语料库研究 [D]. 武汉：华中师范大学，2003：74–77.
② 参阅：何婷婷. 语料库研究 [D]. 武汉：华中师范大学，2003：77–79.

的可行性。因此，任何标注模式都是二者之间求得的一种妥协的产物"①。

（二）语料标注的模式

初期语料库的标注模式多种多样，但在研究过程中，学者们逐渐发现，为了语料库的共享性和应用性，需要一种规范系统的标记体系，于是语料库语言学领域内的研究者们开始致力于建立一种国际统一的标准标注模式。

COCOA 参考系统是一种很早出现并用于从机读语篇中提取词汇索引的计算机系统。它包括两部分：一部分是代表语言特征名称的附码；另一部分是具有该特征的语言单位。COCOA 系统标注的语篇信息比较有限，只有作者、日期、题目等，不能代表当今语料标注模式的主流。

目前，最常用的语料库文本标记模式是建立在标准通用标记语言 SGML（Standard General Markup Language）和可扩展标记语言 XML（Extensible Markup Language）基础上的 TEI、EAGLES 和 CES。

其中 TEI（Text Encoding Initiative，文本编码规范）被认为是"最能反映当前语料库语言学家致力于建立更具形式化的机读语篇信息编码国际标准的动向"② 的标注模式，该模式具有很大的灵活性、综合性和可扩展性，能对各种类型或特征的文本进行编码。英国国家语料库（BNC）等许多大型语料库都采用了该标注模式。TEI 标注模式包括附码标记（tags）和实体参考（entity references）两种基本标注方法。

EAGLES③ 是 Expert Advisory Group Language Engineering Standards（专家顾问团语言工程标准）的缩写，它是欧盟（European Commission）在 1993年 2 月制定的具有战略性意义的关于语言工程的标准，其内容涉及大型语言资源（包括文本语料库、词汇库、言语语料库）的建设、语言知识的处理工具（形式语法、标记语言、各种软件）、语言工程系统的评估资源和工具等。具体而言，EAGLES 在文本语料库、词库、形式语法、评估、言语语料库五个方面都提出了一些规范和指导性原则。

---

① 丁善信. 语料库语言学的发展及研究现状 [J]. 当代语言学，1998（3）：4－12.
② 崔刚，盛永梅. 语料库中语料的标注 [J]. 清华大学学报（哲学社会科学版），2000（1）：90.
③ 参阅：http：//www. ilc. cnr. it/EAGLES96/home. html.

CES① （Corpus Encoding Standard，语料库编码标准）是 EACLES 的一部分，与 TEI 兼容，其目标是建立一套能被广泛承认的语料库标注模式。CES 规定了语料库的总体结构、语言信息标记等语料库建设的技术规范。TEI 和 CES 都要定义语料库文本的文档类型，即用文件描述类型 DTD② （Document Type Definition）标出文本被标注的总体情况。按照 TEI 和 CES，每个标注过的语料库文本都包括两个部分：篇头（header）和篇体（text）。篇头指与文本有关的背景信息或元信息，如作者、日期、标题、版本、出版社、标注方案等；篇体指文本本身和显现文本单位语言信息的标记。

从俄语语料库的建设实践来看，俄语语料库的标记模式分为两大类：一类是关于语料库文本基本信息的标记，即元信息（метаинформация）标注；一类是关于文本单位语言特征的标记。总体来看，俄语语料库建设采用的是语料库建设的国际标准和建议。不过，在接受 TEI 和 EAGLES 等国际标准的同时，俄语语料库的研究者们也注意到，语言类型对文本标注有着重要的影响，俄语是一种综合性语言，具有丰富的词形变化，其标注方法注定比英语更具复杂性。例如，俄语国家语料库（НКРЯ）的标注方案虽然基于 SGML 语言，符合 TEI 和 EAGLES 的标准，与英国国家语料库（BNC）的标注方法基本一致，但它也根据俄语的自身特点对 TEI 的标记方案进行了必要的扩展和修正。

（三）语料标注的类型

为了方便语言学研究，揭示文本里包含的语言信息，语料库通常需要进行各种类型的标注。目前，语料标注的类型主要有元信息标注、词性标注、原形标注、句法标注、语义标注、语篇标注和面向问题的标注。

1. 元信息标注

元信息标注（метаразметка，metadata markup）简称元标注，又称文本

---

① 参阅：http：//www. lpl. univ-aix. fr/projects/multext/CES.

② DTD 是在使用 SGML/XML 语言时人们一般先按照一定的语法规则建立的一个说明文本格式的词法和句法规则的文件。语料库的 DTD 文件是标注语料库文本的总模板，规定标注具体文本时可以使用哪些标记以及标记之间的关系。设定后，人们就可以按照 DTD 去标注具体文本。一些能够分析 SGML/XML 语言文本的编辑器能够对比标注过的文本与 DTD，验证标记是否合法并可以查找存在的问题。

背景信息标注或文本元标注。所谓元信息是指语料库中文本的非语言信息，这些信息既包括文本的外部信息（如语料来源、出版商、出版日期、作者及其相关信息、文本体裁、文本主题等），又包括某些文本的内部结构信息（如标题、段落、文献来源、伴随口语的副语言特征等）。元标注是语料库使用不可缺少的基本标注和重要标注，它可以帮助语料库的使用者按照元标注参数检索出所需要类别的批量文本或对于整个研究最有某种显著意义的一些特定文本，也可以用来确定某些元文本参数之间准确的统计学数据，进而研究它们之间的相关性。元信息一般在文本的开头（有时也与文本分离，单独放置）用特定的符号标记出来。

俄语语料库的元标注以俄国国家语料库（НКРЯ）的元标注最有代表性。在对元标注的说明中该库明确提出，俄语国家语料库使用的是比较普通的元标注系统，面向的不是进行普遍性国际分类的语料库语言学的专家们，而是一般用户，其中包括对语料库研究术语不熟悉的语言学者[①]。具体而言，俄语国家语料库的元文本标注系统分为两部分：基本文本参数、文本体裁和类型。基本文本参数主要用来说明文本的自然情况，包括文本名称、作者、作者的性别、作者的出生时间以及文本产生的时间。文本体裁和类型主要用来对文本进行归类，它分为两部分，一部分是文学文本的体裁、类型和所描述事件的时间和地点；另一部分是非文学文本的功能范围、文本类型和文本主题。国家语料库元标注参数的结构和组成直接反映在目前其网站提供的"мой корпус"检索界面中，使用者可以利用这个界面先确定元标注参数，然后检索出自己所需要的批量文本。

2. 词性标注

词性标注有时也被称为词性附码（part-of-speech tagging，POS tagging）、词类标注、词法标注或语法标注。词性标注是指给语料库文本中的每个词添加一个由若干字符组成的记号，来表明该词的词类。它是一种较为常见的语料库标注方法，也是一种能够用计算机进行自动标注、比较成熟的标注类型。比较有影响的英语自动词性标注器有 Brill POS tagger、CLAWS、TreeTagger 等，其中 CLAWS 对英语书面语自动词性标注的准确率可达 96% ~

---

① 参阅：http://www.ruscorpora.ru/corpora-parameter.html.

97%，TreeTagger 的准确率更是可以达到97%以上。

由于俄语是富于变化的语言，俄语语料库的词性标注与英语相比要复杂得多，不仅涉及词类、数量、时、态等属性，而且涉及格、体、长/短尾等俄语独有的属性，因而较多使用"词法标注"或"语法标注"这两个用语。图宾根语料库（TK）、20 世纪末俄语报纸文本计算机语料库（KГT）、赫尔辛基标注语料库（XAHKO）以及俄语国家语料库（HKPЯ）是目前四个有代表性的大型俄语语料库，它们在不同规模上都进行了词法标注，但方法和工具与英语语料库有所区别，它们之间也各不相同。

在图宾根语料库中，进行了词法标注的语料规模为230 万词，利用的标注工具是由 Саарбрюкен 大学 T. Брантс 开发的统计语法分析器 TnT。该程序通过调整某些参数可以用来分析多种语言的文本，自动标注的准确率为93% ~94%。20 世纪末俄语报纸文本计算机语料库中词法标注使用的是莫斯科大学语文系计算词汇学和词汇编纂学实验室开发的 Диктум－1 系统，采用的是自动或半自动标注方式。赫尔辛基标注语料库词法标注的工具是俄语词汇自动识别系统（Система автоматического распознавания русских слов，RUSNWOL)[①]，它采用让一个独立模块进行自动词义消歧，并在余下阶段完成消歧结果的手工校对方式。经过自动标注和手工加工后，语料库中的每个词形都有完整的形态特征，并能正确区分出不规范的词形。在词法分析后，语言学家们建立了一系列规则以供后续的词义消歧处理使用，以此来提高消歧结果的准确性。在俄语国家语料库中，文本主体部分的词法标注都是由专门的词法分析程序 Mystem 自动标注的，其中规模为400 万的词次经过了手工消歧和自动词法分析程序所做的进一步检验。Mystem 程序的词法分析模型以安·阿·扎利兹尼亚克（А. А. Зализняк）的《俄语语法词典》（Грамматический словарь русского языка，М. 1977；4－е изд.，М. 2003）为基础，库中的词形如果在该词典中能够找到，则赋予所有可能的标注，如果找不到，则赋予假定的标注，同时加上"?"以示区别。考虑到语料库公布后将有众多的国际用户访问，俄语国家语料库词法标注的元

---

① 参阅：Vilkki L. RUSTWOL：A System for Automatic Recognition of Russian Words. 1997. http：www. lingsoft. fi/doc/rustwol/rustwol. txt.

语言以国际通行的拉丁字母的缩略形式为基础，同时也提供了按传统的俄语语法类别名称搜索的方式。词法标注的完整附码表及其拉丁字母缩略形式标注表在俄语国家语料库网站的"Морфология"① 一栏中可以查到。

词性标注是语料库整个标注过程的最基础阶段，其标注结果将为进一步的句法分析和语义标注奠定基础。

3. 原形标注

词法标注程序或词法分析程序大多具有词形还原（лемматизация，lemmatization）功能，所谓词形还原，就是将词形变成相应的词位（лексема，lexeme），例如，украшаю，украшенный，украшая 的原形是украшать。原形标注是整个标注过程的重要步骤，因为这些信息对于词汇研究和词典编纂非常重要，而且通过词形标注，可以非常方便地统计出词汇的使用频率，提取单词的各种变化形式以及统计它们的分布情况。目前有些词性标注软件可以自动进行原形标注，例如俄语国家语料库的词法分析程序 Mystem 就带有自动还原功能，在词法标注过程中可以自动还原词形。

4. 句法标注

句法标注的目的是对语料文本进行句法分析和标注。经过句法标注后的语料库有时也被称为树库（treebank）。句法标注一般根据语料库的应用目的等因素采用不同的语法理论为依据，如英国国家语料库（BNC）、兰卡斯特—利兹语料库（Lancaster – Leeds）和英语口语语料库（Spoken English Corpus）依据的是成分分析思想，也有一些语料库采用功能语法或其他语法流派的理论为依据。

与词法标注相比，语料库的句法标注更复杂、要求更高。例如，比较先进的美国 Penn 树库项目即使以骨架分析（skeleton parsing）② 思想为依据，并使用了较小的标注附码体系，但人工标注和校对的工作量依然很大。客观而言，句法标注的成功，在很大程度上取决于巨大的人力、物力投入以及句法理论高度形式化研究的成果。

---

① 参阅：http://www.ruscorpora.ru/corpora-morph.html.
② 语料库的句法分析大致分为完全分析（full parsing）和骨架分析两种类型。完全分析的目的在于尽可能详细地提供各种句子结构的信息；而骨架分析只是提供关于句子主体结构的信息。

　　与英语语料库相比，俄语语料库的句法标注暂时不仅缺乏统一的形式语法基础，而且在人力与物力的投入上严重不足，标注程度较低。图宾根语料库只引入了作为等值词（эквивалент слова）的固定句法短语标注。20世纪末俄语报纸文本计算语料库只标注了前置词词组。赫尔辛基标注语料库以句子成分（члены предложения）分析思想为根据对文本进行了句法标注，原则上其句法标注分为短语（словосочетание）、从句（клауза）、句子（предложение）三个层次。① 网络上免费使用的搜索界面上，其句法参数（синтаксические параметры）分四大项，分别为静词谓语部分、句子的主要成分、句子的次要成分、非句子成分；从句参数（параметры клауз）包含作用（роль）、结构（структура）和椭圆形结构（элиптическая，eliptical）三大项；句子参数（параметры предложений）包括简单句和复合句两大项；每个大项下又有若干小项可供选择和分析使用。②

　　俄语国家语料库有选择地标注了一些固定短语，这些固定短语出自以Р. П. Рогожниковая 词典（Толковый словарь сочетаний，эквивалентных слов，M.，2003）和 MAC 词典（Словарь русского языка в 4 - х томах под ред. А. П. Евгеньевой，M.，1999）为基础的俄语国家语料库频率搭配数据库，而且按照其功能被划分为五个类别，即具有前置词功能的短语，具有副词和谓词功能的短语，具有插入语功能的短语，具有连接词和连词功能的短语以及具有语气词功能的短语。③ 俄语国家语料库没有进行全库句法标注，只有一个深度标注（句法）子库（глубоко аннотированный ＜ синтаксический ＞ корпус），它由三个基本类型的文本构成，即现代俄语文学作品、1980～2004 年杂志中的科普文章和社会政治文章以及俄罗斯新闻机构和互联网上发布的新闻文本。在子库的文本中，每个词都进行了词法标注，每个句子都进行了句法标注。该库句法标注的依据是伊·亚·梅里丘克（И. А. Мельчук）和亚·康·热尔科夫斯基（А. К. Жолковский）的《意思⇔文本》语言学模型（лингвистическая модель Смысл⇔Текст）。库中句子的句法结构被标注

---

① http：//www. helsinki. fi/venaja/russian/e-material/hanco/index. htm.
② http：//www. ling. helsinki. fi/projects/hanco/.
③ http：//www. ruscorpora. ru/obgrams. html.

为一个依存关系树（дерево зависимостей），依存关系树的每个节点上都有一个句子中的词，每个树枝上都有一个表明句法关系的词。①

5. 语义标注

语义标注主要包括两类，一类是标注语言单位之间的语义关系，如特定行为、事件的施事和受事；一类是标注语言单位的语义特征或范畴，如给一个词赋予一个标记，表示该词在语义层级系统中的位置。由于语义标注的历史比较短，目前研究者们对于语义标注还没有形成统一的看法。比较有代表性的英语研究成果是阿姆斯特丹大学的一些研究者利用机读 Longman Dictionary of Contemporary English（Janssen，1990）中的"语义场代码"（field code）对语篇歧义词的区分和单词语义场的确定②。此外，麦克内里和威尔逊（McEnery & Wilson，1996）③ 的研究工作也令人瞩目，他们采用施密特（Schmidt，1993）④ 的语义等级结构，在最高等级中把所有的词义分为三类，分别用 1、2、3 表示，其中 1 表示世界，2 表示人类，3 表示人类与世界，之后各类别再依次向下一等级划分。

与英语语料库相比，俄语语料库的语义标注起步较晚，在目前面向公众开放的四个大型俄语语料库中，除图宾根语料库没有进行语义标注外，其他三个语料库的语义标注程度相差很大，标注方法也各有不同。

作为"对比功能句法"项目（проект "Контрастивный функциональный синтаксис"）组成部分的赫尔辛基标注语料库⑤，其目的在于研究俄语功能语法。俄语是一种形态发达的语言，具有明显的形式标记，从意义到形式进行语言功能描写是可以的，但充当表层语义类别的语言手段多种多样，因此该语料库设计的功能语义标注是一项非常困难的工作，自动标注仅能完成极少的工作量，需要大量的后续手工加工。目前赫尔辛基标注语料库

---

① http：//www. ruscorpora. ru/instruction-syntax. html.

② 参阅：Janssen，S. Automatic sense—disambiguation with LDOCE：enriching syntactically analyzed corpra with semantic data［A］. in Aarts，J. & Meijs（eds）Theory and Practice in Corpus Linguistics［C］. Rodopi，1990.

③ McEnery，T. &Wilson，A. Corpus Linguistics［M］. Edinburgh University Press. 1996.

④ 参阅：Schmidt，K. M. Begriffsglossar und Index zu Ulrichs von Zatzikhoven Lanzelet［M］. Niemeyer，1993.

⑤ http：//www. helsinki. fi/venaja/russian/e-material/hanco/index. htm.

的语义标注尚处于工作阶段，网上还未见带语义标注的检索界面①。

20 世纪末俄语报纸文本计算语料库的语义标注由两部分构成。一是对部分词语进行了语义标注，即先标注表示人和动物意义的名词，之后根据语义和构词原则再将它们划分为 60 类；表示行为动作意义的名词、言语动词、言语名词、颜色形容词以及其他的构词—词汇类别被划分为 10 类。二是对词汇单位间的同义关系进行了标注，这样使用者就可以通过一个同义词获得所有同义词列的文本语境。②

俄语国家语料库的语义标注是借助 Semmarkup 程序自动完成的，由于文本语义标注的手工处理非常耗时，库中的同音异义现象没有被完全消除。俄语国家语料库文本中的绝大多数单词都被赋予了一个或多个语义与构词标注，如人称、物质、空间、移动、所属、人的特征、指小、由动词构词等等。需要指出的是，该语料库中的一个词目可以同时归属于多个语义类别，而多义词是用几个可供选择的语义标注集来标注的。③ 俄语国家语料库语义标注的主要依据是"词典编撰数据库"（база данных "Лексикограф"）采用的俄语词汇分类系统。"词典编撰数据库"是全俄科学技术情报研究所（ВИНИТИ）语言研究分所从 1992 年起开始研制的，以安·阿·扎利兹尼亚克俄语语法字典（Грамматический словарь русского языка А. А. Зализняка）扩展而来的 DIALING 系统（共约 12 万词）中的词法字典为基础。由于俄语国家语料库设计面向的用户十分广泛，为了向语言研究者和没有语言学专业知识的使用者这两部分人群同时提供有益的资源，该语料库在进行语义标注时，在"词典编纂数据库"的基础上还增加了若干部词典，参考了传统词汇分类体系的语言学描写方法，使用了最新的词汇—语义研究成果，如尤·杰·阿普列相（Ю. Д. Апресян）主编的 *Новый объяснительный словарь синонимов русского языка*（НОСС，新俄语同义词详解词典）。④

6. 语篇标注

所谓语篇标注（разметка текстов，discourse and text annotation），是指

---

① http：//www. ling. helsinki. fi/projects/hanco/.

② 参阅：宋余亮. 俄语现代标注语料库的理论与实践［D］. 洛阳：解放军外国语学院，2006：15.

③④ http：//www. ruscorpora. ru/corpora-sem. html.

对语篇内容和语篇结构的标注。综合各语种和各类型语料库的实际情况来看，目前语料库语篇标注的程度非常低，对语篇内容的标注大都简单地划归于语篇元信息标注之中，如俄语国家语料库就明确地把语篇主题和情节特征等语篇内容信息归结于元标注之中。对语篇结构的标注也不普遍，只有一些尝试性质的实验性成果，如兰卡斯特—奥斯陆/卑尔根语料库（Lancaster – Oslo/Bergen Corpus）的建设者们以韩礼德和哈桑（Halliday & Hasan，1976）的著作《英语的衔接》中的指代理论为基础，对该语料库进行了语篇指代方面的标注①。此外，斯坦斯特朗（A. B. Stenstrom，1984）②的语料库语篇标注研究也备受瞩目，他根据语言单位的语篇功能理论对伦敦—隆德英语口语语料库（London – Lund Corpus of Spoken English）进行了语篇标注。斯坦斯特朗首先根据语篇功能区分了 16 个类别的语篇标注附码，如道歉、问候、礼貌、留有余地等，然后每个类别又根据表达这一语篇功能的语言单位中单词的数量再进行附码分类。斯坦斯特朗的语料库语篇标注对文本和话语研究具有一定的价值，但在以后的语料库实践中，这种标注用得比较少。

7. 面向研究问题的标注

语言研究者关注的问题各不相同，无论语料库的容量怎样庞大、包含的文本种类如何繁多，标注的信息怎样丰富，也不可能解决他们所有的问题。为了解决特定的问题，使用者可以利用现有的语料库，在其语料文本中添加自己的标记，或自己创建语料库，以便利用语料库资源解决自己研究所关注的问题。

面向研究问题的标注与前面论述的标注有两点不同。第一，面向研究问题的标注只需要标注那些与所研究或所关注的问题有关的元素即可，不需要覆盖语料库中所有的文本因素和信息。第二，标注方案的选择空间很大。一般语料库在选择标注方案时要考虑方案的适用性是否广泛，因为这关系到语料库的使用范围；但面向研究问题的标注只要考虑标注是否具有

---

① http：//khnt. hit. uib. no/icame/manuals/lob/INDEX. HTM.

② Stenstrom, B. A. Didcourse tags［A］. In A arts, J. & Meijs（eds）Theory and Practice in Corpus Linguistics［C］. Rodopi, 1984.

解释区分能力即可，只要它们能够显示所研究或关注问题上的差异或特点，标注就是成功的。例如，中国学习者英语语料库（CLEC）主要用于研究中国英语学习者的英语失误情况，除文本元信息标注外，它的其余标注主要集中在言语失误上。① 从该库中学阶段文本（代号为 ST2）中摘取标注好的示例文本如下②：

Everybody〔vp3，1 – 1〕want a healthy diet. That is〔wd5，1 –〕can make they〔pr4，1 –〕healthy……They eat a lot of potato crisps〔sn9，s〕potato chips，butter ice-cream and〔wd5，1〔sn9，s〕–〕chocolate and so on.〔sn9，s〕these〔fm3，1 –〕things make they〔pr4，1 –〕become fat.

从上面示例标注文本可以看到，中国学习者英语语料库没有一般性语料库进行的常规标注，如词性附码、词法标注和句法标注等，它只进行了针对"中国英语学习者英语失误分析"问题的标注，而且其标注方案是其创建者们在考虑了几条编制原则③后自行设置的，具有很大的自由性。

语料库标注是语料库建设的关键性环节，也是语料库语言学研究的重要课题之一。欧美国家在这一领域已经取得了巨大成果，形成了一定的理论系统，积累了丰富的经验，研发了很多应用程序。目前国内的许多科研院所也建立了一些英语语料库和汉语语料库，开发了一些具有自主知识产权的汉语语料的标注应用程序，但俄语语料库的相关研究十分稀少，严重不足。

四、语料库的著作权问题

知识产权是人们对于自己智力活动创造的成果和经营管理活动中的标记、信誉依法享有的权利。一般来说，狭义的知识产权可以分为两类：一类是工业产权，包括专利权和商标权；另一类是文学产权，包括著作权

---

① 标注附码表参阅：桂诗春，杨惠中. 中国学习者英语语料库〔M〕. 上海：上海外语教育出版社，2003：5 – 8..

② 我们只摘取了具有言语失误标注的部分文本，略去了文本中行文正确而没有失误标注的部分内容。

③ 参阅：桂诗春，杨惠中. 中国学习者英语语料库〔M〕. 上海：上海外语教育出版社，2003：4 – 5.

（也称版权）和与著作权相关的邻接权。① 著作权是文学产权制度中的重要内容，它通常指"著作权人基于作品所享有的各项人身权利和财产权利"②。语料库的知识产权属于文学产权中的著作权类。语料库建设中涉及的著作权问题主要包括原始语料的著作权问题、加工后语料的著作权问题以及语料库的著作权问题，上述问题都需要遵守著作权法的相关规定来解决。

虽然世界各国的著作权法不完全一样，但参加了《伯尔尼公约》或《世界知识产权组织版权条约》的各缔约方都要遵守所签订条约中有关世界知识产权方面的规定。中国于 1992 年 10 月 15 日和 10 月 30 日分别加入了《伯尔尼公约》和《世界知识产权组织版权条约》。《中华人民共和国著作权法》（以下简称《著作权法》）总则中的第二条规定，"中国公民、法人或者其他组织的作品，不论是否发表，依照本法享有著作权。外国人、无国籍人的作品根据其作者所属国或者经常居住地国同中国签订的协议或者共同参加的国际条约享有的著作权，受本法保护。外国人、无国籍人的作品首先在中国境内出版的，依照本法享有著作权。未与中国签订协议或者共同参加国际条约的国家的作者以及无国籍人的作品首次在中国参加的国际条约的成员国出版的，或者在成员国和非成员国同时出版的，受本法保护。"③ 因此，在我国，使用两个条约中任何一个缔约国的外语作品建设语料库时，涉及著作权问题可以按照我国《著作权法》的相关规定来解决。俄罗斯联邦于 1995 年 3 月 13 日加入《伯尔尼公约》，2008 年 7 月 24 日加入《世界知识产权组织版权条约》，这样在我国建设俄语语料库时涉及的著作权问题根据我国《著作权法》总则中的第二条规定，可以按照我国《著作权法》的相关条款来解决。

（一）原始语料的著作权

《著作权法》保护的对象是作品，它所称的作品是指文学、文艺和科学领域内，具有独创性并能以某种有形形式复制的智力创造成果。④ 《著作

---

① 吴汉东. 知识产权法［M］. 北京：中国政法大学出版社，2009：3.
② 吴汉东. 知识产权法［M］. 北京：中国政法大学出版社，2009：65.
③ 李建国.《中华人民共和国著作权法》条文释义［M］. 北京：人民法院出版社，2001：53.
④ 参阅：吴汉东. 知识产权法［M］. 北京：中国政法大学出版社，2009：42.

法》第三条将作品分为文字作品、口述作品、音乐、戏剧、曲艺、舞蹈、杂技艺术作品、美术、建筑作品等 9 类。其中，文字作品指小说、诗词、散文、书等以文字形式表现的作品；口述作品（又称口头作品）是指即兴的演说、授课、法庭辩论、即赋诗词等以口头语言创作、未以任何物质载体固定的作品。根据这些规定，语料库中原始的书面语和口语语料有许多都是受著作权法保护的作品，这些作品的著作权归作品的作者或其他依照《著作权法》规定享有著作权的公民、法人或者其他组织所有。

但有些不受《著作权法》保护的作品可以在建设语料库时自由使用。《著作权法》第五条规定，"法律、法规，国家机关的决议、决定、命令和其他具有立法、行政、司法性质的文件，及其官方正式译文"和"时事新闻"① 不受《著作权法》的保护。这里的时事新闻是指通过报纸、期刊、广播电台、电视等传播媒介对某一事件的客观报道。因为时事新闻具有时效性，对事物的发生、发展和过程具有真实客观报道的性质，所以各国著作权法都不给予法律保护。值得注意的是，如果时事新闻报道中加入了作者独创性的评述和综合等，则这样的时事新闻受《著作权法》的保护。此外，超过了著作权保护期限的作品，因进入了公有领域，也不受《著作权法》保护。

语料库中的原始语料还涉及到著作权法的合理使用问题。合理使用，是指在特定的条件下，法律允许他人自由使用享有著作权的作品，而不必征得权利人的许可，不向其支付报酬的合法行为。② 合理使用在世界各国的著作权法中都有规定。美国《著作权法》第 107 条规定了判断某一行为是否构成合理使用的四条标准：（1）使用的目的是为了营利性的商业目的还是为了非营利性的公益使用；（2）被使用作品的性质，不同类别的作品对合理使用的界定不同；（3）使用作品的数量和重要程度，即被使用的部分占原作品的比例大小以及被使用的部分对原作品而言的重要程度；（4）合理使用对有著作权作品潜在的市场价值的影响。③ 我国《著作权法》第二十

---

① 李建国.《中华人民共和国著作权法》条文释义 [M]. 北京：人民法院出版社，2001：76.

② 吴汉东. 知识产权法 [M]. 北京：中国政法大学出版社，2009：93.

③ 参阅：乔治·康克. 美国版权中的合理使用 [J]. http://kyw.swupl.edu.cn/show.aspx? id = 264.

二条明确规定了合适使用的十二种情况，其中包括"为个人学习、研究或者欣赏，使用他人已经发表的作品"，"为介绍、评论某一作品或者说明某一问题，在作品中适当引用他人已经发表的作品"，"为学校课堂教学或者科学研究，翻译或者少量复制已经发表的作品，供教学或者科研人员使用，但不得出版发行"，"免费表演已经发表的作品，该表演未向公众收取费用，也未向表演者支付报酬"①。通常情况下，语料库建设纯粹是为了科学研究，不带有任何商业目的，属于公益事业，语料库的使用和传播范围很小，仅限于语言学研究或学校教学，一般不会影响原作品的商业市场价值，因此，不带有商业目的、为科学研究服务、规模不大的语料库对语料的使用应该列入到合适使用的范围；大型语料库的建设者们应该以文字的形式明确向选为语料的作品的著作权人说明语料库的用途，争取获得对语料的无偿使用权。

（二）加工后语料的著作权

《著作权法》规定作品的使用权为作者所有。建设语料库时应该首先得到选为语料的作品的著作权人所授予的许可使用权。许可使用权是指作者或其他著作权人将其所享有的作品使用权，允许他人在一定地域和期限内以一定方式行使，其他非经作者授权或法律许可，不得使用作者的作品。作品的使用权包括注释权、复制权、改编权、汇编权、出版权等。其中，"注释，是指对文字作品中的字、词、句、段落和全文进行注明解释"②，对语料库中语料进行的各种标注属于对作品的注释。汇编，是指"将若干单独的相同或不同作者的作品、作品的片段或不构成作品的数据或者其他材料进行选择、汇集、编排而形成的作品"③，根据这个定义，把大规模语料录入语料库的操作属于对若干作品的汇编，是作品使用权的问题。

---

① 李建国.《中华人民共和国著作权法》条文释义［M］. 北京：人民法院出版社，2001：149 - 150.

② 李建国.《中华人民共和国著作权法》条文释义［M］. 北京：人民法院出版社，2001：124.

③ 李建国.《中华人民共和国著作权法》条文释义［M］. 北京：人民法院出版社，2001：127.

《著作权法》第十二条规定，"改编、翻译、注释、整理已有作品而产生的作品，其著作权由改编、翻译、注释、整理人享有，但行使著作权时不得侵犯原作品的著作权"①。根据这一规定，标注加工后的语料受《著作权法》的保护，其著作权属于语料库的建设者，但值得注意的是，应该首先获得原著作权人授予的作品许可使用权。

（三）语料库的著作权

《著作权法》第十四条规定，"汇编若干作品、作品的片段或者不构成作品的数据或者其他材料，对其内容的选择或者编排体现独创性的作品，为汇编作品，其著作权由汇编人享有，但行使著作权时，不得侵犯原作品的著作权"②。根据此规定，语料库属于《著作权法》保护的汇编作品，其著作权属于语料库的建设者，但应首先获得库中选为语料的作品的著作权人授予的许可使用权。

一般情况下，大型语料库的建设是由一个或若干个单位主持、许多人共同参与完成的。《著作权法》实施条例第十二条规定，"由法人或者非法人单位组织人员进行创作，提供资金或者资料等创作条件，并承担责任的百科全书、辞书、教材、大型摄影画册等编辑作品，其整体著作权归法人或者非法人单位所有"③。根据这一规定，语料库的著作权应该属于组织实施语料库项目建设的单位。

第二节　语料库的研究状况

人类科学总是从综合向高度专业化发展，然后又在更高的层次上进行

---

① 李建国.《中华人民共和国著作权法》条文释义［M］. 北京：人民法院出版社，2001：122 - 123.

② 李建国.《中华人民共和国著作权法》条文释义［M］. 北京：人民法院出版社，2001：127.

③ 李建国.《中华人民共和国著作权法》条文释义［M］. 北京：人民法院出版社，2001：370.

新的综合。在语言学领域，现代语言学从 20 世纪初诞生之日起就一直以研究语言体系为自己的学科方向，但语言现象涉及人类活动的方方面面，于是出现了认知语言学、应用语言学等许多崭新的学科；关于语言体系本身的研究也早已突破了句子的界限，在纵深方向上出现了语义学，在大于句子的研究层次上出现了语篇语言学。计算机的出现不仅为各种研究提供了强大的新型研究手段，也为众多学科进行交叉综合研究语言提供了可能。利用语料库进行语言学研究，可以以真实的言语数据为研究对象，从宏观的视角对大规模语言事实进行分析，从中找寻语言的使用规律；在语言分析方面采用概率法，以实际使用中语言现象的出现频率为依据进行语言分析，从一个新的角度揭示自然语言的复杂性。

一、欧美国家语料库的研究状况

重视对真实语言事实的研究一直是西方语言学研究的优秀传统。1959 年英国伦敦大学的奎克（R. Quirk）等学者建立的"英语用法调查"（"Survey of English Usage"）语料库就是通过系统调查建立的第一个现代英语语料库。虽然这项艰巨的工程当时是用手工完成的，但它对现代英语进行了全面系统的描写，在英语语言学界产生过广泛影响。之后在 20 世纪 60 年代初，世界上最早的计算机语料库——布朗美国英语语料库（Brown University Standard Corpus of Present – Day American English）出现了。布朗美国英语语料库总容量只有 100 万英语词，与现代大型语料库相比，规模很小，但它根据系统性原则采集样本，考虑了各种不同文体的平衡，样本选择严格按照随机原则，因此迄今为止这个语料库仍被视为具有借鉴性质的标准语料库，是现代语料库建设的发端，对语料库语言学的发展和围绕语料库所发展起来的技术方法以及借用语料库开展对语言的各项研究产生过重要影响。

从 20 世纪 60 年代起美国语言学家乔姆斯基（N. Chomsky）倡导的转换生成语法逐渐在语言学界占据主流地位，语料库研究进入低谷时期。20 世纪 80 年代以后，欧洲建立了一批世界著名的语料库，如英国英语书面语语料库 LOB（The Lancaster – Oslo – Bergen Corpus of British English）、英国英语口语语料库 LLC（London – Lund Corpus）等。学界现在一般把 20 世纪 80 年代以前建设的语料库划归为第一代语料库。虽然第一代语料库的规模比较小，对于一些语言学问题的研究还不充分，但第一代语料库的出现及应用，标志着语料库研究开始跨入电子时代，语料库研究者在实践中确定了语料库建设的一些基本方法和原则，为以后建设更大、更完善的语料库奠定了基础。

利用语料库研究语言代表了一种崭新的研究思路，其研究成果在词典编纂、语言教学、自然语言处理等方面得到了实际应用，因此语料库研究在短暂的低谷期后很快就在全球范围内掀起了高潮。一般认为，20世纪80年代至90年代是第二代语料库的创建和研究时期。在这一阶段，随着计算机应用水平的不断提高和语料库研究的不断深入，语料加工的自动化程度越来越高，语料库的规模逐渐变大，常常在千万、亿词以上，深加工程度越来越高，应用领域从单纯的语言学研究扩展到计算语言学研究，语料库类型更加多样，质量也不断提高。由 Harper Collins 出版社和英国伯明翰大学合作开发的 COBUILD 语料库（Collins Birmingham University International Language Database）是第二代语料库的典型代表，也是迄今为止最大的平衡语料库之一，含有的语料超过4亿词次。与第一代语料库相比，COBUILD 语料库规模巨大，结构设计更合理，语料标注信息更全面，同时还妥善处理了版权问题，成功树立了企业和大学合作建设语料库的榜样。此外，Longman 语料库（Longman Corpus）、BNC 语料库（The British National Corpus）和 ICE 语料库（The International Corpus of English）也属于比较有名的第二代语料库。

20世纪90年代是第三代语料库的发展和研究时期①。这一时期，计算机应用水平有了极大提高；计算机存储器容量和中央处理器速度的极大提升、计算机索引技术和检索功能的完善使大规模语料的处理速度和查找速度变得飞快；互联网的普及、电子图书的出现、光电扫描仪和识别程序精度的提高使电子文本语料的获取变得非常容易。以上这些因素为特大型语料库和监控语料库的建设提供了良好的物质基础。因为特大型语料库中的语料规模巨大，设计者就有较多的空间去规划语料库的结构，从而降低语

---

① 我国学者俞士汶认为语料库的发展大致可划分三个阶段，20世纪90年代至21世纪初是第三代语料库的发展阶段，详见其主编的著作《计算语言学概论》［M］. 北京：商务印书馆，2007：81.

料库设计上的难度；因为特大型语料库中每种类型的语料数量众多，在采集语料时，语料典型性、代表性的要求就可相应降低，从而降低语料采集的难度；当样本量达到一定规模时，概率统计规律一般趋于平衡，因而特大型语料库能够降低平衡语料库的平衡度对语料库代表性的影响。所以说，特大型语料库能为基于语料库的语言学研究和自然语言处理研究提供更加全面、丰富、可靠的知识平台。美国宾夕法尼亚大学的 UPenn① 语料库（UPenn Treebank）属于第三代语料库，该语料库截止到 1993 年已完成了对大约 300 万英语词的句法结构标注。2000 年语言数据协会（LDC）发行了 UPenn 的中文树库，该中文树库仅包含 10 万词，4185 个句子，规模较小。

进入 21 世纪后，语料库研究进入了一个新的高潮阶段，许多国际计算语言学学术会议上，"语料库语言学方面的研究书要占到一半以上"②。特大型语料库和监控语料库在新时期的持续发展为语料库的创建和研究提出了新要求，也开辟了新的研究方向。我国学者何婷婷认为，世界范围内语料库的建设和研究将向五个方向发展：1）语料库文本描述语言、标注语言、文件格式的规范化；2）语料库建设的自动化；3）语料库管理模式的网络化；4）语料库能够自动更新语料、发现和报告新知识的智能化；5）语料库不仅应用于语言学，而且被用来研究社会、生活和政治等多方面问题的多功能化。③ 此外，语料库中语料标注的深入化和语料库语种的多样化也是以后语料库发展的新方向。20 世纪末欧美国家就开始了语料库标注深度上的探索，新建的部分语料库开始尝试进行大规模的句法标注、语义标注，甚至是树库建设。在语料库未来的发展过程中，标注将不断加深和细化是不可逆转的趋势。

二、俄罗斯语料库的研究状况

与欧美国家相比，俄罗斯的语料库建设和相关研究起步较晚，特别是

---

① UPenn 是美国宾夕法尼亚大学"University of Pennsylvania"的英文缩写，汉语译文为"宾州大学"。

② 杨惠中．语料库语言学导论［M］．上海：上海外语教育出版社，2004：5．

③ 参阅：何婷婷．语料库研究［D］．武汉：华中师范大学，2003：9－10．

20 世纪 80 年代中后期以后，在欧美国家语料库的创建和研究正蓬勃发展时，俄罗斯正经历着苏联解体及解体后重大社会和经济转型的动荡时期，许多学术科研项目受到严重冲击，甚至中断。可以说，整个 20 世纪 80 年代和 90 年代，俄罗斯的语料库建设和相关研究几乎一片空白。进入 21 世纪以后，俄罗斯社会和经济逐步趋向稳定，越来越多的学者开始重新关注和投身于俄语语料库的建设和研究工作。目前，虽然俄罗斯从事语料库语言学研究的学者仍十分有限，但总体情况较之以前已有很大改观，正逐渐走向正轨。俄罗斯国内从事语料库方面研究的单位主要有国际言语统计组、莫斯科和圣彼得堡大学的研究团队以及俄罗斯科学院所属的一些机构①。

俄罗斯国内建设时间最早的俄语语料库是 20 世纪 70 年代苏联时期莉·尼·扎索琳娜（Л. Н. Засорина）和她的同事们建立的规模为 100 万词次的语料库——扎索琳娜语料库②。扎索琳娜语料库是一个精心设计的平衡语料库，结构和规模都继承了英语语料库的开发模式，包含 500 个样本，每个样本 2000 词次，涵盖 4 个文体。以该语料库为基础，扎索琳娜于 1977 年还编撰出版了一部《俄语频率词典》Частотный словарь русского языка。由于该语料库主要反映了 20 世纪中叶，尤其是 60 年代俄语的使用情况，言语中较多涉及意识形态的信息，词汇频率具有较大的偏向性，因而不完全适应现代俄语教学和研究的需要，一直都没有对外公开。

俄罗斯国内第一个经过标注处理的俄语语料库是俄语机器储备库（Машинный Фонд Русского Языка，МФРЯ）③，它是 20 世纪 80 年代俄语计算机化研究的一个重大综合性项目。由于苏联解体以及之后的社会和政治动荡、经济困难，该项目的许多初期目标未能实现。1996 年之后，在一些基金的支持下，项目虽得以延续和维持，但根据现实条件和实际需要调整了目标策略，成为包括各种文本、词典、方言、心理语言学和社会语言学

---

① 参阅：易绵竹，武斌，姚爱钢编著. 工程语言学 [M]. 上海：上海外语教育出版社，2007：172.

② 这个语料库没有被正式命名，我们使用了易绵竹等编著的《工程语言学》（2007：173）一书对该语料库的称谓。此外，傅兴尚等主编的《俄罗斯计算语言学与机器翻译》（2009：273）称其为 "Засорина 的编撰词频词典的语料库"。

③ 俄语机器储备库的详细情况可在网页 http://cfrl.ru 上查询。

数据的文件服务器。建成的俄语机器储备库更接近于语料库语言学研究的目标，与其最初的追求有很大差距，与其他现代语料库相比存在相当大的差距，当时开发的检索软件也不能适应计算机操作系统的快速发展。20世纪末时，俄语机器储备库的规模已达到5000万词次，具有一套较为粗放的标注集，而且采用通行标准实现了对部分语料的标注，成为一个研究俄语的宝贵平台。

莫斯科大学语文系普通词汇和计算机词汇及词汇编纂学实验室于1999～2002年期间创建的20世纪末俄语报纸计算机文本语料库（Компьютерный корпус текстов русских газет конца XX века，КГТ）是俄罗斯第一个具有现代意义的大型语料库。由于КГТ语料库研发小组持系统论观点，因此该语料库选择了1994～1997年俄罗斯国内出版发行的13种俄语报纸整期的全部语篇作为语料，而不是像其他语料库那样任意抽取样本。КГТ语料库收录文本23110个，总规模为1100多万词次。值得称道的是，КГТ语料库在选择报纸时，注意兼顾了日报和非日报、中央和地方、普通和专业报纸，这些语料选择原则保证了该语料库能够客观地反映当时俄语报纸的面貌，并且相对客观、真实地反映了报纸上各种文体、文本类型及其构成单位的分布比例，既为分析报纸语言的总体特点提供了可能，也为分析不同文体中的词汇、语法特点及其他信息提供了机会。①

从2002年起，俄罗斯国内的俄语语料库建设呈现出加速发展的态势。弗·亚·布伦缰（В. А. Плунгян）和叶芙·拉西莉娜（Е. В. Рахилина）在Яндекс公司的支持下建成了50万词次的标准俄语文学文本语料库。俄罗斯信息传输问题研究所（Институт проблем передачи информации им. А. А. Харкевича РАН）在Яндекс公司的支持下建成了10万词次、标记了词法和句法信息的语料库。斯·沙罗夫（С. Шаров）建立了4000万词次的代表性俄语语料库，并在网络上发布了一个俄语词频词典。这些语料库虽然规模不大、影响有限，但为建立更大规模、更加成熟的俄语国家语料库奠定了基础，积累了经验。

---

① 关于莫大报纸文本语料库的详细情况可参阅网页 http：//www. philol. msu. ru/～lex/corpus 上的内容。

俄语国家语料库（Национальный корпус русского языка，НКРЯ）是俄罗斯科学院语言学研究所于 2003 年底纳入计划并开始组织建设的。它借鉴和参考了英语国家语料库（BNC）和捷克国家语料库（ЧНК）的经验。[①] 目前，俄语国家语料库共有 11 个子库，分别为文本主库（Основной корпус текстов）、深度标注子库或句法子库（Глубоко аннотированный корпус，Синтаксический корпус）、报刊子库或现代大众传媒子库（Газетный корпус，корпус современных СМИ）、平行文本子库（Корпус параллельных текстов）、方言文本子库（Корпус диалектных текстов）、诗歌子库（Корпус поэтических текстов）、俄语教学子库（Обучающий корпус русского языка）、口语子库（Корпус устной речи）、重音子库（Акцентологический корпус）、多媒体子库（Мультимедийный корпус）和历史语子库（Исторический корпус）[②]。[③]

俄语国家语料库的建设者认为，国家语料库应该具备两个重要特点：第一，具有代表性，或文本构成的平衡性；第二，国家语料库中的文本必须进行标注，即进入语料库的文本都应该被添加过显现文本本身特征和词汇语言特征的标记。[④] 目前，俄语国家语料库网上可公开使用的部分是含有现当代俄语文本的语料库，规模超过 3 亿词次，主要有五种标注：元文本标注、词法标注、词法标注、语义标注和重音标注；通过网上界面可以进行精确查询和词汇—语法查询两种检索。此外，俄语国家语料库是一个动态语料库，还在不断地进行增补。

从俄罗斯国内语料库建设和发展的经历可以看出，与欧美国家相比，俄罗斯语料库的建设起步晚、发展时间短，虽然随着国内情况的转好，语料库的建设和研究近年来取得了一定成就，但整体上仍然落后于欧美。需要注意的是，除了俄罗斯国内对俄语语料库进行建设和研究外，欧洲一些国家也很关注俄语语料库的建设，例如乌普萨拉—图宾根语料库

---

① 关于俄语国家语料库创建的信息来源于网页：http：//www. ruscorpora. ru/corpora-about. html。
② 历史语子库目前包含的唯一部分为教堂斯拉夫语语库，该库于 2012 年 5 月 20 日开设，规模为 470 万词次，详情请参阅 http：//www. ruscorpora. ru/index. html。
③ 俄语国家语料库结构和组成的信息来源于网页：http：//ruscorpora. ru/corpora-structure. html。
④ 关于俄语国家语料库特征的信息来源于网页：http：//www. ruscorpora. ru/corpora-intro. html。

（Упсальски-Тюбингенский корпус，Upssala – Tübingen Corpus）是 1993 年瑞典乌普萨拉大学和德国图宾根大学联合建立的，该语料库是第一个在互联网上可公开访问的俄语语料库；赫尔辛基俄语文本标注语料库（Хельсинкский аннотированный корпус русских текстов，ХАНКО）由芬兰赫尔辛基大学创建，规模为 10 万词次。虽然这两个俄语语料库建设较早，在国际上也十分著名，但仍然不能改变俄语语料库在各方面落后于欧美英语语料库建设和研究的事实。

三、我国语料库的研究状况

我国机读语料库（machine-readable corpus）的建设和研究始于 1979 年，比欧美和俄罗斯都要晚。1979 年到 1990 年是我国早期语料库的研究和创建时期，国内建成的主要语料库有 5 个，如下表 1 – 1 所示。这一时期的语料库多采用手工键盘输入的方式收集文本，费时耗力，规模较小，重复使用性差，且缺乏规范。即便如此，这一时期的语料库建设也取得了一些成就，如北京航空航天大学的现代汉语语料库进行了词频统计和汉语书面文本自动分词的尝试和研究，并发现了两种不同的分词歧义字段①。之后，在计算机界和语言学界的共同努力下，也为了推动汉语语料库的深入发展和研究，我国于 1990 年 10 月推出了确定汉语单词切分原则的国家标准 GB13715《信息处理用现代汉语分词规范》，它是汉语书面语自动分词的重要依据。

表 1 – 1　　　　　国内主要语料库（1979 ~ 1990 年）

语料库名称	规模（万字）	建设年代（年）	建设单位
汉语现代文学作品语料库	527	1979	武汉大学
现代汉语语料库	2000	1983	北京航空航天大学
中学语文教材语料库	106.8	1983	北京师范大学
现代汉语语料库	182	1983	北京语言学院
汉语新闻语料库	250	1988	山西大学

---

① 参阅：梁南元. 书面汉语自动分词系统——CDWS［J］. 中文信息学报，1987（2）：33 – 52.

20 世纪 90 年代以后，汉语语料库的建设和研究呈现出快速发展的态势。1998 年底，国家语言文字工作委员会（现已并入国家教育部）初步建成了国家级大型汉语平衡语料库的规模为 7000 万字的生语料库，这批语料是 1919 ~ 1992 年、以 1977 年以后为主的文本，包含了人文社科、自然科学和综合三大类别。截止到 2009 年，国家现代汉语语料库（又称国家语委语料库）已完成 1 亿字生语料和 5000 万字的标注语料库，是目前世界上最大的现代汉语平衡语料库，而且其建设和加工工作仍在继续进行当中。①

1992 年以后，许多语料库在中国研究中文信息处理的单位建立起来，语料库成为研究中文信息处理的基本语言平台。其中，北京大学语料库和中国传媒大学语料库是两项具有代表性的成果，中文语言资源联盟（Chinese Language Data Consortium，CLDC）是为推动我国语言资源共享所建立的第一个联盟性质的学术性组织。

北京大学语料库建设的成就主要体现在 4 个方面。第一，面向汉语研究和教学使用的"汉语（现代/古代）语料库"②（PKU – CCL – Corpus）和其基于 Web – Lucene 的在线检索系统的建设。第二，《人民日报》标注语料库（PKU – ICL – PD – Corpus）的开发和建设。第三，现代汉语树库（PKU – CTB – Corpus）的建设和加工。第四，汉英双语语料库（PKU – ICL – Corpus）的建设。③北京大学语料库的加工和建设思路清晰，深度由低到高，从单语向双语发展，体现了我国汉语语料库建设和发展的趋势。

中国传媒大学语料库是目前世界上规模最大的多模态汉语传媒有声语言语料库。该语料库在语音、文字、词语、句子、篇章多个层次上对语料进行了标注和处理，具体分为文本语料库、音视频语料库④和精品语料库三

---

① 关于国家语委语料库的详细情况请参阅 http：//wenku. baidu. com/view/149f9f333968011ca30091b5. html###。

② 关于"汉语（现代/古代）语料库"的信息详见网页 http：//ccl. pku. edu. cn：8080/ccl_corpus/index. jsp。

③ 北大汉英双语语料库加工的规范详见网页 http：//icl. pku. edu. cn/icl_groups/parallel/workspace. htm。

④ 中国传媒大学传媒语言音视频语料库详见网页 http：//ling. cuc. edu. cn/mmcpub/index. asp。

个部分。其文本语料库的检索系统①支持单个字符串、成对字符串、重叠形式以及正则表达式检索，所有检索结果均可不受限制的从网络上下载，是对公众免费开放使用的语言资源平台。

中文语言资源联盟（CLDC）②是中国中文信息学会语言资源建设和管理工作委员会于 2003 年发起，由中文语言（包括文本、语音、文字等）资源建设和管理领域的科技工作者自愿组成的学术性、公益性、非盈利性的社会团体。③目前该联盟拥有会员单位 70 多个，各类语言资源 90 多种，包括 9.8 万词的现代汉语通用词表、2.8 万词的现代汉语语法信息词典（高频词）、500 万字的分词词性标注语料库（Chinese POC Tagged Corpus）、100 万字的汉语句法树库（Tsinghua Chinese Treebank，TCT）、100 万个中英双语句对的中英双语平行语料库（Chinese - English Sentence - Aligned Bilingual Corpus）等。CLDC 从 2006 年正式运营以来，国内外的许多科研机构和若干公司通过该平台获取了中文信息处理科研工作所需要的基础资源，在全世界范围内实现了中文语言数据资源的共享，取得了很好的效果。

我国语言学界对外语语料库的建设和研究始于英语语料库，一直以来也基本集中于此。早在 20 世纪 80 年代中期上海交通大学就建立了我国第一个外语语料库，即上海交大科技英语语料库（Jiao Da English for Science and Technology，JDEST）。JDEST 属于国际第一代语料库，曾为我国大学英语教学大纲的制定和词表统计做出过积极贡献，也为当时欧洲的语料库学界所广泛关注，④后来我国建设的外语语料库或多或少都曾参照过这个语料库。20 世纪 90 年代以后，我国陆续建成了很多英语语料库，包括中国英语学习者语料库（Chinese Learner English Corpus，CLEC）、大学学习者英语口语语料库（College Learners' Spoken English Corpus，COLSEC）、中国英语语料库（China English Corpus，CEC）、中国学生英语口笔语语料库（Spoken and

---

① 中国传媒大学有声媒体语言文本语料库检索系统详见网页 http：//ling. cuc. edu. cn/RawPub/Default. aspx。

② 中文语言资源联盟的信息详见网页 http：//www. chineseldc. org/index. html。

③ 参阅：赵军，徐波，孙茂松，靳光瑾. 中文语言资源联盟的建设和发展 [C]. 中文信息处理若干重要问题 [A]. 北京：科学出版社，2003：218 - 225。

④ 参阅：冯志伟. 基于经验主义的语料库研究 [J]. 术语标准化与信息技术，2007（1）：29 - 36.

Written English Corpus of Chinese Learners，SWECCL）等，这些英语语料库都与中国的英语教学和英语学习密切相关，推动了我国应用语言学的发展。

我国语料库的建设和发展顺应世界语料库发展和研究的大趋势，加工层次由浅到深，语料文本从单语向多语，规模由小向大，走了一条从学习、效仿西方到自主研究和开发、并逐渐接近世界语料库研究前沿的发展道路。目前，语料库的深加工普遍受到各国学者的重视，对语料库文本进行句法和语义标注，进而加工成树库是语料库研究的一个趋势。英国的 Lancaster - Leeds 树库、美国宾州大学的 Penn 树库、德国的德语 TIGER 树库和 NEGRA 树库、捷克布拉格大学的捷克语 PDT 树库等，都是世界上著名的树库。汉语树库建设成绩也相当可喜，清华大学的 TCT 树库、我国台湾"中央研究院"的 Sinica 中文树库、哈尔滨工业大学的汉语依存树库、中国科学院计算技术研究所的汉语树库等，都成为汉语语言资源自动获取的重要工具。

本 章 小 结

基于大规模语料库的统计方法在现代语言学研究中已成为趋势，语料库逐渐成为语言研究的基础和资源平台。现代语料库是指将真实情况下使用的大量语言信息经过科学的收集和处理（包括预处理、自动语法附码、自动句法分析、语义分析等）、用电子形式保存在计算机里、以供自动检索、索引以及统计分析的语言材料的集合，它由自然出现的书面语或口语的样本汇集而成，用来代表特定的语言或语言变体。

根据不同的标准和研究目的，语料库可以分成不同的类型。语料库的有效利用在很大程度上依赖于语料库标注的层次和质量。对语料库进行标注是利用计算机资源对语料进行批量处理和检索、对语言进行多维度和多层面研究的基础。目前语料标注的类型主要有元信息标注、词性标注、原形标注、句法标注、语义标注、语篇标注和面向研究问题的标注。常用的语料库文本标记模式是建立在标准通用标记语言 SGML 和可扩展标记语言 XML 基础上的 TEI、EAGLES 和 CES。

　　语料库的知识产权属于文学产权中的著作权类。语料库建设中涉及的著作权问题主要包括原始语料的著作权问题、加工后语料的著作权问题以及语料库的著作权问题，以上问题都需要遵守我国著作权法的相关规定来解决。

　　欧美国家的语料库建设和研究走在世界最前沿，引领着语料库学界的发展方向和研究纵深。经过三代语料库的发展，其语料库在21世纪向规范化、自动化、网络化、智能化、多功能化发展。与欧美国家相比，俄罗斯的语料库建设和相关研究起步较晚，发展时间短。进入21世纪后，俄罗斯语料库的建设和研究取得了一定成就，КГТ、НКРЯ是其中的优秀代表，但整体上仍然落后于欧美。我国机读语料库的建设和研究始于1979年，比欧美和俄罗斯都要晚。我国语料库建设和发展顺应世界语料库发展和研究的大趋势，加工层次由浅到深，语料文本从单语向多语，规模由小向大，走了一条从学习、效仿西方到自主研究和开发、并逐渐接近世界语料库研究前沿的发展道路。

第二章

加里别林语篇理论

重视研究语言功能和交际过程的趋势、语言学自身发展的内动力以及对形式主义研究的反抗促使学者们思考句子之上更高层级的交际单位——语篇。20世纪六七十年代语篇研究在世界各地蓬勃兴起，但研究重点和方向各不相同，命名也有所不同。无论从哪个角度来说，语篇研究都是一种以超句法分析为根本特征，综合语音学、词汇学、句法学、语义学、语用学，又广泛涉及修辞、文体、认知等复杂领域的交叉性研究领域。目前语言学界对语篇研究形成一门学科基本形成了共识。

第一节　语篇研究的历史和现状

一般来说，语篇研究的命名，英美国家习惯用"discourse analysis"，即话语分析；欧洲大陆的学者喜欢用"text linguistics"，即篇章语言学；俄罗斯的学者则常用"лингвистика текста"，即话语语言学或篇章语言学。我国学者一直以来对这些术语的翻译没有形成完全统一的看法，但学者胡壮麟认为，"在使用场合确有特指的情况下才分说'话语'或'篇章'。同样，'语篇语言学'或'语篇分析'两种说法基本上是同义的，视个人所好。在这个意义上，'语篇研究'可谓理想的折衷的说法。"① 我们认为他倾向于

---

① 胡壮麟. 语篇的衔接与连贯［M］. 上海：上海外语教育出版社，1994：3.

用"语篇"来统称研究对象的观点很有道理。

一、西方的语篇研究

20 世纪 30 年代是西方语篇研究的启蒙时期。最早提出语篇在语言学研究中占据重要地位的西方学者是英国的马林诺夫斯基（B. Malinowski），他注意到"句子有时是独立的语言学单位，但即便是一个句子有时也不能看做是全面的语言学材料"[①]，因此他在探讨词义或翻译问题时采用的方法之一是把整个语篇作为基础。另一位英国学者弗斯（J. R. Firth）认为，一个句子的语义只有被放在一定语境下发生的语篇内才能说得清，因此必须从语段开始分析[②]。而美国学者往往把哈里斯（Z. Harris）在 1952 年发表的文章《语篇分析》（*Discourse Analysis*）作为西方语篇研究的开端。哈里斯认为语篇研究是语言学研究的主要目标之一，可以把句子放在语篇结构模式中研究。但遗憾的是哈里斯按照标准配列方法把语篇切分成若干基本成分，只分析语篇中重复出现的形态音位结构和句法结构，忽视意义、内容和句子的层次关系，因而无法取得突破。[③]

20 世纪六七十年代是西方语篇研究的发展阶段，在此期间布拉格学派为其研究奠定了坚实的基础，尤其是著名学者马泰休斯（V. Mathesius）的句子功能观（functional sentence perspective）理论起到了积极作用。系统功能语言学奠基之作——韩礼德和哈桑的《语篇的衔接》（*Cohesion in English*，1976）一经出版就对全世界的语言学研究产生了巨大影响。韩礼德和哈桑（1968，1970，1976）阐释语篇的"语域加衔接理论"以语言具有的三大功能理念为基础。韩礼德认为，使用中的语言有三个纯理功能，即概念功能、人际功能和语篇功能。语篇功能对其他两个功能有促成作用，并

---

① Malinowsky, P. Coral Gardens And Their Magic ［M］. vol. 2, The Language of Magic And Gardening. London：Allen & Undwin, 1933：11.

② Firth, J. R. Papers In Linguistics 1934 - 1951 ［M］. London：Oxford University Press, 1957：145.

③ 参阅：Harris, Zellig S. Discourse Analysis ［J］. Language, 1952 (28)：1 - 30.

使语篇能够根据语篇特点而产生。① 语篇在情景语境和本体两个方面都是连贯的语段，因此在语域上是一致的，形式上是衔接的，衔接概念可以有效地用语域概念来补充。② 也就是说，从语篇外部来说，连贯的语篇应该与语篇产生的环境相一致；从语篇内部来说，应由衔接作为纽带连接起来。韩礼德和哈桑的理论虽然由于过分强调衔接机制而使其解释力大大降低，但它仍然是时至今日语篇研究最重要的理论之一，它对衔接、语域、语境等全面、科学、系统的论述为现代语篇分析和语篇连贯研究提供了方法论和广阔的探索空间。

20 世纪 80 年代是西方语篇研究形成学科的时期。这一时期，无论从研究队伍、研究成果和在语言学界的影响等方面来看，都胜于以往。首先，1981 年 *Text* 杂志在荷兰创刊（现已更名为 *Text and Talk*），从此西方的语篇研究有了一块属于自己的阵地。这本杂志的创刊也被看做是西方语篇研究，即话语分析，成为一门独立学科的标志之一。其次，在这一时期有关语篇研究的专著不断出现，其中布朗和尤尔（G. Brown & G. Yule）合著的 *Discourse Analysis* 以及朗埃克（R. Longacre）撰写的 *The Grammar of Discourse* 对前人的研究作了很好的概括，并对话语分析的框架作了深入浅出的分析，体现了当时的语篇研究水平。荷兰语言学家范·迪克（van Dijk）约请世界各地研究语篇的专家撰稿、于 1985 年编辑出版的 *Handbook of Discourse Analysis* 是西方话语分析史上的一个大事件。范·迪克称该手册"可以看作是这门新的跨学科独立和自我体系形成的标志"③。

语篇研究经过几十年的发展，在西方有了一批比较稳定的研究队伍。从研究力量来看，美国最强，西欧次之，然后是澳大利亚和东欧等国。此外各国的话语分析研究各有特点，例如美国的话语分析受传统人种研究法的影响比较大，强调要仔细观察自然环境中人与人之间的交际，研究语言事件的各种类型；在对话分析中不强调建立结构模式，而是强调仔细研究谈话中参与者的行为、叙述和谈话的准则、话轮的转变等等；英国的话语

---

① 参阅：Halliday, M. A. K. Linguistic structure and language function [A]. in John Lyons ed. New Horizons in Linguistics [C]. Harmondsworth：Penguin Books, 1970：140－165.

② 参阅：Halliday, M. A. K. and Hasan, R. Cohesion in English [M]. London：Longman, 1976.

③ 转引自：徐起起. 现代汉语篇章语言学 [M]. 北京：商务印书馆，2010：80.

分析受 Halliday 功能研究的影响比较大，强调语言的社会功能以及口语和书面语的主题结构和信息结构，研究语篇衔接和连贯的方式、遵循结构语言学的标准。从个人研究的特点来看，许多从事话语分析的学者同时还是其他领域的专家，这导致他们的语篇研究常常是多领域、跨学科的，如福克尼耶和特纳（Fauconnier & Tumer）的复合空间理论是诞生于 20 世纪 80 年代、并于 90 年代得到发展和完善的认知语言学领域的重要理论之一，他们（1998）曾运用该理论分析过许多非常复杂的语篇，并认为复合空间理论对解释语篇连贯的认知过程有很强的可操作性。[①] 类似于此，西方许多学者运用其他领域、甚至是跨学科的理论来研究语篇促进了语篇语言学的蓬勃发展，也逐渐形成了新时期语篇语言学的跨学科特点，即语篇研究涉及包括语言学、心理学、社会学、认知科学、符号学、人类学、计算机科学等诸多学科的研究成果，并从中吸取了许多有益的理论和方法，开创了更加广阔的研究领域。

二、俄罗斯的语篇研究

俄罗斯语篇研究的理论基础来源于布拉格学派功能主义思想，特别是马泰休斯（1967）创建的句子实义切分（актуальное членение）理论。早在 20 世纪 50 年代俄罗斯语言学家维·弗·维诺格拉托夫（B. B. Виноградов）就对句子的实义切分理论作出了肯定，认为"研究这些问题，对于更深刻地理解俄语的表情手段（其中包括词序）无疑是有很大帮助的。"[②]

俄罗斯的语篇语言学从诞生到形成一门新兴学科经历了一个较长的发展过程，从时间序列的纵向上来看，大致可以分为三个阶段。开创阶段大约从 20 世纪 40 年代末到 60 年代，代表人物有尼·谢·巴斯别拉夫（Н. С. Поспелов）、伊·阿·福伊古洛夫斯基（И. А. Фигуровский）、

---

① 参阅：Fauconnier, G. & Tumer, M. Conceptual Integration Networks［J］. Cognitive Science, 1998（22）：133 – 187.

② 转引自：吴贻翼，雷秀英，王辛夷，李炜. 现代俄语语篇语法学［M］. 北京：商务印书馆, 2003：2.

列·阿·布拉霍夫斯基（Л. А. Булаховский）等。这一时期俄罗斯学者关注两方面内容：一是连贯语篇中句子的交际组织；另一个是言语中大于句子的单位，即复杂句法整体（сложное синтаксическое целое）或超句统一体（сверхфразовое единство），特别是其本质和它在结构、语义上的特征。研究者们把复杂句法整体（超句统一体）看作语篇，将研究局限在句法范围内，并称之为"大句法"（макросинтаксис）。尽管当时的研究存在不足，但学者们打破了局限在句子范围内的俄语传统句法研究界限，开启了语篇研究领域的大门。

20 世纪 60 年代末到 70 年代末俄语语篇研究有了进一步发展。这一阶段俄罗斯学者的研究主要局限在超句统一体内，很少涉及整个语篇作品，有人把它叫做"小语篇"（микротекст）。但这时的超句统一体或复杂句法整体已不被看作是句法单位，而是构成语篇的单位，它具有结构上的完整性和意义上的独立性。这期间的研究内容大致可以归纳为三方面：一是超句统一体，代表人物有格·雅·沙尔加尼克（Г. А. Солганик；1969，1973）、德·伊·谢里曼（Т. И. Сельман，1973）等；二是句子的词序、句子的实义切分，代表人物有伊·伊·科弗图洛娃（И. И. Ковтурова，1976）、奥·阿·克雷洛娃和西·阿·哈芙洛尼娜（О. А. Крылова и С. А. Хавронина，1984）、伊·巴·拉斯波波夫（И. П. Распопов，1970）等；三是句际联系，代表人物有柳·玛·罗谢娃（Л. М. Лосева，1967）等。

从 20 世纪 80 年代起俄罗斯语篇研究进入到第三阶段，这一阶段的研究出现两个趋势。一个趋势是语篇研究向纵深发展。语篇概念从超句统一体扩大到整个言语作品，因此被称为"大语篇"（макротекст）；研究对象扩展到构成语篇的各个单位——句子、超句统一体、片段（фрагмент）、节（глава）、章（часть）和全文；并在更大的语篇单位中尝试进行实义切分，提出了优控述位（рематическая доминанта）、超主位（гипертема）和超述位（гиперрема）等概念。另一个趋势是语篇研究向分科发展，出现了一些新的独立学科，如语篇修辞学，代表人物有格·雅·沙尔加尼克（Г. А. Солганик，1997）和维·瓦·阿金茨奥夫（В. В. Одинцов，1980）；语篇语法学，代表人物为奥·伊·莫斯卡里斯卡娅（О. И. Москальская，1981）；语篇语义学，代表人物为阿·伊·诺维科夫（А. И. Новиков，

1983）。

可以说，俄罗斯语篇研究源于语言的实际应用，兴起于出于语法单位突破"句本位"的需要，走了一条不同于西方的独特道路。从横向上来看，其研究主要集中在三个方面，即句法学方向、句法—修辞学方向和章法学方向。句法学方向主要注重探究句际结构与语义关系以及超句统一体的句法界限；句法—修辞学方向主要侧重用实义切分理论描述超句统一体的交际结构和其表达功能；章法学方面着重探讨语篇的各种范畴、构建与功能类型以及其相互联系。① 这三个方向的研究相互补充，相互融合，共同发展，它们在俄罗斯语篇研究的不同发展阶段都曾是研究重点。从 20 世纪 80 年代以来，语篇研究作为一门独立学科的地位越来越牢固，俄罗斯学者对连贯话语的研究也不再是从单纯的句法角度，而是从语义、语用、修辞等众多角度并和句法相结合来展开，探讨的方法日趋多样化，内容也越发深入。

进入 21 世纪后，俄罗斯的语篇研究越发蓬勃发展，不仅自身的研究领域在扩大，而且还与一些新兴学科的理论和方法相互交叉、互相渗透。整体来看，现阶段俄罗斯语篇研究的发展呈现以下几个趋势。一是语篇理论的研究在继续深化。这点从不断有探索语篇本质的理论著作的持续出版就可以看出，如尼·谢·鲍罗特诺娃（Н. С. Болотнова）的《语篇的语文学分析》（*Филологический анализ текста*，2001）、阿·弗·芭比娜（А. Ф. Папина）的《语篇的单位与范畴》（*Текст：его единицы и глобальные категории*，2002）、尼·谢·瓦尔金娜（Н. С. Валгина）的《语篇理论》（*Теория текста*，2003）、柳·格·鲍宾科（Л. Г. Бабенко）的《语篇的语文学分析》（*Филологический анализ текста*，2004）等。这些著作不断总结语篇研究的最新理论成果，深化语篇定义、语篇特征、语篇范畴、句际衔接、语篇类型等研究，探索语篇研究的新领域和新方法。二是语篇语法研究不断深化。在传统的实义切分、超句统一体等研究领域出现了一些新成果。如尼·芙·玛雷切娃（Н. В. Малычева）在著作《语篇与超句统一体：系统功能分析》（*Текст и сложное синтаксическое целое：системно-функциональный анализ*，2003）中

---

① 参阅：陈洁，张婷婷 . 俄罗斯语篇语言学研究述评 [J]. 外语与外语教学，2008（7）：30 - 33.

提出用"自上而下"的方法来研究超句统一体，即从作为最高语言单位的语篇开始。她认为，随着语篇研究的深入，超句统一体的研究视角也相应发生变化，由言语组织的最高句法形式变为语篇要素，而现在到了应该从语篇角度开始研究超句统一体的时候了。① 格·阿·别伊赫曼（Г. А. Бейхман）在 2005 年出版了一本实践性很强的语篇语法研究著作《语篇语法》（*Грамматика текста*）。在书中他不仅总结了 20 世纪末到 21 世纪初的语篇语法的研究成果，而且还用很多西方语篇研究的理论和分析方法来论述实义切分和句际衔接手段等问题，值得注意的是，书中所用语料都是英语的。三是语篇教学研究持续发展。21 世纪以来俄罗斯出版了很多有关语篇语言学的教科书和与语篇教学相关的成果。如尼·弗·舍甫琴科（Н. В. Шевченко）的《语篇语言学基础》（*Основы лингвистики текста*，2003），该书用通俗易懂的语言介绍了加里别林的语篇理论，每章结尾还提出问题并布置作业；圣彼得堡大学的康·阿·福伊利波夫（К. А. Филиппов）根据多年的讲义整理出版的《语篇语言学》（*Лингвистика текста*，2003）也是一本非常好的教科书。该书除了对语篇语言学的历史论述得十分翔实外，还大量运用对比和实验的方法比较了俄语和德语语篇。四是语篇研究领域的不断扩展。其中文学语篇研究取得了令人瞩目的成就，如瓦·亚·鲁京（В. А. Лукин）在 1999 年出版、2009 年再版的《文艺语篇：语言学理论基础（分析的基本知识）》（*Художественный текст：Основы лингвистической теории. Аналитический минимум*）中，详细描写了文学语篇的语篇范畴和语义结构，并总结出文学语篇的分析范式。米·雅·德马尔斯基（М. Я. Дымарский）在专著《语篇构成问题与文艺语篇》（*Проблемы текстообразования и художественный текст*，2006）中阐释了语篇的生成机制和文学语篇中超句统一体的特征。除文学语篇外，其他语体的语篇研究也有一些成果，如瓦·叶·契尔涅芙斯卡娅（В. Е. Чернявская，2006）系统分析了科学语篇的语篇特征，对阐释其他类型语篇有很好的借鉴意义。在语篇与修辞相结合的研究中，亚·

---

① Малычева, Н. В. Текст и сложное синтаксическое целое: системно-функциональный анализ [М]. Ростов- на-Дону, 2003：27 – 28.

伊·卡尔什科夫（А. И. Горшков，2006）的研究比较有代表性。他探讨了普通修辞学、语篇修辞学和功能修辞学3个课题，其中语篇修辞学的研究角度十分新颖、论述非常细致。此外，也有一些学者开始了语篇跨学科研究的尝试，如叶·叶·阿尼西莫娃（Е. Е. Анисимова，2003）把语篇的语言学研究与跨文化交际相结合，把语篇分析的理论和方法移植到图画、色调、影像和签名等领域，也取得了很好的成果。

三、国内的语篇研究

通过对已有资料的分析可知，具有现代语言学特征的我国国内的语篇研究开始于20世纪80年代初。但一般来说，凡是结合语境对大于句子语言单位所进行的各种研究都可以归入语篇研究之中。从这个意义上说，我国现代语篇研究起始于"五四运动"前后的现代文章学研究。

郑贵友（2005）把我国语篇研究的兴起和发展划分为四个历史阶段。第一阶段是"作为一门服务于文学写作但又区别于文学本体研究"[①]的汉语文章学研究时期。这一时期研究的内容主要有两个：一个是确定文章学的基本概念、体式、分类；另一个是侧重研究文章写作的方法。第二阶段是以文章学分析为主、同时关注从语言学角度观察语篇结构的文章学—语言学杂糅时期。在这一阶段文章学本体研究仍在不断深化，但随着人们对语篇和语言关系认识的深化，语言学分析在整个语篇分析过程中所占的比重逐渐增加。第三个阶段是主要从语言学角度观察汉语语篇结构规律，且具有比较浓厚"本土特征"的汉语语篇分析时期。在这一时期国内的语篇分析完全脱离了文章学的藩篱，彻底转到语言学领域中，研究重点集中在用传统语法的理论和方法观察汉语句群。第四阶段是引介国外现代语篇语言学理论和方法、并尝试对包括汉语在内的多语种语篇进行相关研究的语篇语言学时期。在这一时期，国内一些从事外语教学与研究的学者介绍和引进了很多国外现代语篇语言学的理论和方法，他们的学术活动带动了国内包括汉语在内的各语种的语篇研究。[②]

---

① 郑贵友. 汉语篇章分析的兴起与发展 [J]. 汉语学习，2005（5）：40.
② 参阅：郑贵友. 汉语篇章分析的兴起与发展 [J]. 汉语学习，2005（5）：40 – 47.

聂仁发（2009）① 认为，国内的语篇研究大致可以分为文章学、语法学和话语分析三个时期。文章学时期语篇研究侧重宏观结构，即语篇直接成分及其关系，以指导写作为目的。语法学时期语篇研究侧重微观结构，即句子构成语篇过程中的结构层次关系，以描写为主。话语分析时期语篇研究侧重用各种理论来解读篇章，以阐释为主。

尽管学者们的分类略有不同，但从中我们可以知道，虽然我国语篇研究的时间不短，但现代语言学意义上的语篇研究并不很长，大致开始于20世纪80年代。早期主要是从事外语研究的学者引介国外语篇语言学、话语分析等方面的理论，并尝试应用于汉语篇章研究，如王福祥的《俄语话语结构分析》（1981）、《俄语实际切分句法》（1984）、《汉语话语语言学初探》（1989），胡壮麟的《系统功能语法概论》（1989），黄国文的《语篇分析概要》（1988），陈平的《话语分析说略》（1987），钱敏汝的《戴伊克的话语宏观机构论》（1988）等。之后国内的学者们开始大规模地用国外已有的理论和方法开展对汉语、英语等篇章语法的研究，在这一方面比较突出的研究成果有王福祥的《话语语言学概论》（1994）、胡壮麟的《语篇的衔接与连贯》（1994）、张伯江和方梅的《汉语功能语法研究》（1996）、沈开木的《汉语话语语言学》（1996）、屈承熹（Chauncey C. Chu）的《汉语篇章语法》（1998）等。进入21世纪后，国内的语篇研究逐渐和世界接轨，在继续关注理论研究的同时，开始重视运用多种国外的语言学理论从多个视角对具体语言事实进行分析和研究，而且外语类的语篇研究逐渐超越汉语语篇研究，成为国内语篇研究的先导和主力，其中尤为引人注意的是英语的语篇研究。在这一期间比较有代表性的研究成果有黄国文的《语篇分析的理论与实践：广告语篇研究》（2001）、朱永生的《英汉语篇衔接手段对比研究》（2001）和《语境动态研究》（2005）、徐赳赳的《现代汉语篇章回指研究》（2003）、许余龙的《篇章回指的功能语用探索》（2004）、田海龙的《语篇研究：范畴、视角、方法》（2009）、余泽超的《英汉语篇下指认知功能研究》（2010）、苗兴伟的《英汉语篇语用学研究》（2010）、赵

---

① 聂仁发. 汉语语篇研究回顾与展望［J］. 宁波大学学报（人文科学版），2009（3）：40－45.

卫的《意识流语篇回指释义认知语用研究》（2013）等。

纵观国内的语篇研究，从研究视角来看从单一的文章学逐步发展为多种理论共存的多元化视角，语言学、修辞学、认知理论、社会学等都从不同角度关注语篇研究，不同的研究视角赋予语篇全面全新的研究空间。从研究成果来看，理论研究比较多，也比较成功，取得了一定成绩，但篇章现象或篇章单位的研究还比较薄弱，其中相对比较成熟的有篇章回指、篇章连贯与衔接等。从研究的语料来看，以外语语篇为主，尤其是英语语篇，占了很大份额，而汉语语料较少。从研究性质来看，定性研究较多，定量研究比较少，两者相结合的研究正在逐渐增加。从研究方法来看，传统的理性主义描写法比较多，运用现代手段，如计算机数理统计等方法的研究比较少。

四、基于语料库的语篇研究

使用语料库作为研究手段的优势在于能以大规模的自然语料作为分析素材，能用交互式模式依赖计算机进行数据分析，能融定性分析与定量分析于一体，并对自然语篇进行实证性分析。尽管利用语料库对语篇进行研究在欧美已经开始起步，并逐渐成为趋势，但在国内却未能引起足够的关注和重视，国内的语篇研究仍以系统功能语法和体裁分析为主。

利用语料库对语篇进行研究在欧美曾受到过一些学者的质疑。利奇（Leech，2000）认为，语篇研究注重文本的整体性、内容分析和质的分析，而语料库语言学侧重的是典型的例证、语言分析和量的统计与分析，因而两者之间存在着"文化分界线"（cultural divide line）①。此外，威多森（Widdowson，2000）、波斯林和英厄姆（Borsley & Ingham，2001）、霍斯顿（Hunston，2002）和斯韦尔斯（Swales，2002）等学者也都对用语料库进行语篇研究提出过批评。概括起来他们的质疑主要表现在三个方面：第一，语料库以词汇—语法为焦点自下而上的分析模式不适合语篇研究；第二，

---

① Leech，G. Grammar of Spoken English：New Outcomes of Corpus-oriented Research [J]. Language Learning，2000（4）：678.

基于语料库的研究将语篇从语境剥离出来，是一种去语境化的研究，与语篇研究需要在情景语境中进行相悖；第三，利用语料库的语篇研究不能处理意义问题。

除了质疑和批评，欧美也有一大批倡导和支持用语料库方法研究语篇的学者，如汤普森（Thompson，2000）、斯塔布斯（Stubbs，2001）、欧易（Ooi，2001）、厄普顿（Upton，2002）、特里布尔（Tribble，2002）、海兰（Hyland，2004）、贝克和麦克内里（Baker & McEnery，2005）、巴蒂亚（Bhatia，2008）、弗劳尔迪（Flowerdew，2008）、李（Lee，2008）、巴克斯（Bax，2011）等。针对上述质疑，他们认为，随着计算机软件的开发，可以利用语料库的标注来逐步实现自上而下的语篇研究分析路径，汤普森（Thompson，2000）和厄普顿（Upton，2002）的研究成果也证实了这是可行的。他们认为语料库的研究方法本质上是一种语境理论，因为索引是在语境中对词进行检索的，不仅如此，语料库语言学的语境还包含水平轴或组合关系所表现出的共现语篇和垂直轴或聚合关系所反映的语篇间联系两个完全不同的维度[①]。关于意义问题，支持用语料库方法研究语篇的学者也有自己的看法。他们认为，语料库的研究方法体现的语义观是意义就是使用（meaning is use）。这种语义观历史悠久，可追溯到维特根斯坦（L. Wittgenstein）。意义的使用论暗含了一种实证方法论，即观察常与目标词搭配的词语或共现的结构，可从中得出结论。这种方法的优势是把公开获得的文本资料作为语料，并根据它们得出的数据作出结论，避免了将研究者的直觉作为研究的唯一依赖[②]。

从研究视角来看，吕长竑（2010）认为目前欧美学者利用语料库研究语篇通常有四个角度。一是"调查与某一语言特征有关的因素"[③]，如词、短语和语法结构等，通过调查与它们使用相关因素的结果可以揭示出不同语篇影响语言使用者语言选择的原因。在这一方面比较突出的成绩有比伯

---

① 参阅：Stubbs，M. Texts，corpora，and problems of interpretation：a response to Widdowson ［J］. Applied Linguistics，2001，22（2）：152，157.

② 参阅：Stubbs，M. Texts，corpora，and problems of interpretation：a response to Widdowson ［J］. Applied Linguistics，2001，22（2）：163.

③ 吕长竑. 语篇的语料库研究范式评介 ［J］. 外国语，2010（2）：38.

（Biber et al，1999）对英语动词和形容词后补从句中 that 的省略和保留问题的研究；斯塔布斯（Stubbs，2002）通过观察词语搭配和语法结构来阐释作者在语言选择上如何反映其对男女社会角色态度的研究；以及海舍尔歌德（Hasselgard）[①] 通过考察句法结构来探讨凸显状语的 it—cleft 句式的语篇功能和信息结构的研究。二是"考察某一特定的语言功能的实现"[②]。这种研究以语言的某一功能为中心，分析它在语篇中的实现，其优点是可以同时考察很多相互作用的特征。如比伯（Biber et al，1998）在利用语料库研究指称时，同时考察了包括语域、代词/名词形式、指代类型等 6 个不同的特征，并取得了非常好的效果。三是"对语言变异的描述"[③]。利用语料库研究语篇中语言变异的多维分析法（multidimensional analysis）是比伯于 1985年首次提出、并在 1988 年发展成熟的研究方法。其实质是以语言的多变性、语篇关系的复杂性以及对语言形式定量和定性分析的需要为基础来研究语篇特征变化连续体的语域变异综合分析法。四是"对某一语言特征在语篇中的使用做跟踪描绘"[④]。这个视角以跟踪考察一个或多个语言特征在整个语篇中的发展轨迹为方法，进而揭示它们对语篇构建和发展的作用和意义。在此方面比较成功的研究成果有比伯（Biber，1998）对科学研究书中动词时态和语气变化的研究，以及伯吉斯（Burges，1996）通过研究集团备忘录来梳理作者对参与者的指代方式和比较对上级、下级和同级备忘录的写作形式的研究。

滕延江和李平（2012）[⑤] 从另一个层面对欧美学者基于语料库的语篇研究成果进行了总结，他们认为其研究模式有三种，即质的研究、质与量结合的研究以及纯粹量的研究。质的研究是一种自下而上的研究，语料库只起提供语料的作用，属于语料库意识的研究。这种方法可以对某类型文本的语言特征进行几乎全方位的分析，并以此来研究该类型文本的凸显特征。大多数基于语料库的语篇研究都属于质与量结合的研究，根据研究者用数

---

① 参阅：Aijmer，K. & B. Altenberg. Advances in Corpus Linguistics［C］. Beijing：World Book Publishing Company，2009：195 –211.

②③④ 吕长竑. 语篇的语料库研究范式评介［J］. 外国语，2010（2）：38.

⑤ 参阅：滕延江，李平. 基于语料库的语篇分析范式研究［J］. 外语学刊，2012（1）：94 –98.

据作出结论的依赖程度可以把它分为两类：一是语料库支持的研究（corpus-supported study），即研究者把语言感知或理论框架用于语料库数据分析；二是语料库驱动的研究（corpus-driven study），即研究者少用已有的成见而尽量依据数据来分析。而依据语料库中文本资料、通过大规模自动分析得来的定量数据信息对语言学理论进行评判或提出新观点、新理论的研究方法就是语料库引导的研究（corpus-induced study），即纯粹量的研究方法。

虽然欧美学者利用语料库研究语篇的方法互不相同，没有形成规模，尚处在探索阶段；国内总结欧美基于语料库的语篇研究模式的意见也不十分统一，但目前我们可以肯定的是，经过 21 世纪初期对这种语篇研究方法批评和支持的争论之后，基于语料库的语篇研究正在欧美逐渐兴起，并有和用系统功能语法以及体裁分析方法研究语篇齐头并进的趋势。也许随着计算机技术的进步，语料库标注软件开发的成熟，它会在不久的将来成为研究语篇的主流方向。因为用语料库研究语篇与以前主要依靠研究者直觉相比，有着巨大的优势：这种方法把语篇的共性和个性研究、历时和共时研究融为一体；它使活的海量文本资料直接、便捷地进入研究视野；通过分析大规模自然语篇，可以客观地识别语言的规范性、特殊性和罕见的个案，减少人为偏见，发现凭借研究者直觉很难发现的现象或规律。

第二节　语篇研究的基本概念

语篇不仅是语篇语言学的研究对象，也是众多其他学科的研究对象，但只有语篇语言学关注语篇本体研究。语篇本体研究的核心和基本问题是语篇的生成规律和理解机制。"语篇"概念虽然出现得比较早，但直到 20 世纪 70 年代才在语言学研究中作为术语来使用。

一、语篇定义

语篇研究已经经历几十年的时间，各国学者也都取得了一些成绩，但什么是语篇，学界内部并没有形成统一的看法。随着语篇研究的不断深化和扩展，关于语篇界定的问题更加复杂，概念的阐述更是多种多样，正如康·阿·福伊利波夫（К. А. Филиппов）认为的那样，"在现代语言学中很难找到另外一个象语篇一样使用如此之广泛，释义却又如此之丰富的术语"①。

俄罗斯当代著名学者维·弗·克拉斯内赫（В. В. Красных）认为语篇定义繁多的原因在于，一方面语篇是语言现象；另一方面它也是一个复杂的超语言现象，履行多种多样的功能，既是交际手段、贮存和传递信息的方法，又是个体心理活动的反映，更是一定历史时期的产物、文化存在的形式和一定社会传统的反映等。这些形形色色的复杂功能导致了语篇研究的多角度、多层面性，也成为语篇定义如此之多的主要原因。②

俄语中的语篇（текст）一词来源于拉丁语"texus"，本义指编织物或组织、连接起来的东西。《语言学大百科词典》（1998）认为，语篇是一系列通过意义联系组织起来的符号单位（знаковая единниа），其主要特征是关联性（связность）和整体性（цельность）③。俄罗斯社会科学院《80 年语法》把语篇等同于连贯话语："在语言联系和语言关系基础上组织起来的、并在内容上把句法单位结合为一体的言语片段叫做连贯话语。"④

不仅词典和语法对语篇的界定不一致，不同学者对语篇的界定也存在着分歧。从语篇众多定义的形式来看，大致有两种定义方式。一种比较言简意赅；一种比较详细、延展，通常在对语篇下定义的同时，还谈及语篇特征，但由于各位学者对语篇及其特征的理解不尽相同而有所区别。此外，根据众多语篇定义的内容，可以归纳出广义和狭义两种语篇定义观点。广义的观点认为，不论长度怎样，不论是全篇作品或其中一部分，不论是书面作品还是口头产品，也不论是言语成品还是言语过程，只要是在内容和结构上连贯的句子构成的整体，就是语篇。（Москальская О. И. ，1981：

---

① Филиппов К. А. Лингвистика текста［М］. СПб. : Изд. С-Петербургский ун-т, 2003: 61.

② Красных В. В. 《Свой》 среди 《чужих》: мир или реальность? ［М］. М. , 2003: 117 – 118.

③ Николаева Т. М. Текст. // под ред. Ярцева В. Н. Большой энциклопедический словарь: Языкознание［Z］. М. : Изд. Большая российская энциклопедия, 1998: 507.

④ 转引自：华劭.《语言经纬》［М］. 北京：商务印书馆, 2003: 267.

12；黄国文，1988：7；Солганик Г. Я.，1997：5；Halliday M. A. K. & R. Hasan，2001：1；Папина А. Ф.，2002：15；吴贻翼，2003：6）而狭义的观点只承认书面作品，并认定只有完整的书面语言产品才是语篇，因为诸如整体性、关联性等语篇特征只有在完整的语篇中才能体现，而个别句子、片段甚至章都不能准确反映语篇的整体思想。持这种观点的研究者中俄罗斯学者加里别林（И. Р. Гальперин）的语篇界定比较典型。加里别林认为，"语篇是言语创造过程的产品。它具有完整性，体现为文字材料，并根据材料类型进行相应的加工。言语产品具有明确的意向和语用目的，包括名称（标题）及一系列独立单位（超句统一体），并通过各种词汇、语法、逻辑、修辞等联系手段，把它们结合为一个整体"①。

关于语篇概念，我们比较倾向于认同详尽、延展的广义语篇理解，因为只有这样的语篇定义才能比较全面地描述语篇的所有特征，强调出语篇在言语系统中的重要地位，肯定语篇是由一系列独立单位构建而成，为多维语篇研究提供坚实的理论依据。有鉴于此，我们认为，语篇既是语言单位也是言语作品的单位，它具有意义和结构的完整性，可以体现为书面或口头形式，包含作者的态度和意向，具有明确的针对性和语用目的。

二、语篇特征

语篇作为一个独立的层面和研究对象，具有基本特征或属性是毋庸置疑的，这种观点在语言学研究者中也有基本共识。语篇的基本特征或属性在语篇的生成和理解过程中起非常重要的作用，即语篇的生成需要构建这些特征，语篇的理解需要解构这些特征。但什么是语篇特征在学界却存在分歧。

韩礼德把语篇具有的特征称为"语篇性"（textuality），认为它可以归结为一个词——衔接（cohesion）②，涵盖语篇形式和内容两方面的特征。韩礼德的观点代表了系统功能语言学方向对语篇特征的认识，他之后提出的语言三大功能更

---

① 转引自：华劭.《语言经纬》[M]. 北京：商务印书馆，2003：267.

② Halliday M. A. K. & R. Hasan，Cohesion in English [M]. 北京：外语教学与研究出版社，2001：2.

是为全面揭示语篇乃至语言系统的属性提供了理论基础和研究视角。在语篇分析研究中被广泛使用的衔接理论由于比较容易量化，分类方法比较清楚，因而为语篇生成和解读提供了方法论和广阔的探索空间，也取得了非常丰硕的成果。

奥地利学者博格兰德和德雷斯勒（R. A. de Beaugrande & W. U. Dressler，1981）从人类交际的角度来描写语篇特征。他们认为，语篇是满足七个标准的交际事件，如果七个标准中的任何一个没有被满足，该语篇就没有交际功能，不具备交际功能的语篇就是非语篇（non-text）。这七个具有区分性的语篇标准是衔接（cohesion）、连贯（coherence）、目的性（intentionality）、可接受性（acceptability）、信息性（informativity）、情景性（situationlity）和篇际性（intertextuality）。在他们的理论中，这七个标准是语篇的基本特征，并有两个中心：衔接和连贯以语篇为中心（text-centred），目的性、可接受性、信息性、情景性和篇际性以使用者为中心（user-centred）。① 奥地利学者的研究虽然加深了对语篇特征的认识，突破了语篇跨学科研究的界限，但他们的标准并没有得到普遍的赞同，其中有些语篇标准，例如篇际性还受到比较大的质疑，但不管怎样，他们的研究成果代表了欧洲对语篇特征研究的基本观点。

俄罗斯学者在研究语篇时，几乎都谈到了语篇特征，但由于研究视角和研究领域不尽相同，得出的结论也有所区别。为了比较清楚直观的阐述他们的观点，简要列出表 2 – 1。

表 2 – 1 　　　　　　　　俄罗斯学者关于语篇特征的主要观点

代表人物	关于语篇特征的主要观点	观点出处
伊·弗·阿诺德（И. В. Арнольд）	信息性、整体性、关联性	Стилистика декодирования ［M］. 1974：15 – 16.
阿·阿·列昂奇耶夫（А. А. Леонтьев）	交际性、关联性、整体性	Понятие текста в современной лингвистике и психолингвистике. Психолинвистическая природа текста и особенности его восприятия ［M］. 1979：45.

① 参阅：刘金明. 语篇语言学流派与语篇交际的构成原则 ［J］. 天津外国语学院学报，2005（3）：35.

代表人物	关于语篇特征的主要观点	观点出处
娜·德·扎鲁宾娜 （Н. Д. Зарубина）	信息性、关联性、整体性、完整性、切分性、情景性（ситуативность）、意向性（интенциональность）	Текст: Лингвистический и методический аспекты［М］. 1981: Леуция 6.
阿·伊·诺维科夫 （А. И. Новиков）	延展性（развернутость）、连贯性、关联性、完结性、静态和动态	Семантика текста и её формализация［М］. 1983: 23 – 31.
吉·雅·图拉耶娃 （З. Я. Тураева）	结构特征：衔接、整合、递进/停滞； 内容特征：作者形象、时空、信息性、因果性、语境及其他	Лингвистика текста（Текст: структура и семантика）［М］. 1986.
达·莫·吉姆列娃 （Т. М. Кумлева）	整体性、多面性、整合性	Коммуникативная установка художественного текста и её лингвистическое воплощение［J］. НДВШ. Филол. науки. №3. 1988: 59.
格·雅·沙尔加尼克 （Г. Я. Солганик）	整体性、关联性、完整性、情态性	Стилистика текста［М］. 1997.
尼·弗·舍甫琴科 （Н. В. Шевченко）	整体性、完整性、情态性、语用性	Основы лингвистики текста［М］. 2003: 13.

从俄罗斯学者对语篇特征的阐述可以看出，尽管他们所用术语和描述的内容不太相同，但都直接或间接地提到了语篇具有关联性和整体性这两

大特征。语篇的关联性是俄罗斯语言研究者在分析句子间的语义联系，尤其是超句统一体的内部机制时被关注和考察的。尽管他们对关联性的界定并不完全一致，但通常都认为关联性既有内容的相关性、制约性和依赖性的特点，也有在语篇中通过显性或隐性手段实现的语言手段体系。正如华劭教授指出的那样："所谓关联性，不仅仅是、或者说主要不是各个语句或其他话语单位之间形式上的联系，这种联系往往要反映内容上的关系。否则即使有形式上的联系，也不能构成连贯话语。"① 虽然整体性和关联性的研究是分不开的，但俄罗斯学者对整体性的研究远没有对关联性研究得那么深入和细致。他们对整体性研究的基本共识主要包括下面四点：第一，整体性特征是带有语义性质的内容范畴，是语篇思想的统一体；第二，它是在语篇各部分基础上形成的，体现着作者的创作意图；第三，它要依赖包括语篇关联性在内的语篇其他特征来实现；第四，它属于心理语言学范畴，可以没有明确的外在形式。

综观世界上不同学者对语篇特征的研究，可以知道，第一，他们都非常关注语篇特征这个课题，认为它在语篇研究中占据基础和首要的位置，并分别在不同层面对它进行了探讨；第二，他们各自归纳总结的语篇特征有相同或相近之处，也有很多不同之处；第三，阐述语篇特征时所用术语和包含的内容有联系也有区别，即使有时候所用的术语相同，内涵和外延也存在差异；第四，语篇具有两大基本特征，即关联性和整体性，具有相当大的共识；第五，除了关联性和整体性外的其他语篇特征的研究，到目前为止还没有形成统一的观点，是具有争议性的研究课题，有待继续深入探讨。

三、语篇类型

语篇类型是语篇研究的任务之一，它能够阐释语篇结构背后隐藏的诸多信息，并能把对语篇类型的直觉认识上升到理论层面。随着计算机语料库的研发和应用，语篇的类型研究和语篇的具体分类问题越来越受到关注

---

① 华劭.《语言经纬》［M］. 北京：商务印书馆，2003：268.

和重视，并逐渐成为大型电子语料库建设和发展的关键。李（Lee）便认为，由于对语篇分类过于宽泛，英语国家语料库（BNC）"对促进语言的描写和研究未能起到应有的作用"[①]。遗憾的是，虽然语篇类型研究十分重要和迫切，但直到现在依然没有一个统一的看法。

总体而言，可以把目前研究语篇类型的方法大致归纳为两种，即以语篇语法为标准的分类和以交际模式为标准的分类。钱敏汝把这两种对语篇从语言学角度进行分类的标准称之为"语言系统取向的分类法"和"行为与交际活动取向的分类法"[②]。

在欧美，罗兰·哈尔维克（Roland Harweg）是第一位深入探讨语篇结构的学者。他认为，其研究体系的核心概念"替换"（substitution）可以作为语篇类型学研究的基础。[③] 哈罗德·温里克（Harald Weinrich）不仅认为语篇的语法特点可以成为语篇类型划分的标准，而且对德语冠词和时态在理解语篇时的作用进行过专门研究。[④] 最能体现结构主义思想、并以语篇语法为标准对语篇类型进行研究的当属德国学者芭芭拉·桑迪希（Barbara Sandig）。桑迪希在1972年提出了语篇类型划分标准的20个区别性特征，包括口语的、自发的、时间的接触、篇章的起始形式、篇章的结束形式、时态形式、非语言成分、交际双方权利对等等等。[⑤] 这20个特征清楚地展现了以语篇语法为标准划分语篇类型所具有的多面性，不仅涉及人、时间、空间，而且还关系着句法和语篇的形式。按照这些特征，某一类型的语篇只能被定义为这些特征组合的汇总，远不是科学、完整和全面的类型学研究。因此，以结构主义思想为指导的语法取向的语篇类型研究存在着诸多不足。

从人类活动范围、语篇功能或社会学角度对语篇进行类型学研究属于行为与交际活动取向的语篇分类法。在欧美，很多学者从语篇的语域（reg-

---

① Lee, D. Genre, Register, Text Types, Domains, and Styles: Clarifying the Concepts and Navigating a Path though the BNC Jungle [J]. Language Learing & Technology, 2001, 5/3: 37.

② 钱敏汝. 篇章语用学概论 [M]. 外语教学与研究出版社，2001：289.

③ 参阅：Beaugrande, R. de & W. U. Dressler. Introduction to Text Linguistics [M]. London: Longman, 1981: 22.

④ 参阅：钱敏汝. 篇章语用学概论 [M]. 外语教学与研究出版社，2001：277.

⑤ 参阅：钱敏汝. 篇章语用学概论 [M]. 外语教学与研究出版社，2001：278.

isters）和功能视角尝试对语篇分类。例如，伊戈尔·韦尔利克（Ego Werli-ch）以人类认知范畴化为根据，把语篇分为五大基本类型，即描写性语篇（descriptive）、叙述性语篇（narrative）、说明性语篇（explanatory）、论证性语篇（argumentative）和介绍性语篇（instructive）。① 而埃根沃德（Eigen-wald）根据使用范围将语篇划分为 5 类，分别为报纸语篇、经济语篇、政治语篇、法律语篇和学术语篇。② 在俄罗斯，一方面，语篇研究者较多考虑实际交际因素和描述现实的性质，倾向于把语篇划分为文学语篇（художественный текст）与非文学语篇（нехудожественный текст）两大基本类别；另一方面，一些俄罗斯学者习惯从功能语体（функциональные стили）角度将语篇分类为政论语篇、科学语篇、公文语篇、文艺语篇和口语语篇。近年来的研究表明，这两种划分原则正在逐渐融合。譬如，尼·谢·瓦尔金娜（Н. С. Валгина）将语篇划分为文学语篇和非文学语篇之后，又根据语篇风格体裁把非文学语篇划分为以下六类：公文事务型语篇（официально-деловые тексты）及其变体、办公行政型语篇（административно-канцелярские тексты）、科学语篇（научные тексты）及其变体、政论语篇（публицистические тексты）及其变体、广告语篇（рекламные тексты）和信息性语篇（информационные тексты）。③ 此外，俄语国家语料库（НКРЯ）对语料的分类方法也采用了类似的方法，即先将所有语料分为文学文本和非文学文本两大类后，再根据体裁、功能化范围、文本主题等各自进行二次划分。文学语篇与非文学语篇的初次分类依据的不仅是语义信息的多义和单义，而且还有功能特色和美学影响等因素。鲁·亚·布达科夫（Р. А. Будагов）认为语言的美学功能是"将文学作品与其他语体区分开来的重要且不可分割的特征"④。而二次功能语体等分类体现了语篇研究者对客观世界和作者创作意图的充分考虑。

---

① 胡曙中. 英语语篇语言学研究［M］. 上海外语教育出版社，2008：175.
② 钱敏汝. 篇章语用学概论［M］. 外语教学与研究出版社，2001：280.
③ 郭明. 俄罗斯语言篇章范畴与小说研究［M］. 黑龙江大学出版社，2012：26－27.
④ Будагов Р. А.，Филология и культура［M］. М.，1980：31.

第三节　加里别林语篇范畴理论

1981 年加里别林（И. Р. Гальперин）出版了著作《作为语言学研究对象的语篇》（*Текст как объект лингвистического исследования*），该书一经出版就在俄罗斯语言学界引起了很大反响。"正如奥·鲍·西拉金尼娜（О. Б. Сиротинина）在《语言学问题》杂志上评论该书时所言，它'完成了话语语言学发展中的一个完整阶段——寻找语篇的基本特征、言语单位和范畴的阶段，并同时开创了一个新的阶段——深入研究各类语篇的阶段'"①。

在著作中加里别林承认语篇是一个独立的层面和研究对象，认为语篇研究的首要任务是必须弄清楚语篇的基本范畴（категория）："在研究语篇时不列出它的范畴，就谈不上对对象的研究"②。范畴是最能反映客观世界中事物和现象共同属性和本质属性、体现它们的特征和相互关系的概念。范畴体现语篇的两重性，即语篇的内容与形式统一于一个系统之中。语篇范畴是所有语篇独有的特征，离开范畴就不成其为语篇，即范畴是语篇的类型特征。③

语篇范畴的种类和属性在语言学界存在着许多争议，比如既有把它划分为功能范畴、语义范畴和修辞范畴的，也有将其划分为内容范畴和形式范畴的；既有人把它视为手段④，也有人把它看做语篇属性⑤，还有人将它等同于语篇的共同特征和个别特征，而加里别林把它理解为语法范畴。

一、哲学范畴与语法范畴

提到"语法"，人们首先会想到它是语言学术语，其实"语法是涉及言

---

①　王松林. 苏联话语语言学的发展 ［J］. 中国俄语教学，1987（2）：28.

②　Гальперин И. Р. Текст как объект лингвистического исследования ［M］. M. : Наука, 1981：4.

③　Шевченко Н. В. Основы лингвистики текста ［M］. M. , 2003：21.

④　Папина А. Ф. Текст: его единицы и глобальные категории: Учебник для студентов—журналистов и филологов ［M］. M. : Едиториал УРСС, 2002：20.

⑤　См: Тураева З. Я. Лингвистика текста ［M］. M. , 1986：15 – 18.

语行为的组织结构、规律、标准和变化，言语过程机制以及其他语言现象在动态和静态时的总规则"①，它在许多其他领域和层面也被用作术语。这就出现一个问题，"语法"这个术语是否同样也适用于语篇这样的研究对象。任何语言的语法都是对人类活动不同领域中的语言运用进行研究得出的结论。这种研究的目的是为了从表象繁杂的语言现象中总结出规律，否则就无法了解该现象的本质。从周围活动中摸索出其组织规律是人类规划现实、模式化自然意图的本质反映，同样也适用于语篇研究。语言作为人类意识的产物，目的是进行交际，自然也是被组织过的，但这种组织的性质还不完全清楚。

语言力图克服人类思想上的某种混乱，然而作为反映客观现实的混乱思想正好揭示了现实所固有的无序性和某些个别过程的跳跃性。人类一直试图在客观世界的现象中寻找出规律，如果暂时没有找到，就会做出一些假设。语篇正是探索组织规律的独特载体，它竭力削减由某些个别想法所引起的不确定性。深入到现象的本质时，我们的意识就会分离出该现象的所有新特征，并扩展以前所认为的封闭系统的范围。探寻客观世界的系统性，也就是有序性、组织性，会使现象的某些规律性得到确立，这些规律性就是范畴。

哲学作为"科学的科学"，是其他科学中概念产生的基础。在其他科学中折射出来的哲学范畴，首先在该科学中获得相应的概念地位，然后这些概念逐渐在这种科学内部蕴涵的范畴中体现出来。这样，语法中出现了源于哲学范畴的语法概念。哲学中的范畴、"认识层级"成为语法中的基本概念；这些基本概念反过来要求划分作为形式（特性）种类的语法范畴。因此，哲学中已经厘清、有科学限定的概念，即范畴，在语法中首先是作为需要对其进行科学认识并从中划分出语法范畴的语法概念出现的。②

加里别林指出，上述对语法范畴的理解在某种程度上是以伊·伊·缅沙尼诺夫（И. И. Мещанинов）所描述的概念范畴为基础的。缅沙尼诺夫认

① Гальперин И. Р. Текст как объект лингвистического исследования［M］. М.：Наука，1981：10.

② См：Гальперин И. Р. Текст как объект лингвистического исследования［M］. М.：Наука，1981：13－14.

为，"语法形式表达的语法概念要求建立语法范畴"①，加里别林认为这种表述存在着某些模糊之处。虽然缅沙尼诺夫承认"语法范畴反映的不是所有的概念，而仅仅是语言中借助词法和句法手段能够具有形式表达的那些概念"②，但他没有具体描述究竟是什么能够具有形式表达，是语法概念还是语法范畴。而语法概念在语法范畴中获得表达、语法范畴是某种语法形式的综合体的推断才是合乎逻辑的。让·瓦恩特利耶斯（Ж. Вандриес）也表达了相近的有关语法概念与语法范畴的观点，"通过词素手段表达的概念称为语法范畴。因此，性、数、人称、时、式、疑问、否定、从属关系、目的、工具等都是语言中的语法范畴，它们都是通过特别的词素表达出来的"③。

语法范畴的确无论是动词、名词、形容词范畴，还是态、时或其他任何范畴都和语法范畴相关，也同时与逻辑范畴、哲学范畴相关联。例如，完成时范畴是连续性（时间居先）语法概念的表达，也是哲学层面的时间范畴。形容词语法范畴描述的是语言中有关强度和其他特征性质的语法概念；虽然这个语法概念也是哲学范畴的语言学反映，但它与哲学性质范畴不相等。格语法范畴是语言中形式种类表达的概括性反映，这些形式表达的语法意义反映着某些语言单位与其他语言单位的相互关系。④

继而加里别林得出结论，语法范畴描述的是相互区别但明确恒定的词级之间关系的语法概念，该语法概念是从属逻辑哲学范畴的体现，即"语法意义是一定语法形式的意义；语法范畴是表达一定语法概念的概括性形式；语法概念是在语言意识中折射出并经语法对象确定过的逻辑哲学范畴"⑤。

二、语篇范畴

关于范畴的研究最早可以追溯到亚里士多德的观念学说，他曾提出过

---

① Мещанинов И. И. Члены предложения и части речи［М］. М. , 1945：198.

② Мещанинов И. И. Члены предложения и части речи［М］. М. , 1945：195.

③ Вандриес. Ж. Язык［М］. М. , 1937：91.

④ См：Гальперин И. Р. Текст как объект лингвистического исследования［М］. М. : Наука, 1981：14.

⑤ Гальперин И. Р. Текст как объект лингвистического исследования［М］. М. : Наука, 1981：15.

许多范畴，如数量、质量、实质、关系、时间、地点、状态、情势、动作等，并将它们运用到哲学和一般科学领域。从广义上来看，范畴可以理解为"能够总结人类经验并对这些经验进行分类的人类思维的认识形式之一"①。但语篇中的范畴不同于哲学和其他一般学科中的范畴，甚至也不同于被研究较多的句子中的范畴。语篇范畴是随着比句子更高一级的体系，即语篇的出现而形成的，它能概括更大容量、更高层级的语言单位的特征，即语篇特征。正如加里别林所说的，"在任何类型的语篇中，即语篇中总可以找到区别于其他语言单位的范畴特征。"②

（一）语篇范畴的界定

语篇范畴的产生应归功于现代语言学和修辞学力求揭示语篇结构的趋势。语言学家们通过各自大量的研究发现，单纯依靠词、句子等基础性分析远远不能解释语篇，必须突破"句本位"的藩篱，研究句子之上的语言单位。因兼具内容表达和形式结构的特点，语篇范畴因而受到瞩目。

《俄语修辞学百科辞典》对语篇范畴是这样定义的："语篇范畴是相互联系的、重要的语篇特征之一，是用不同语言、言语和纯语篇手段（结构手段）表达的一定普遍语篇语义的体现。语篇范畴具有符号性质，该符号的内容层面是指一定概念的一般意义、统一的语篇语义（例如，整体性、主题、基调、空间、前瞻等），而表达层面则是指功能上不同层级语言手段的标准结构。"③该辞典还援引塔·弗·玛特维耶娃（Т. В. Матвеева）等人的观点把语篇范畴描述的参数分为四种，一是语言成分组成；二是不同语言成分的语篇意义；三是作为语篇范畴线性表达手段的语言成分组合；四为语篇空间中语篇范畴符号的配置。④应该说辞典对语篇范畴的界定是把其分成两个层面、且具有符号性质的观点，对语篇范畴的定位是将其与语篇

---

① 汪涌豪. 范畴论［M］. 上海：复旦大学出版社，1999：1.

② Гальперин И. Р. Текст как объект лингвистического исследования［M］. M.：Наука，1981：22.

③ Кожина М. Н. Стилистический энциклопедический словарь русского языка［Z］. Под ред. М. Н. Кожиной. М.：Флинта：Наука，2003：533－534.

④ Кожина М. Н. Стилистический энциклопедический словарь русского языка［Z］. Под ред. М. Н. Кожиной. М.：Флинта：Наука，2003：533－536.

属性、场结构和分析单位等同起来，因而具有最普遍的意义。

　　语篇范畴作为一种分析单位，体现着某种语篇的语义链条，这种语义链条是用一些按照特殊方式组合到语篇整体中的语言手段来表达的。和功能语法中划分功能语义范畴一样，语篇范畴也主要体现在其语言单位表达的语义功能的同一性方面；而在形式上，语篇范畴与语言系统中的某一层级或某些层级之间并无严格的关联，因而不具备同一性。包括超线性单位和超语言单位在内的不同语言单位是在实际使用中结合成这样或那样的语义整体的，所以可以认为，语义功能同一性是语篇范畴的划分标准。因此，可以把语篇看作是一个由一些相互关联的范畴组成的整体来研究。需要强调指出的是，语篇从来不是只由一种范畴构成，它是多个范畴的综合体。任何一个语篇范畴都可以做功能—语义切分，体现的是语篇的总体意义。每种语篇范畴都具有自己统一完整的内容和特定的语法标志，不能强硬地把语篇范畴和语言系统的层级相联系。

　　（二）语篇范畴的分类

　　语篇范畴的分类问题目前存在争议，既有人把它分为功能范畴、语义范畴和修辞范畴；也有人把它分为内容范畴和形式范畴。从俄罗斯学者的研究成果来看，大多数人比较赞同将语篇范畴分为内容范畴和结构范畴①，但他们对语篇范畴具体划分的原则、数量、名称等问题存在较大分歧。

　　萨·格·伊里延科（С. Г. Ильенко）把语篇结构划分为交际性、信息性、情景、整合（完成性）、切分性、情态性（从作者角度）、语用性。②玛特维耶娃区分三类语篇范畴，一为线性范畴，指语篇中具有同一功能、语义功用的语言单位链，如主题链、思想发展链（语篇逻辑切分）、前瞻和回溯；二是场范畴，指统一于语义场、语篇功能和语言要素结构中的各层级单位的综合，包括主题确定性、音调与评价（主观情态性）、时间场、空间场、逻辑重音与主体结构；三是篇幅范畴，它综合了线性范畴与场范畴特征，属于结构性范畴，也可以称为"语用篇幅部分"、"片段"、"言语形

---

① 参阅：В. В. Одинцов, 1980; И. Р. Гальперин, 1981; З. Я. Тураева, 1986.
② 郭明. 俄罗斯语言篇章范畴与小说研究［M］. 哈尔滨：黑龙江大学出版社，2012：65.

式"等，但玛特维耶娃更倾向于使用"交际块"这个术语。① 娜·德·托鲁宾娜（Н. Д. Зарубина）认为还应该增加"序列"这个范畴，表示"线性的综合意义"，可以用某些范畴的代词、连词、关联词或改变词序和不完全句来表示。此外借助这个范畴可以描写三种关系，即句子间的组合关系、单个句子和句群间的组合关系以及句子各种可能变体间的聚合关系。② 伊·雅·契尔努西娜（И. Я. Чернухина）基于语篇的整体语义来考察语篇范畴，认为语篇范畴"是一种语篇内容的抽象层级，通过这种层级可以划分出同所有具体文学语篇相关的思想实质"。她还将语篇范畴的划分标准和分类解读为"在构建语篇所有言语手段的基础上形成了相应的语篇范畴——时间范畴、空间范畴、主人公范畴和事件范畴。"③

最完整、最具系统性同时也最为学界所接受的是加里别林对语篇范畴的划分。首先加里别林把语篇范畴划分为内容范畴（содержательные категории）和形式—结构范畴（формально-структурные категории），并指出它们在语法中相互合并统一。他认为这种划分是必要的，因为这种范畴划分会引导我们去探寻它们的功能化规律，积累足够的事实经验，最终形成篇章语法。但因为"形式—结构范畴具有内容特征，而内容范畴在形式结构中得到体现"④，即二者具有极其密切的相互依存关系，所以没有对它们进行严格详细划分的必要。之后他区分并详细描述了以下范畴：信息类型（виды информации）、切分性（членимость）、接应（篇内联系）（когезия <внутритекстовые связи>）、连续统（континуум）、语义独立片段（автосемантия отрезков）、回溯和前瞻（ретроспекция и проспекция）、情态性（модальность）以及整合和完整性（интеграция и завершенность）。

加里别林在著作中把这些语篇范畴一概视为语篇参数。他认为，近二十多年来语篇范畴的数量明显增多，导致需要区分构篇范畴和语篇属性。

---

① Матвеева Т. В. Функциональные стили в аспекте текстовых категорий ［M］. M. , 1990：16 - 20.

② Зарубина Н. Д. Текст：лингвистический и методоческий аспекты ［M］. M. , 1981：23 - 30.

③ Чернухина И. Я. Общие особенности поэтического текста ［M］. Воронеж：Изд-во. ВГУ, 1987：6 - 7.

④ Гальперин И. Р. Текст как объект лингвистического исследования ［M］. M. : Наука, 1981：5.

尽管语篇存在着固定的形式语义和功能语义，但语篇范畴仍然是有层级的，可以划分为内容范畴和形式范畴。那些被细化的具体语篇范畴的总体基础是整体性（цельность）和连贯性（связность），两者互相依存、互为补充。语篇整体性指向带有语义性质的内容层面，属于心理学方面。虽然它在全篇各部分的基础上形成，但体现与各组成部分相关的共同思想，定位于语篇的主题思想、观念信息、作者的写作意图、价值取向、审美观点等，服从于语篇理解和接受的规律。语篇的整体性特征主要靠接应（篇内联系）来实现，但也离不开其他语篇范畴，如切分性、情态性、连续统、整合和完结性等。它包括两个方面，一是作者或说话者，二是读者或听话者，在交际过程中二者相互作用、相互依赖，语篇整体性才得以形成。语篇连贯性指向带有结构性质的表达层面。虽然它主要通过话语单位间各种显性形式或隐性联系来表现，但一定要有内容上的相关，否则就不能构成连贯话语。语篇连贯性特征主要依赖切分性而实现，但也离不开前瞻和回溯、连续统、信息类型等其他语篇范畴。

加里别林划分出的所有语篇范畴都有助于从不同视角和不同层面对任何语篇的内容和形式结构进行描写和分析，它们对于揭示语篇特征都同等重要。对此加里别林在著作中有非常精辟的论述："语篇中的所有范畴，必要范畴和可选范畴都相互交织在一起，共同发挥各自的作用。为了研究目的而将其中任何一个范畴划离出去都必将导致该范畴独立，结果会更加清晰地揭示其本体特征和语用特征。但只要开始分析所区分范畴的语段特征，就会发现语篇其他范畴也一起会发挥作用。语言学分析（而且不光是语言学分析）的实质就是这样，在将整体分解为部分时，我们倾向于赋予部分大于它作为整体的部分时所应该具有的价值。而且部分开始失去自己对于整体的依赖性时，就获得了一定程度的独立性"。[①] 因此，应该利用多个语篇范畴对语篇进行多角度研究，也只有这样，所得出的结果才能更清晰、直观地反映语篇的本质特征。

---

① Гальперин И. Р. Текст как объект лингвистического исследования［М］. М.：Наука，1981：124.

三、加里别林语篇研究的基本范畴

加里别林在著作《作为语言学研究对象的语篇》中以每个语篇范畴的名称为标题从第二章到第九章详细阐述了他对语篇研究基本范畴的界定和理解。这些标题，即加里别林语篇研究的基本范畴包括：信息类型、切分性、接应（篇内联系）、连续统、语义独立片段、回溯和前瞻、情态性以及整合和完整性。

（一）语篇的信息类型

"信息"有两个含义，一个是通用的日常概念，一个是专业术语。日常通用的信息指任何消息，可以是称名性质的词组、表述某些事实的句子，也可以是句子组合（超句统一体和段落），甚至是整个语篇。这种理解下的信息通常等同于称名、意思或内容。因此，"他明天来"或"我非常想吃东西"这类传达型的信息在日常生活中的使用是合情合理的。第二种信息，即术语概念的信息，常见于交际理论的著作中，专指获取的关于客观现实中事物、现象、关系和事件的新消息。这样理解的信息术语概念排除了我们头脑中已有的和已被部分认识的事物和现象，即并不是所有的表述（сообщение）都含有科学术语意义的信息。① 按照第二种信息标准，考量语篇的价值不仅要看其承载广义信息量的多少，更要看其含有新知（未知信息）（новое ＜неизвестное＞）量的多寡，这才是更重要的参数，称为语篇的信息性（информативность текста）。

实际研究中，信息性范畴涵盖的内容常常超出语言学之外，新知信息的研究就是如此。新信息的研究非常明显不能脱离社会、心理、科学理论、文化、年龄、时代等因素。譬如，一个表述对一个读者或听话人来说是新知，就应划归为信息；但这个表述可能是另一个人已知的或完全不理解的，那就根本构不成信息；一定时间内的新信息在将来就变成了已知。此外，

---

① 参阅：Гальперин И. Р. Текст как объект лингвистического исследования ［M］. M.：Наука，1981：26.

获取到的信息的价值是另一个问题。谈到这个问题时，其实就已经跨出了语言学领域，进入了哲学与美学的一个分支——美学价值领域。众所周知，信息重现会失去价值，也就不再成为信息了，但有些语篇具有永恒的价值，它们经常会因其美学认识或科学意义而永久留在人类文化宝库之中，它们是产生新知的不竭源泉，因而总是含有信息的。

加里别林在对各类型语篇中的信息进行分析后发现，作为语篇基本范畴的信息在各类型语篇中的语用功能各不相同，因而他把语篇信息分成三种类型，即事实内容信息（содержательно-фактуальная информация，СФИ）、观念内容信息（содержательно-концептуальная информация，СКИ）和潜在内容信息（содержательно-подтекстовая информация，СПИ）。①

事实内容信息是对现实世界或想象空间中正在进行、已经发生过或将要发生的事实、事件和过程作出的表述。诸如学者们提出的各类假说、观点、所有相悖的事例、评述、各种推测、一切解决问题提出的方案等都属于这类信息。从表现形式来看，事实内容信息是显性的，总会用词语表达出来，而且使用的语言单位通常都是其直接含义、逻辑称名意义和词典中的释义。

观念内容信息是作者或说话人以事实内容信息为手段向读者或听话人表达出的他对现象间的关系、因果联系以及它们在社会、经济、政治、文化生活中意义等方面的理解，此外它还包括独立个体间的关系以及他们复杂的心理关系、美学认知关系。这种信息是从整个作品中抽取出来的，是对现实世界和作者或说话人编造的虚拟世界中的各种关系、事实、事件和过程等进行的创造性再思考，其表达不总是足够明确，因而可能存在着多种理解。

观念内容信息与事实内容信息之间的差别可以解读为文艺美学性信息（информация эстетико-художественного характера）与日常性信息（информация бытийного характера）间的不同。需要指出的是，日常性信息不仅可以是现实世界的，也可以是虚拟世界的。对此格·弗·斯捷班诺夫（Г. В. Степанов）

---

① Гальперин И. Р. Текст как объект лингвистического исследования ［М］. М. : Наука, 1981：27.

有非常精辟的论述："日常性主题在现实世界中有指称物，它可以是真实的或虚拟（即在想象和臆造的现实中）的，直观的、实物的或是理想的；而诗意性主题是装饰了美学思想和表达方式的日常性主题。"① 观念内容信息虽然也可以从科学语篇中抽象出来，但大多数时候存在于文艺语篇之中。它们之间的区别在于，科学语篇中的观念内容信息总是表达的异常明显，而文艺语篇（除了道德劝诫性诗篇）中的观念内容信息需要运用思维活动来体会。由此看来，观念内容信息是一个综合性的概念，它不仅关联作者或说话人的意图、视角和人生态度等，还与读者或听话人对各种事实内容信息的个人理解和再思考有关。由于人的认知水平不同，"由于读者运用语言材料或知识面不足，即缺乏足够的博览性和对艺术作品的评价能力"②，有的人可能对语篇的理解只能停留在内容层面，而获取不到观念层面。

语言单位有产生联想意义和附加意义的能力，甚至超句统一体中的句子也能增加额外的意义，于是便有了潜在内容信息的产生。它是从事实内容信息中抽取出来的隐含信息，没有直接的词语表现方式。潜在内容信息是一个可选信息，在语篇中不一定存在，"但如果它能够存在，一定是与事实内容信息一起构成独特的语篇对位"③，也就是说，它的产生需要以事实内容信息为基础，并依靠语言单位在结构或修辞手法上的巧妙安排。从认识论来看，这种信息类型的产生归功于人能够在几个层面对现实世界进行平行认知的能力，能够同时认知两个相互关联的表述的能力。

虽然潜在内容信息与观念内容信息都是隐性的，有相似之处，但存在着差别。观念内容信息是语篇的核心思想，体现的是作者或说话人的意图和想法，展示的是他们的价值观、世界观以及人生态度等；而潜在内容信息是读者或听话人通过事实内容信息所引发的联想和思考，是读者或听话人思绪展开的产物。从这个意义来说，潜在内容信息的生成与语篇接受者的联想能力相关，其知识越丰富，分析和接受语篇的能力越强，对隐含信

---

① Степанов Г. В. Несколько замечаний о специфике художественного текста［A］. Сб. научных трудов МГПИИЯ, вып. 103. Лингвистика текста［C］. М., 1976: 12.

② Шевченко Н. В. Основы лингвистики текста［M］. М.: Приор, 2003: 27.

③ Гальперин И. Р. Текст как объект лингвистического исследования［M］. М.: Наука, 1981: 28.

息理解得越深刻具体，就越能产生丰富的附加和联想，从而得到越多的潜在内容信息。此外，观念内容信息只能以整个语篇为基础，并在其基础上归纳抽象出来；而潜在内容信息可以由整个语篇产生，也可以由单个句子或超句统一体引起。因此，加里别林认为，每个文学作品一定有其观念内容信息，但不一定有潜在内容信息，潜在内容信息是"事实内容信息和观念内容信息之间的一种对话"①，其特点是"不确定性和模糊性"②。

　　三种信息类型在语篇中的具体表现形式不尽相同。事实内容信息直接展现在词语或句子中，有叙述、描写、说明、议论等多种表达方式。观念内容信息只有在少数情况下直接表现出来，例如以标题、问题或结尾点题的方式揭示主题思想和作者的创作意图，大多数情况下是通过读者或听话人自己的总结或领悟来展示的。潜在内容信息是语篇的副产品，依靠语篇接受者的个人知识层次和想象能力派生而出。

（二）语篇的切分性

　　词的切分，即词素分析在语言学中由来已久，学者们对词素作为区分性特征的观点基本形成共识。切分，"这种一般性的区分方法也可用于语篇理论中"③。即使语篇创作者没有提前把自己的作品分成部分，但为了屈从于构篇的语用规律，他们也需要找到合适的语篇切分方式。理想条件下的语篇（идеальный тип текста）饱含语篇构成的众多典型特征，为了找到某种普遍存在的构篇规律，可以对理想语篇进行整体划分。也只有确定了理想条件下语篇的各项参数，才能观察到有意识对其背离的情况，即变体的情况与特点。

　　加里别林语篇切分性（членимость текста）描述的是作品一般结构层面的功能。他认为，决定语篇切分性特征的原因有很多，其中比较重要的有三个，分别为语篇各部分的容量（размер частей текста）、事实内容信息

---

① Гальперин И. Р. Текст как объект лингвистического исследования［М］. М.：Наука，1981：48.

②③ Гальперин И. Р. Текст как объект лингвистического исследования［М］. М.：Наука，1981：50.

以及语篇创作者的语用意图。[1] 通常情况下，语篇各部分容量的确定是按照读者或说话人能够不丢失需要理解的信息容量来考量的。弗·英格维的深度假说（гипотеза глубины）[2] 就是以记忆限幅为基础，试图揭示某些英语句法结构特征的研究。加里别林认为，与此类似，把超句统一体的深度，或从语篇中截取的最大片段的深度作为语篇单位也是可行的。假设在一个超句统一体内展开某种思想受限，是和人在或长或短的一个确定时间段内把注意力集中到一个客体的能力相关，那么每一个被切分标选出的语篇片段就具有时间参数这个特征。时间连续统中的众多停顿不仅为脑力活动所必需，也是体力活动所必需的。这样我们就可以说，就像体力训练中形式需要转换一样，注意力从一个超句统一体或段落的思想展开转移到另一个同样也是必需的。只有考虑到这个心理—生理因素，才能或多或少确定已经窥见到了语篇切分的类型学特征。

语篇整体性（цельность）是语篇各部分整合（интеграция）的结果，但语篇整合的理解和实现没有发生在创建语篇和阅读语篇的过程中，而是发生在思考和分析组成整体的各个独立部分间相互关系方式的过程之中。反过来，这种分析过程有助于更加深入的洞悉各离散语篇单位的本体性特征。此外，阐释语篇切分系统的任务还包括克服语篇理解的线性层面。也就是说，语篇切分会激活一些语篇范畴，如回溯、连续统、重读体系转换以及一些与时空关系相连的范畴，它们通常只能在语篇的重复阅读过程中被理解。

在探讨语篇具体切分为几部分合适，以及语篇有几种切分类型的问题时，必须首先确定什么是最小语篇和最大语篇。加里别林认为，各种消息、电报、报纸短讯、便条、信件等属于最小语篇，而前有序言（作者的前言）、后有结尾（跋、尾声）、由几卷（册）组成的长篇小说是最长语篇。整体结构意义上的卷（том）或册（книга）可以作为长篇小说的最大单位，之后切分单位逐级下降：部（часть）、章（глава）、节（главка）（通常是

---

[1]　Гальперин И. Р. Текст как объект лингвистического исследования［M］. М. : Наука, 1981:51.

[2]　参阅：Ингве В. Гипотеза глубины［A］. Новое в лингвистике［C］. вып. 4. М. , 1965.

用阿拉伯数字标出，以区别用罗马数字表示的章)、块（отбивка）（用几个空白行来标示)、段、超句统一体。因为这种切分是以各部分的篇幅容量和读者意向为考量的，因此加里别林把这种语篇切分叫做语用容量切分（объёмно-прагматическое членение)。① 和语篇语用切分相交叉的另一种语篇切分，被 И. Р. Гальперин 命名为上下文变体切分（контекстно-вариативное членение)。按照 И. Р. Гальперин 的观点，这种切分可以分成下列几种言语行为方式：（1）作者的言语，包括 а）叙述，б）自然描写、人物外貌描写、环境描写、场景描写、活动地点描写等，в）作者的议论；（2）别人的话，包括 а）对话（带有作者印记），б）引文；（3）非纯直接引语（несобственно-прямая речь)。② 两种语篇切分类型互相制约，都以隐性的方式揭示着观念内容信息。需要强调指出的是，虽然它们表现的手段或方式不同，但都有基本的"程序设计"——都受作者意图的制约。这是因为语篇切分隐匿地反映着作者促使受话人理解语篇的目标，同时也表明以一定政治、道德、伦理和美学为原则的作者本人把一个生活片段、事实或事件和其他同类相互区别开来的方式。

深入研究语篇切分的语用特征是困难的问题，该问题的解决常常夹杂着主观因素。尽管如此，正如玛·茨维塔耶娃（М. Цветаева）所认为的，阅读本身就是领会字里行间背后秘密的共同创作过程。"包括文学、公文、报刊、科技等在内的任何类型语篇的切分，都有双重基础：以读者为导向的切分，目的是为了减轻对作品理解的难度；以作者为导向的切分，目的是为了搞清楚作品切分片段间的时间、空间、形象、逻辑等方面的联系。"③ 第一种切分清晰地表现了语篇切分的语用特征，第二种切分则表现了语篇切分的主观认知特征。无论是第一种切分还是第二种切分，随着语篇逐渐被分析，语篇思想的理解也逐步实现，语篇切分实际上是对各部分相互关

---

① 参阅：Гальперин И. Р. Текст как объект лингвистического исследования［М］. М. : Наука，1981：51–52.

② Гальперин И. Р. Текст как объект лингвистического исследования［М］. М. : Наука，1981：52.

③ Гальперин И. Р. Текст как объект лингвистического исследования［М］. М. : Наука，1981：57.

系进行逻辑思考的结果。二位一体的语篇切分本质在任何类型语篇中都有不同的体现，都以不同的方式调和着主客观间的关系。读者或听话人对语篇的理解以客观规律为依据，作者把语篇划分为部分以主观评价体系为依据。譬如，在有些语篇中可能存在着看起来不怎么相关的个别部分，按照语篇切分的双重基础，那是作者有意识的行为，隐含着语篇作者的某种特殊意图，需要读者或听话人按照一般规律来切分和破译。

除了语用因素的制约外，加里别林认为，语篇切分还受制于语篇的其他语法范畴，如信息范畴、整合范畴，接应范畴等。① 在语篇中划分出来的各个片段，都是以该片段被赋予的某种思想意义为依据的，那么就可以视作者赋予这种意义的形式来研究语篇切分。

（三）接应（篇内联系）

长时间以来，关于语言单位间联系的研究经常只涉及句子（包括复句）层面，对超句统一体间和高于它的单位间联系的研究比较稀少。在语篇研究中可以发现，随着篇幅的增加，句子层面传统的联系方式和手段被突破，语言单位间的联系产生了一些语篇独有的特征。为了表示这些语篇独有的连接形式和特点，加里别林使用了不久前刚被引入语言学研究的术语——接应（когезия），并赋予它新的含义。

接应来源于英语"cohesion"（сцепление），原是物理学术语，表示一个模块内部各成分之间相互关联程度的度量。加里别林认为，语篇研究中的"接应是一种特殊的联系方式，它使语篇的连续统得以实现，即逻辑联系（包括时间和/或空间联系），以及各独立表述、事实和活动间的相互依存关系"②。可以说，加里别林的接应区别于句子层面及其以下各单位间的联系，为语篇独有，研究的是语篇内的联系，反映大于句子的语言单位间的逻辑语义关系。

依据不同特征和表现形式，加里别林把篇内联系（внутритекстовые связи）

---

① 参阅：Гальперин И. Р. Текст как объект лингвистического исследования［М］. М.：Наука，1981：65－66.

② Гальперин И. Р. Текст как объект лингвистического исследования［М］. М.：Наука，1981：74.

分成了七种类型。除了具有构篇功能的传统语法接应（традиционно-грамматическая когезия）外，他认为接应还包括逻辑接应（логическая когезия）、联想接应（ассоциативная когезия）、形象接应（образная когезия）、结构布局接应（композиционно-структурная когезия）、修辞接应（стилистическая когезия）和韵律构成接应（ритмико-образующая когезия）。

传统语法接应在语篇中具有多种表达方式，如连词，连接词，型如 в связи с этим, вот почему, однако, поэтому, так же, как и, так как 等连接性固定词组，包括代词、连词在内的所有指示手段，以及各种形动词结构。这些手段作为各单个句子间的联系手段，曾在句子层面被研究，现在它们因为可以充当更大片段（如超句统一体、段等）的联系手段，而获得了接应地位，因而被加里别林统称为"接应的传统语法手段"①。

语篇中经常出现的一些时间性副词，如 уже, совсем, как вскоре, несколько дней（недель лет…），спустя, когда 等，不仅是作品内容的时间参数，也是接应的时间链钩，它们把一些孤立的事件接合起来并使其真实可信。能够行使同样功能的还有另外一些词，如 неподалеку, напротив, позади, под, над, рядом, вдалеке, вблизи, мимо 等，它们是作品内容的空间参数，是接应的空间链钩。此外，一些列举形式，如 во-первых, во-вторых, 图示手段 а)、б)、в) 或用数字标示的 1)、2)、3) 等，也可以归纳到接应的这种类型中来，即逻辑接应。逻辑接应表达手段的确定是以逻辑哲学概念为基础的。在逻辑哲学中，次序、时间关系、空间关系和因果关系都可归结到其中。这些接应手段在语篇中一般能轻松地被识别出来，因而通常不会引起读者或受话人的特别关注。但当被它们连接的部分或它们本身或有意或无意地表现出不协调时，就会受到关注。在逻辑接应中可以观察到语法联系形式和语篇联系形式相互交叉的现象，即语法形式的联系因相互强调而上升为语篇联系形式。在这个过程中每一种连接手段都完全没有失去其系统特质，因此加里别林认为，逻辑接应手段可以"同

---

① Гальперин И. Р. Текст как объект лингвистического исследования［M］. M.：Наука，1981：78.

时实现语法和构篇两种功能"①。

与一定能在语篇中感觉到的逻辑接应不同，因要求对现象间的联系进行创造性的再思考，联想接应不总是能被捕捉到，但它能确定被描写现象间联系的特质，有时候对观念内容信息的理解非常重要。"语篇结构特征，如回溯、伴随意义、主观评价情态性，是联想接应产生的基础。"② 而一些插入性的固定词组，如 ему вспомнилось，подобно тому как，внезапно в его мозгу возникла мысль，это напомнило ему 等也是发生联想接应的言语标志。联想接应也可能发生在语篇文本之外，这时它会使语篇的理解过程变得愈加困难，如爱尔兰作家詹姆斯·乔伊斯（James Joyce，1882～1941年）的长篇小说《尤利西斯》，对该作品的理解需要与《荷马史诗》中《奥德赛》建立联想才能实现。此外，所有的引文、引例也属于联想接应。联想是一些特殊概念间的接合方式，这些概念并不存在于我们熟知的时间、空间、因果关系和其他逻辑哲学范畴之中。加里别林认为，联想接应主要是文艺作品的特征，一般不发生在科技、政论和公文性质的语篇结构中。在科技、政论和公文性质的语篇中起联系功能的是才智，不是感觉，而每一次联想都是对这些功能语体语篇整体性的破坏，会导致其整体思想的离解。③

与联想接应有相似之处，但却不同的是形象接应，它把引起感觉世界中对客观现实的想象作为连接手段。在语篇中形象接应最常见的体现形式是展开的隐喻（развёрнутая метафора）。作为修辞手段的隐喻，可以用在超句统一体内，其展开的内容可以把整个作品连接起来，也可以把两个平行进行的线索联合成一个整体，因此它具有音乐上所谓的"对位性"特征。"形象接应的特点在于，作者不是把现实世界中的物体或现象相互联结在一起，而是把这些物体和现象在想象中的形象联系在一起。"④ 语言学中的形象性（образность）是反映现实中具体事物、现象和过程中某个抽象概念的语言学手段，也是反映抽象或具体概念中某些具体事物和概念的语言学手

①② Гальперин И. Р. Текст как объект лингвистического исследования［М］. М.：Наука，1981：79.

③④ Гальперин И. Р. Текст как объект лингвистического исследования［М］. М.：Наука，1981：80.

段。这里包含着两层意义，因此在具体上下文中不相互排斥的两种中的一种会占优势。形象性的这种阐释可以拓展到文学作品中，奥涅金的形象之所以是形象，是因为小说通过具体描述使奥涅金身上带有 19 世纪初俄罗斯贵族青年的抽象特征。虽然文学作品中人物的形象不能等同于语言学中的形象，但它们的共同之处在于对事实的抽象化。对事实进行抽象化的过程总是带有主观性的，个体创造性的思维会参与其中，个体的感受、知识和经验也会影响形象形成的过程。但形象一旦完成，反过来也会影响接收者进一步认知和改造世界的过程。此外，加里别林认为，文艺作品中人物性格的发展也可以作为形象接应来考察，因为形象的展开经常需要与该形象被抽象出来的基础原型进行的对比相互关联。

任何破坏作品正常连续性和逻辑结构的形式，如离题、增补的文句以及对与基本陈述主题（情节）不直接相关现象、事件和活动的时空描写都属于结构布局接应的体现形式。对基本叙事线索的破坏和中断有时候是作品展开内容必要的第二布局，类似于电影剪辑中把某些回忆、事件的第二面强行植入到情节连续的镜头中的蒙太奇手法。跳跃、中断、不可预知、偶然和无序本是生活不可分离的特征，人类的作品，尤其是文艺作品力求真实描述这些情况，用结构布局接应手段来实现这个目标就成为与之相适应的表达方式。在这个过程中，可以轻易地观察到一些和内容协调一致的表达方式，但有时候也会在另一些表达方式中很难判断其是否用来实现内容。加里别林认为，在分析该种接应时不可避免会遇到一些困难：一是因为它要求对语篇各种连接类型都要进行仔细研究，二是因为其形式表达手段很难明确界定①。

修辞接应和韵律构成接应在语篇中常常交织在一起。各超句统一体和段落中多次重现的修辞特征是修辞接应的表达手段之一。在语篇中相同的结构总是会引出某种语义联系，偶尔也会产生密切的语义关联。如果在一个段落中可以找到描绘语篇如何从因到果展开的结构，那么在第二或第三个段落也会存在类似的展开结构，这些展开结构就是修辞接应的表现形式。

---

① 参阅：Гальперин И. Р. Текст как объект лингвистического исследования ［M］. М.：Наука，1981：83.

排偶法（параллелизм）是修辞接应最常见的实现形式，语篇中它可能是位置相近的，也可能是有间隔的；可能是完全的，也可能是不完全的。而最简单的一种修辞接应是交叉配置或回环（хиазм），即按照与前面或后面的关系来重新安排超句统一体或段落中句子顺序的方法。这种手段有时用在语句特别巨大的片段中，例如，一个片段中内容的展开是从因到果的，而其后片段安排为从果到因。同种修辞手段（如对比、引喻、隐喻等）的恒定重复也是修辞接应的表现手段，它们可能原理相同，但实现形式各异。韵律构成接应是最难理解的接应形式，主要存在于诗篇之中。音步（метр）、跨行（анжамбман）、韵脚（рифма）等现象存在的目的不仅是为了形成诗歌独特的外形，也是形成接应的独特手段。譬如，诗歌中使用跨行时，就可以把两个后续诗行更加紧密地联系在一起。内部韵（внутренняя рифма）也属于韵律构成接应的一种表现形式。[1]

有些研究者认为，接应的本质是一种预设形式，因为它常常把读者或听话人引领到前面已经讲述过的内容。加里别林认为，如果以这种观点为根据，接应就和另一种语篇范畴——回溯相互呼应。但他同时也强调，接应绝不等同于回溯。此外，接应还是实现语篇整合的手段之一。

（四）连续统

语篇的连续统范畴（континуум）与接应范畴、切分范畴相互依存、互为补充，其概念与时间和空间直接相关。"连续统"一般指某种事物的连续生成，即在时空中不间断运动的通流。"作为语篇范畴的连续统，最重要的特征是在时空中展开的事实、事件所具有的一定连续性，而且在不同类型语篇中事件的时空展开是有区别的。"[2]

加里别林认为，可以用文艺语篇中连续统的表现来说明语篇连续统的实现和特点，因为它典型、多变、形式各异。多数情况下，文艺性作品的作者用文字创造出一个假想世界，虚构的人物在其间活动，时间由作者任

---

① 参阅：Гальперин И. Р. Текст как объект лингвистического исследования［М］. М.：Наука，1981：85.

② Гальперин И. Р. Текст как объект лингвистического исследования［М］. М.：Наука，1981：87.

意的压缩、展开、中断、继续，以向读者展示特定的事实内容信息，反映作者的写作意图。也就是说，文艺语篇中时空的连续性与现实世界中的不同，它要符合作者的主观意志和安排。就像文艺作品中的形象只是生活原型典型化、抽象化的结果一样，文艺作品中的时间和空间也只是现实生活中时空典型化和抽象化的表现，标记它们的语言符号具有轮换性和相对性，如 час，минута，утро，вечер，месяц，раньше，позже，год，далеко，близко，за горизонтом，высоко，низко 等。此外，文艺语篇中的连续统一般以违反现实事件的连续性为基础，即它很可能不是线性叙述，而是在叙述中交织使用多种时间层面。譬如库尔特·冯内古特（Kurt Vonnegut）的《五号屠宰场》，作者把现实世界（德累斯顿城）和虚构世界（特拉里法玛铎星球）结合在一起，全篇都是两个事件交替进行且各自在独立时空中发展。文艺语篇中叙述本身的持续进行具有间断性的特点，即文艺语篇连续统是以时空的离散来实现的：把时空运动分置为离散的部分，部分之间在相互作用时就会形成连续的运动。通过这种拆分与合并，文艺语篇巧妙地实现了连续统范畴，在所有其他类型语篇中连续统的实现也都如此。

　　语篇连续统的本质是现实时空转换具有的不间断性，由于不能在语篇中表现真实生活中精准的时间延展和空间变化，用文字再现的连续统表现为语篇中的一些被分割的独立片段，因为接应范畴的存在，这些片段会被连接和理解为一个统一整体。加里别林打了一个形象的比喻来说明这一点，如果"用直升飞机拍摄地面上从机场把大人物迎接到克里姆林宫车队的行动时，摄影师一般会关注整个行程的开始、中间的几个部分和到达克里姆林宫的情况，从头到尾事无巨细摄制所有行程会破坏电视画面信息的通行规则"[①]。德国作家保罗·托马斯·曼（Paul Thomas Mann）也讨论过这种现象，"它们（文学描写中对时间的压缩和删减）是有益和必需的，因为像生活本来那样来长时间地讲述生活本身是不可能的。假设如果那样会导致什么后果呢？会没有止境，会超越人类的力量。谁那样做，谁不仅将永远无法结束它，而且会因详尽而疯狂，陷入开端，无法继续。对美好节日的正

---

① Гальперин И. Р. Текст как объект лингвистического исследования［M］. М. : Наука，1981：89.

常描述和某些情况的删减都有着不可替代的重要作用。"① 划分为片段事件的连续统作为语篇重要的语法范畴，不仅能保证描写的具体性和现实性，还为强调某些细节提供了保证。

语篇中时间连续统和空间连续统的实现不太一致，一般来说，空间连续统比时间连续统要准确得多。在语篇中活动地点的地理名称和对该地点的描写常常是真实的，而时间概念经常是非现实的。"什么是时间?"德国犹太裔理论物理学家马克思·玻恩（Max Born）曾写道，"从物理学观点来看，时间不是时间流逝的感觉，不是产生和消亡的标志，而是为过程提供度量的特征"②。语言可以使用被创造出来的语言单位度量过程，在语篇中通过这些单位可以直接实现时间连续统，如在布宁（Бунин）的小说 *Un petit accident*（《一件小事》）中，时间和空间的设定几乎和现实中的相同：закат—сумерки—вечер，读者可以通过动词现在时和过去时的独特交错来感觉时间的运行，精确描写事故发生的地点和情景保证了整部小说描写的可信性。时间连续统也可以由非规定的度量单位来实现，即间接展示时间流逝的方法，如词组"три сигареты спустя"、"две жены спустя"等。此外，语篇中还可以有更独特的间接方法来展示时间连续统，请看下面片段：

"Лили Уинтон сидела, откинувшись в кресле. В руке, затянутой в перчатку, она держала широкий, толстого стекла бокал, окрашенный в коричневый цвет, наполнявшей его до краев жидкостью. Маленькая миссис Мердок опустила взгляд на чашку, из которой она пила чай, осторожно поднесла ее к губам, сделала маленький глоток, поставила чашку на блюдце и вновь взглянула на Лили Уинтон. Та, по-прежнему сидела, откинувшись в кресле. В руке, затянутой в перчатку, она держала широкий, толстого стекла бокал совершенно бесцветный."

在这个片段中，作者没有使用型如 сразу, мгновенно, быстро 的时间副词或型如 залпом, одним глотком 的行为方式副词来直接说明 Лили

---

① Манн Т. Иосиф и его братья [M]. M., т. 2., 1968：595.

② 转引自：Гальперин И. Р. Текст как объект лингвистического исследования [M]. M.：Наука, 1981：89.

Уинтон 酒喝得很快，而是描写另一个人物 Мердок 小姐喝茶来间接提示了时间。Мердок 小姐的"时间"用动词和副词的语义来确定："опустила"，"осторожно поднесла"，"сделала маленький глоток"，"поставила на блюдце"，而 Лили Уинтон 的"时间"用两个关键词来体现："окрашенный"和"бесцветный"。在这里，时间本身不是观察的客体，而是事件展开的背景，时间连续统把事件连接起来，并使事件脱离混乱和无序，具有了现实性和真实性。

连续统是语篇范畴，不是句子范畴，也不可能在句子中得到实现，因为句子的本质是静态的，没有思想的延展，等同于电影的一个单独画面。甚至型如"он начал медленно двигаться по направлению к намеченной цели"的句子，虽然可以看做是运动的片段，但其中也没有连续统。连续统是语法范畴，为了在变化的空间中实现对时间流逝的刻画，要求比句子更大的容量单位。作为语篇语法范畴的连续统，其本质是接应和间断的综合，而且是知觉性的，即对它的理解常带有主观性和间断性。连续统在语篇中依靠事件展开的停顿和对某个片段的关注来实现，类似于电影中的特写镜头。语篇中的"特写镜头"可以是描写、对话、作者的思考等，时间在此似乎断裂，但时间运行的感觉和空间转换没有停止，只不过转移到了后台。因此连续统是同时连续和离散的，当它连续时，它描绘着事件和现实，当它离散时，它表现着状态或性质。列夫·托尔斯泰曾写道，"无论什么样的运动规律，对于人来说，只有弄清楚衡量这种运动的单位时，它才是可以理解的"[1]。读者或受话人在运动单位的相互联系中理解语篇中的连续统，即读者或受话人是在其间断性中来想象它的连续性的，因此也可以说，语篇中连续统的理解是同时连续和离散的。

（五）语篇的语义独立片段

句子中存在着能起半个句子作用的独立成分（обособленный член），它使意义比重增加，因而在句子中占据特殊地位，有时也被称为半述谓成分。语篇中也存在着类似的独立成分，加里别林称之为语义独立片段

---

① Толстой Л. Н. Война и мир ［М］. М. , Собр. соч. Т. 6, 1953：271.

（автосемантия），指的是"相对于整个语篇内容或其中部分内容来说具有相对语义自主性的从属形式"①。

语篇中语义独立片段的容量不一而论，有长有短，短可仅为一个句子，长可达整个章节，介于二者之间的还可有超句统一体、段落等单位。不论长短规模如何，语义独立片段的共同特点是具有双向关联性（двусторонняя связь），即相对于主要内容具有一定的离散性（дискретность），相对于结构和上下文等又具有一定的从属性（зависимость）。

虽然有些学者认为，语篇语义独立片段完全没有形式特征，作者为了让读者没有反感自然而然地接受其思想，经常采用极其隐秘的方式来表达自己的态度和情感。② 但加里别林认为，语义独立片段具备一定的形式标志，比如话剧中人物的旁白，在结构、内容、语音、语调和用词等方面都不同于剧中人物间的对话。此外，语义独立片段在词汇方面与上文之间一般没有词语重复或同义词替代；在语法方面，不使用人称代词和指示代词等指示性成分；内容方面，一般以格言警句和其他概括性语句形式出现。③

根据加里别林的观点，语义独立片段的表现形式大致可以分为三种类型。一是箴言性质的简短插话（сентенция—микроотступление）④。这种语义独立片段带有引入作者题外话的某些性质，起制约陈述的功能，与情节线索的联系比单独的超句统一体甚至整个章节还要紧密得多。譬如，在长篇小说《战争与和平》中，列夫·托尔斯泰描写了他对战争和战略的看法，介绍了 1812 年卫国战争期间的政治局势等，这些陈述经常破坏正常的叙述轨迹，但与其所在的超句统一体或段落的内容融为一体。这种类型的语义独立片段虽然经常以破坏叙述节奏、中断对事件事实描述、暂停情节运动的形式进入语篇，但是它为深入思考描述内容提供了时间，为从被描述事实中提炼出概括性意义提供了契机。例如，在列夫·托尔斯泰的短篇小说

① Гальперин И. Р. Текст как объект лингвистического исследования［М］. М.：Наука，1981：98.

② 参阅：安利. 论语篇的语义独立片段［J］. 中国俄语教学，2009（2）：21.

③ Гальперин И. Р. Текст как объект лингвистического исследования［М］. М.：Наука，1981：103.

④ Гальперин И. Р. Текст как объект лингвистического исследования［М］. М.：Наука，1981：99.

《两个轻骑兵》中有这样一个片段：

"**Голос матери, звавшей ее разливать чай, вызвал деревенскую барышню из этой минутной задумчивости. Она встряхнула головой и пошла в чайную.**

Лучшие вещи всегда выходят нечаянно; а чем больше стараешься, тем выходит хуже. В деревнях редко стараются давать воспитание и поэтому нечаянно большею частию дают прекрасное. Так и случилось, в особенности с Лизой. Анна Федоровна, по ограниченности ума и беззаботности нрава, не давала никакого воспитания Лизе: не учила ее ни музыке, ни столь полезному французскому языку, а нечаянно родила от покойного мужа здоровенькое, хорошенькое дитя—дочку…"

在这个片段中作者中断了母亲叫出女儿给客人倒茶的叙事情节，悄无声息地转向了感慨和议论："好东西都是无意间产生的，越刻意追求越事与愿违。"这句话完全可以脱离上下文而独立存在，是一个具有概括性的箴言性插话，它没有损失语篇的审美认知价值，相反利用暂停把事件提升到了普世真理的高度，又与陈述线索——Лиза 的教育相联系。

语篇中语义独立片段的另一种表现形式是作者的思考（размышления автора）①。它是最常见的一种语义独立片段类型，可以体现为格言警句、反论、各种概括性结构、结论、句子、作者的插话等，甚至回溯和前瞻范畴。在上面提到的列夫·托尔斯泰短篇小说《两个轻骑兵》的片段中，作者在说出了放之四海而皆准的"好东西都是无意间产生的，越刻意追求越事与愿违"之后，在接下来的两句话中提到了一般农村对孩子的教育，这就是该种类型的语义独立片段，其独立性与前句相比已经减弱，但与语境和片段内容间的联系比较密切。由此可知，语义独立片段的自主程度在语篇中是有区别的，箴言性质的简短插话一般在内容上具有高度的抽象性和概括性，不受具体人或事的限制，通常位于篇首或段首，与前后结构没有语法联系，是完全独立的；作者思考类型的语义独立片段在内容上虽然具

---

① Гальперин И. Р. Текст как объект лингвистического исследования [M]. М.：Наука，1981：100.

有一定的概括意义，但与语篇中的具体事物或情节有或多或少的关联，形式方面通常有联系手段与前面提到的内容衔接，是半独立的。

虽然不太为人关注，但加里别林认为，引述（цитата）是语篇中最独特的语义独立片段类型①。在内容层面它与主要思想相连接，不与上下文衔接，既具有回溯的性质，也含有前瞻的特点；在结构上它可以表现为句子或超句统一体，可能是明示的、半隐蔽的或全隐蔽的；在上下文中它的嵌入方式多种多样；作者在使用它时的态度不尽相同，可以是恭敬的，也可能是讽刺嘲笑或批判的。但不管怎样，引述都是作者有意识的故意行为，引述的内容的确是作者之外的人的话语，因而具有自主性。但这种自主性在语篇中不是绝对的，存在着一定的相对性。在语篇中，作者总会不自觉地强调那些对自己观点有利的引述，这种行为会使引述的内容被突出出来，而凸显的内容不可避免地会与上下文产生某种程度的距离，形成一定的独立性。此外，整合作为语篇最重要的另一个语法范畴，能使语篇中包括引述在内的各种元素、各种成分依靠接应手段屈服于事实内容信息和观念内容信息，形成一个内容和结构都完整的整体。

和句子中的独立成分一样，语篇中语义独立片段的独立性是相对的。不论是以何种类型表现的语义独立片段，其内容总会以间接的方式要么与语篇题目相联系，要么和其前面或后面的内容相关联。在不断发展运动的语篇中，语义独立片段是个停顿、休憩和喘息，它切断了读者或受话人对叙事线索的注意力，有时还会把某些现象提升到哲学概括的高度。因此可以说，它能为深入揭示作者所要表达的观念内容信息提供保证，是语篇构成的必须手段。

（六）语篇中的回溯和前瞻

语篇中的回溯范畴（ретроспекция）和前瞻范畴（проспекция）与时空概念以及时空概念在语言中的实现形式有关。从本质上来说，回溯与前瞻是反连续统形式（формы дисконтинуума），是语篇线性展开过程中的

----

① 参阅：Гальперин И. Р. Текст как объект лингвистического исследования [M]. М.：Наука，1981：102.

"歇息"。它们以读者或受话人的真实经验为基础，穿梭在语篇时空链条中，但也正是借助它们，读者或受话人才能实现对当前正在进行或正在发生事件的深层理解。

记住先前得到的信息并把它与当前陈述片段的信息相结合是我们记忆所具有的能力，回溯范畴正是以此为基础。在大多数语篇中回溯的表现方式总是很隐蔽。回溯的这种隐蔽性特点克服了读者关于过去与现在之间存在的巨大时空鸿沟。而前瞻既具有隐蔽性的特点，又有个别凸显性的表现手法。它能吸引读者或受话人的注意力，并激励他们去创造性地预测语篇接下来的情节发展。回溯和前瞻作为语篇范畴，能利用一定的语篇手段完成构篇功能。

1. 回溯

加里别林认为，回溯是一个用语言表达手段引导读者或受话人关注以前的事实内容信息的语篇语法范畴①。它一般出现在两个时刻，一是以前的信息已经在语篇中被叙述过的时候；二是为了传达情节间联系所必需的以前信息而中断正常发展语篇的时候，即叙述的时间序列发生置换的时候。回溯是由事实内容信息引起的，能帮助读者或受话人注意以前发生的事件，并将关注点汇聚到某些被忽略的行为上，这既是语篇内容表达的需要，也是突出重要细节的要求。根据语用目的的不同，回溯在语篇中有三种基本形式：第一，恢复读者或受话人头脑中对此前已存信息的记忆，或传达对理解语篇后续发展所必需的部分新信息；第二，使读者或受话人能够在新条件下或新的上下文中重新审视已存信息，并把回溯前后的信息加以对照；第三，体现那些与观念内容信息间接有关的语篇个别部分②。因此，回溯范畴对语篇某些部分的重心转移是必不可少的。那些借助各种手段依靠回溯范畴在我们头脑中重现的内容迫使我们对它们的意义进行重新思考，一些通常看起来次要、不相关的内容会一下子变得重要、有意义起来。如果记不住已存信息，就无法在头脑中逐渐输入和积累新知，这样看来，每个语篇在某种程度上都是建立在回溯基础上的。回溯作为语篇范畴，要求作者

---

①② Гальперин И. Р. Текст как объект лингвистического исследования［М］. М.：Наука，1981：106.

在构篇时要进行有针对性的安排，以驱使读者或受话人回忆起那些储存在记忆中却应该被凸显出来的事实。

回溯有主观和客观之分，它可以是读者主观性的（субъективно-читательская ретроспекция），也可以是作者客观性的（объективно-авторская ретроспекция），即它或是个体创造性地理解叙述连续统的结果，或是作者引述语篇部分前述内容的结果①。阅读时读者可以在头脑中自由地回想那些已经读过的部分，其中包含着与理解语篇发展进程中的事实、事件和描述密切相关的信息。这种读者主观性的回溯在某种程度上是整合的结果，整合范畴把叙述中各个分散独立的部分结合成一个有机整体。回忆已读信息也有可能是语篇本身结构布局的结果，即是作者采用一定的手段来促使读者进行某些回溯行为。在作者的安排下，语篇中的某些结构必然可以把读者的注意力同篇中的某些已知元素，尤其是特殊凸显出来的元素联系起来。譬如，当语篇中出现类似 ему вспомнилось；ранее уже упоминалось в том, что…；читатель помнит, что…；и опять перед ним проносятся картины прошлого 等词组或结构时，便是作者客观性回溯在起作用。

作者客观性回溯的实现方式有很多种，其中占有重要地位的是重复（повтор）。加里别林甚至认为回溯本身就是一种特殊的重复，即思想的重复②。回溯实现方式的重复是指作者在设计回溯时，常在语篇中重复使用某些词语。在语篇中正叙里植入倒叙，叙述里插入描写或议论等都是对正常叙述进程的中断和破坏，它们是暂时的，最后总是要重新回到叙述主线上来，重复就成为其中必需的环节。例如：

"В жаркий июльский полдень дядя Сандро лежал у себя во дворе под яблоней и отдыхал …… Вот и лежал дядя Сандро под яблоней …（Ф. Искандер）"（在七月某个炎热的中午，桑德拉叔叔躺在自家院中的苹果树下休息……这不桑德拉叔叔躺在苹果树下……）

在这个例子中，中间省略号代表的部分在原文中有三个自然段，分别

---

① Гальперин И. Р. Текст как объект лингвистического исследования [M]. М.：Наука, 1981：106 – 107.

② Гальперин И. Р. Текст как объект лингвистического исследования [M]. М.：Наука, 1981：107.

描述不远处的葡萄架、菜园里的妻子以及栗子树下的羊圈。这样，从"桑德拉叔叔在苹果树下"绕了一大圈又回到"桑德拉叔叔在苹果树下"，作者利用一些关键词的重复完成了语篇回溯。从这个例子中也可以发现，重复中常会伴有具有指示性质的语义依附成分，如上例中的 вот и。一般来说，指示代词、某些具有行为指向意义的副词、明显依赖上文的词语（如 вот и，и вот，сейчас，теперь 等），甚至一些能够表达运动方向的动词都可以辅助重复成为语篇回溯完成的方式，譬如：как было сказано выше；ранее мы уже говорили о том，что…；необходимо напомнить；это заставляет нас вернуться назад；ему вспомнилось，как несколько лет тому назад…等。这些成分明示了语篇离散部分相对于语篇整体的依赖地位，降低了其理解难度，既有效配合了重复手段，又成功完成了回溯前后内容的对接。

如果说作者客观性回溯的实现方式还可以把握和观察的话，那么在阅读过程中可能出现的读者主观性回溯的形式则很难确定。作者客观性回溯能促使读者回顾语篇中的某些特定片段，是由作者引导而产生的必然行为；但读者主观性回溯却完全取决于读者自己对已知内容的注意力转换。可能引起读者产生语篇回溯的原因有很多，也许是最初的想法、需要花费精力去解读的特殊叙述方式，也可能是所用的修辞手段、描绘的接近读者个人生活经验的事实，或是突然闪现的联想等。读者主观性回溯是产生共同感受的重要组件。读者经常会对接收到的信息进行主观分析或无意识的美学评价。这种分析和评价本质上是回溯的实现，因为要对信息进行分析和评价，就必须要回顾和记起那些引起这样或那样评价的语篇片段、特征和事件。加里别林认为，不论是作者客观性回溯，还是读者主观性回溯都是无意识效能（активность бессознательного）的结果，即用创造性的动机来捕获，用有意识的加工来获得①。从这个意义来说，语篇的回溯范畴与语言学、心理语言学紧密相连。

回溯范畴能够延缓叙述的进程，起到停顿或中断叙述中连续统的作用，其意义在于突出某些以前陈述过的内容，以及给事实内容信息赋予某些观

---

① Гальперин И. Р. Текст как объект лингвистического исследования［M］. M.：Наука，1981：111.

念内容信息的成分。回溯范畴的意义还在于它整合了作品中的时间层面。换句话说，回溯可以弥合叙述中的时间间隙，迫使读者或受话人以过去、现在的视角，甚至在某些条件下以将来的视角来审视和思考语篇。

2. 前瞻

前瞻作为语篇范畴，在语篇中也起布局谋篇的作用。加里别林认为，前瞻是用融入了事实信息内容的各种语言手段提示出语篇后面将要描写内容的语篇语法范畴①。它与回溯的指向刚好相反，不是回顾情节，为后面内容的展开提供语境和铺垫，而是朝前指向，提前预告后面将要发生的事情。但从性质上来说，它与回溯一样，同是叙述手段，能为读者提供事件与情节间的联系和因果关系，帮助读者或受话人了解当前情况可能导致的最终结果，以便深入理解观念内容信息。

前瞻在语篇中有特定的形式标志，例如 забегая вперед; как будет указано ниже; он и не подозревал, что через несколько дней он окажется; как он будет разочарован, когда узнает, что…; дальнейшее изложение покажет, что…; он узнает это позднее, что…等一些短语和结构。它虽然在文艺语篇中比较常见，但并不为其所独有，在科技语篇等其他类型语篇中也可以被观察到。

回溯经常在语篇情节发展中占据某种位置；而前瞻则较少出现在情节展开的进程中，但读者可以根据语篇个别预先提示的部分来猜测情节的下一步发展。因此，和回溯一样，前瞻也可以分为作者客观性前瞻（объективно-авторская проспекция）和读者主观性前瞻（субъективно-читательская проспекция）。在一些文艺语篇中会出现一种被称为"辜负预期效果"（эффект обманутого ожидания）的现象。譬如，在美国短篇小说大师欧·亨利（O. Henry）的作品中，大多数情节的构建都采用这种效果，即读者在阅读过程中产生的前瞻到最后都被证明是错误的。在小说《世界大团结》（《Роднит весь мир》）中，欧·亨利描写了一个准备要偷窃的小偷潜进一户人家，之后出现了意想不到的情节：小偷和这家主人一起去小

---

① Гальперин И. Р. Текст как объект лингвистического исследования [М]. М. : Наука, 1981: 112.

酒馆朋友般地把酒畅谈。"辜负预期的效果"当然不是对以叙述线性展开过程为基础的读者主观性前瞻的背离，而是为了让前瞻引起回溯，以此来找到情节叙述的因果关系，达到呼应标题、继续事实内容信息、完成合乎逻辑语篇的目的。

（七）语篇的情态性

在语言学研究中情态性原本是一个句法范畴，被划分为两类，即客观情态性（объективная модальность）和主观情态性（субъективная модальность）。在句法研究中，客观情态性表示话语内容与客观现实之间的关系，为每个句子所拥有；主观情态性表示说话人对所述内容的态度，并非为每个句子所必备。

加里别林认为，主观情态意义进入情态性范畴研究领域具有重要意义，这不仅扩大了句子的语法分析领域，而且为从句子情态性向语篇情态性研究提供了可能①。加里别林之所以有这样的论断，是因为他认为语篇只具有主观情态性，而没有客观情态性："客观情态意义往往只局限于句子之中"②。因此，加里别林的语篇范畴情态性仅指语篇的主观情态性。但这种观点并不为学界所有研究者所接受。我国学者陈勇认为语篇既具有客观情态性，也具有主观情态性，它们"分别体现篇章与篇外现实和主体内在世界的关系"③。史铁强和安利也赞同语篇具有两种情态性的观点，认为"客观情态与语篇应用的领域、任务和对象等语言外因素有密切关系，即与功能语体的属性紧密相关，而主观情态性则是作者对语篇所述内容的态度和立场"④。

句子的主观情态性通常使用语法或词汇手段来表达，而语篇的主观情态性除了可以用句子的方式来表达外，还有自己独特的手段，例如，在主

---

① Гальперин И. Р. Текст как объект лингвистического исследования［M］. М.：Наука，1981：115.

② Гальперин И. Р. Текст как объект лингвистического исследования［M］. М.：Наука，1981：121.

③ 陈勇. 篇章内容的层次结构与人的世界［J］. 外语学刊，2006（3）：26.

④ 史铁强，安利. 论语篇的主观情态性［J］. 解放军外国语学院学报，2009（1）：35.

人公的特性、语篇片段间的布局中实现，或是在箴言、推理中体现，甚至可以用语义独立片段或一些其他方法来表现。而且，在语篇中主观情态性的表达常常不单一使用某种手段，而是把譬如修饰语（эпитеты）、对比（сравнения）、限定（определения）、细节（детали）等手段聚集在一起，构成同义性的主题场（тематическое поле）以锁住读者或受话人的注意力。虽然观念信息内容不总是具有主观评价特征，语篇的主观情态性对观念信息内容来说也并非是必需的，但这并不意味着在观念信息内容中就没有主观情态性。语篇中那些使用多种手段表达且具有强烈感情的部分往往饱含着观念信息内容，也体现着作者对现象、事实的个人理解。

在各类型语篇中主观情态性的表现是有显著层级区别的。诗歌作品中情态性表现得尤为突出和显著，这大概是因为思想对象的主观评价特征在此类作品中是占第一位的。诗歌语篇中不仅贯穿着情态性，而且其情态性的表达还是分散到各离散词句中各情态因素的总和。格·弗·斯捷班诺夫（Г. В. Степанов）曾写道，"在三种主要文学类型（抒情诗、叙事文学和戏剧）中，抒情诗从诞生之日起，在很多个世纪里一直都是最能表现艺术家内心情感的形式"，因为"人对所创造形象的态度一定是具有评价性的"[1]。

在科学语篇中情态性呈现另外一种情形。单调冷静、逻辑性强、论证翔实是科学语篇的典型特征，主观情态性一般在这种语篇中找不到存在的痕迹。对科学假设的认同和怀疑是真正用科学方法来观察和研究对象的内在特征，这也许可以被当做情态性表现的一种方式来研究，但实际上科学语篇的作者极少在言语中直接表达自己对某个结论的态度，因此加里别林认为科学语篇中没有情态性，即零情态性（нулевая модальность）[2]。在社论和政论性文章中语篇情态性的表现十分清晰。而文学作品中语篇情态性的表达常常依靠那些述谓性以外的语篇片段。在大多数语篇中，对所述事物的主观评价态度并不揭示其本质特征，只是赋予它某种特色，提示出作者的感觉和态度。因此，述谓性语段（предикативные отрезки）和非述谓

① Степанов Г. В. Заметки об образном строе лирики Пушкина ［J］. Roma. Accademia Nazionale. Lincei, 1978：7, 8.

② 参阅：Гальперин И. Р. Текст как объект лингвистического исследования ［M］. М.：Наука, 1981：115.

性语段中包含的信息量是不同的，语篇情态性更经常地在非述谓性语段中找到自己的位置。此外，不同的文学语篇中主观情态性的表现程度存在差别，作者独特的叙述方式、描写对象的不同、语用目的的差别、事实内容信息与观念内容信息间的相互关系等都会引起情态性表现程度的不同。一般来说，主观情态性越高，作品中作者的个性表现得就越清楚。

在语篇这个复杂的研究对象中，许多现象是交织在一起的，其中也包括主观情态性。观念内容信息的理解可能受主观情态性的影响；主观情态性可能在语篇各部分利用内聚方式进行整合的过程中得到体现，可能在形象性手段使用的特征中体现，可能在述谓性和非述谓性语段转化的形式中得到，也可能把具有独立语义的句子中放入叙述中展示出来，或是利用一些其他方式来表现，但无论怎样，他们在某种程度上都实现着语篇的语义范畴。

（八）语篇的整合和完整性

所有的语篇范畴，不管是必需的还是备选的，都相互依赖、相互制约。把他们单独隔离出来是为了更清楚地观察和研究它们的本体特征和聚合特征。一旦开始观察被隔离出来范畴的组合特征，语篇的其他范畴实际上就开始发挥作用。这是语言学（也不只是语言学）分析的自然属性。我们把整体分割为若干个组成部分，实际上是赋予了部分比它们在整体中应有的还大的重要性，而且会使部分相对于整体开始失去依赖而获得某种独立性。

1. 整合

作为一个庞大的言语行为单位，语篇的分析方法与其各组成部分的分析方法是不相同的。在分析语篇时人们经常会关注那些微小的事情，如事件、琐事、特点、展开的故事情节等；而语篇分析方法是把所有这些部分既看成是孤立的，又看成是相互作用的，因此这种方法被称为综合方法（синтезирующий метод）或整合方法（интегрирующий метод）。

整合，来源于拉丁语"integratio"，原意是恢复、还原为整体，是个系统理论概念，表示各区分性独立部分连接为整体的状态或导致这种状态的过程。语篇中的整合与其说是过程的结果，不如说是过程本身。语篇整合能把各分散的事实内容信息结合为思想，把各独立章节的内容联合成统一整体，中和各部分带来的相对独立语义，使语篇统一于一个共同信息。整合由语篇本身的系统性产生，并随着语篇的展开而出现。也正是整合过程保证了事实信息内容能被逐步理解。

科学、政论和公文语篇中的整合与文学语篇中的整合有所区别。整合在某种程度上与语篇篇幅的大小相关，即语篇越大，整合范畴的观察和实现就越不清晰。斯捷班诺夫曾说过，"随着语句长度的增加，说话人形式选择的自由度也会增大。所以个体的个性化表达……是语篇的功能"[①]。形式选择的自由和个体个性化的表达在长语篇中会让通过整合各部分来理解整个语篇的过程变得非常复杂。在科学散文中整合很容易分析，因为该类型语篇中起第一位作用的是连续统范畴，即连续不断的信息流，在这里，不重要的东西似乎也获得了独特的重要性。

语篇整合与语篇接应虽然相互依存，但从形式和表达手法上来看它们之间存在区别。就像我们前面说过的那样，接应是语篇各独立部分间的连接形式，这种连接形式可以是语法、语义或词汇的，它能保证语篇上下文变体切分间的转换。整合是为了实现语篇整体性而对语篇所有部分的联合。整合可以通过接应手段来实现，但也可以通过联想关系和预设关系来实现。接应是逻辑层面的范畴，而整合更接近于心理范畴。如果说接应是在组合关系中实现的，那么整合可以被看做是聚合过程，换句话说，即接应是横向直线性的，而整合是垂直竖式的。

在篇幅不大的语篇中，尤其是中性语体的语篇，语篇各部分的联系和相互关系十分清晰，因此接应能完全保证整合的实现。但在文艺性语篇中，接应只能作为各语篇小片段间联系的辅助性手段，语篇大片段间的联系以及语篇各部分间的联系总是很难捕捉。不仅如此，文艺性语篇中还常常会出现很多不切题的思想和议论，这更增加了整合过程的复杂性。为了把它们都归结到一个整体思想中，有时需要一个善于分析的强力头脑，能够领会出这些偏离中隐含的共轭思想。在篇幅很大的科学语篇中，如专题研究、学位书、教科书等，这种偏离也会出现。譬如，对以前试验的分析、对其他研究者观点的描述、对所研究问题来源的介绍等都属于这种

---

① Степанов Г. В. Семиотика［М］. М. 1971：60.

偏离。但在科学语篇中这些偏离都与研究的基本问题密切相关，因此它们都能很容易地被纳入整合过程。整合最完美和全面的实现体现在科学语篇中的结论和结尾之中，在这里既能看到整合的过程，也能看到整合的结果。

诗歌语篇中的整合过程研究尤为复杂。在诗歌语篇中观念内容信息经常散落在一系列形象、联想、隐晦的概念和昏暗朦胧中，有时仅仅靠现象间假想的联系来体现，甚至声音和词汇的反复、韵脚、结构的特殊性都可以成为诗歌语篇的整合手段。斯捷班诺夫认为，"艺术形象的整体性是由艺术性思维的属性本身决定的。艺术性思维力求把世界归结为一个整体，而不是把鲜活的现实分割为各个部分。整体形象的语言构成明显并不在于各离散语言学单位相对于语篇整体的从属关系，而在于与这些单位的独立内容整体性的组合"①。这个论断非常准确地描绘了语篇整体性范畴的基本特征，即各离散部分的从属性和独立性。在体裁不一的诗歌语篇中，形式内容关系和美学艺术关系存在着十分巨大的差别，因此很难把抒情诗歌、说教诗歌、公民诗歌、讽刺诗歌等的特征归纳为一个概括特征。在诗歌语篇中被整合的部分往往具有特殊的意义，而在其他一些体裁语篇中它们甚至可能使作品的主要思想混乱不清。

整合的力量在于它揭示了语篇各部分之间的相互依存关系，有时将他们置于艺术审美功能的伦理原则表达方面相同或近似的平面上。整合过程的主要之点是语篇各部分的向心性（центростремительность）。观念内容信息是向心性的中心，分散地隐藏在语篇各离散片段之中。当语篇的创作者用抽象范畴思考时，会用经验主义的材料来充实它们，观念内容信息逐渐形成于带有理论假想或具体特征的最终结论中。当语篇的创作者用形象来思考时，会用美学艺术表达的各种手段来展示现实世界中的事实和现象，观念内容信息需要去模糊地猜想、识别，有时甚至需要领会相互矛盾的地方。整合过程本身是对隐含观念内容信息的语篇各部分的甄别、筛选和获取。

---

① Степанов Г. В. Несколько замечаний о специфике художественного текста. В сб. Научные труды МГПИИЯ, вып. 103, 1976: 147.

2. 完整性

加里别林认为，"从作者的观点来看，当其意图得到了全面详尽的表达时，就可以认为语篇是完整了的"[①]。也就是说，语篇完整性是种意向功能，这种意向以作品中展开的一系列报道、描写、思考、陈述以及作品中交际过程的其他形式为基础。根据作者的想法，当希望的结果由于主题的发展运动和逐渐展开而达到时，语篇就获得了完整性，即完整性概念是相对于语篇整体而言的，而不是其组成部分。

完整性作为构成标准语篇的范畴，有可能面对的是没有破解作者意图的读者，因而可能没有被感觉到。缺乏阅读经验的读者经常会抱怨一些文艺作品让他们无法了解主人公的最终命运或作者目的，这是因为他们没有正确获知语篇的观念内容信息。需要说明的是，在有些情况下，作者会有意识地留下尚待解决的问题，但这不能说语篇是不完整的。因为作者可能感觉为所提问题提供唯一一个解决方案是不成熟的，因而才没给出答案；或者因为作者认为语篇中的事实内容信息、上下文、蕴涵或预设已经向读者暗示了或必然或可能的结果，再明确告知一个结论、解决方案或最终命运就很是多余，因而作者故意忽略了它。

完整性和标题（название）的共轭性（сопряжённость）是语篇共有的特征。不论类型、体裁和式样怎样，大多数语篇都会有一个标题。标题可以以鲜明、具体的形式，或是朦胧、隐晦的方式表现着语篇创作者的意图、想法和观念。但有些语篇与此不同，可能没有标题，如私人信件、回忆录等。即便如此，在这些语篇中也隐含着一个能统摄全篇的主题，即以前（我、我们、社会）发生了什么。可以毫不夸张地说，在每一个执笔写作人的意识里都是存在标题的。标题是压缩、没有展开的语篇内容，本身固有两种功能：显性的称名功能（функция номинации）和隐性的述谓功能（функция предикации）。换句话说，语篇的深层结构可以在标题与语篇正文间的关系中体现。在有些作品中，标题可能是提出的一个问题，其答案在语篇中揭示；在另一些作品中，标题可能是语篇正文本身的提要或论点；

---

① Гальперин И. Р. Текст как объект лингвистического исследования［М］. М.：Наука，1981：131.

还有些作品的标题编写得非常深奥，只可能在通读完整部作品后才能破解。

完整性与完结性（законченность）是有区别的。完结性通常指对人、物或场景的描写充分，或对思想、观点的议论透彻，或对一个故事描述的完成。在某些简单的语篇中，完结性可能与完整性重合，譬如一些对事件的客观报道、短小的寓言故事等。但在许多情况下，尤其是结构复杂的语篇，两者并不重合。一个含有复杂深刻思想的作品可能包括许多完成了的叙述、议论或描写，但它们作为语篇的组成部分并不具备完整性范畴。在作者刻意不提供结论、问题的解决方案或主人公最终命运的语篇中，因作者意图已经实现，语篇具有完整性，但故事并没有完结。

完整性和结尾（концовка）也存在着差别。完整性为语篇的展开设置了界限，揭示了或隐晦或明显包含于标题中的观念内容信息。而结尾是作品最后的情节，或是对作品情节展开最后阶段的描写，即它是语篇独特的"句号"。完整性概念是相对于观念内容信息而言的，而结尾，正好相反，是相对于事实内容信息而言的。

本 章 小 结

语篇研究开始于 20 世纪三四十年代，虽然世界各地的命名有所不同，但理论基础都可以追溯到布拉格学派的功能主义思想。在欧美，语篇研究被称为话语分析，开始于英国语言学家弗斯（J. R. Firth）的研究活动。弗斯把语言看作为社会过程，建立了较为完整的语境理论。集大成者当属英国语言学家韩礼德（M. A. K. Halliday）。韩礼德的系统功能语法以语域为核心，其三个组成部分，即范围、方式和交际者，分别构成使用中语言的三个纯理功能，分别为概念功能、语篇功能和人际功能。韩礼德的理论对语篇衔接、语篇接应、语境等概念进行了系统而科学的论述，至今仍是现代语篇分析与研究的指导性原则和方法论之一。在俄罗斯，语篇研究习惯上被称为篇章语言学，其理论基础直接来源于布拉格学派的功能主义思想，尤其是马泰休斯（V. Mathesius）的句子实义切分理论。研究对象从早期的句子、超句统一体逐渐扩展到片段、节、章，甚至整个语篇。研究方向大致包括三个方面，即句法学方向、句法—修辞方向和章法学方向。我国国内现代语言学意义上的语篇研究起步较晚。早期主要是引介国外的理论和研究成果，之后逐渐与世界研究主流接轨，并开始利用国外先进语篇理论对具体语言事实进行分析和研究，进而发展为多元化研究语篇的格局。

利用语料库对语篇进行研究是随着计算机科学出现而产生的新趋势，以前仅凭研究者直觉或操作方法上的方便而进行的研究存在着巨大的随意性和主观性。为了改变这种状况，需要用更大规模的自然语料和更加科学严谨的方法，把定性分析与定量分析相结合，得出让人信服的结论。目前欧美学者利用语料库研究语篇的视角主要有四个，即调查与某一语言特征有关的因素、考察某一特定语言功能的实现、描述语言变异以及跟踪某一语言特征在语篇中的使用。他们的研究模式大致可以分为三种，即质的研究、质与量结合的研究以及单纯量的研究。尽管欧美学者利用语料库研究语篇的尝试在学界存在着质疑，但也迎来众多掌声。目前可以确定的是，在质疑和掌声中这种研究方法正在逐渐兴起和壮大，并有超越利用系统功能语法和体裁分析法研究语篇的趋势。

语言学视角的语篇研究关注语篇本体。语篇是言语创造过程的产物，既是语言单位也是言语作品的单位，具有意义和结构上的完整性，体现为书面或口头形式，表达作者的态度和意向，具有明确的语用目的和使用范围。语篇作为独立的研究对象，具有特征毋庸置疑，其中被学界公认为最基本的两大特征是关联性和整体性。语篇类型的研究方法大致有两种，即早期以语篇语法为标准的分类和目前以交际模式为标准的分类。由于语篇类型的划分与计算机语料库的研发和应用密切相关，它已经成为大型电子语料库建设和发展的关键。

范畴是总结人类经验并对这些经验进行分类的人类思维的认识形式之一，为语篇研究提供了有力的方法论工具。语篇范畴能够体现语篇内容与形式的二重性，集聚合与组合于一身，作为研究语篇的新型模式，特别适合成为语篇的分析工具和手段。加里别林利用语篇范畴来研究语篇的理论在俄罗斯语篇研究中占有非常重要的地位。在研究中，他区分了哲学范畴和语法范畴，并将语篇范畴理解为语法范畴。加里别林首先把语篇范畴划分为两大类，即内容范畴和形式—结构范畴，并指出两者在语法中相互依存、相互制约。之后详细论述了语篇十大具体范畴，它们分别为信息类型、切分性、接应、连续统、语义独立片段、回溯与前瞻、情态性以及整合与完整性。这些语篇范畴可以作为研究语篇的参数，有助于从不同视角和层面对一切语篇的内容和形式结构进行分析和描写。

第三章

面向语篇研究的小型
俄语语料库的创建

语言学的任何研究都必须要以语言事实为依据，其研究过程必须要在掌握大规模原始真实语言资料的基础上来进行，这是绝大多数语言学家公认的观点。从"大规模"和"原始真实语言资料"这两个因素来考量，语料库无疑是语言学研究中获取语料的最好途径。借助已有的通用、专用语料库或根据自己的研究课题创建面向所要研究问题的语料库已经被越来越多的研究者接受和使用，语料库的研究方法也逐渐成为语言学界目前比较理想和常用的研究方法。

第一节　语料库的研究方法

语料库的研究方法是一种新兴的研究手段，近些年来已引起学界的普遍关注，它不仅逐渐发展成为一门独立的语言学分支学科，而且其研究成果越来越广泛地被应用于语言学研究的各个领域。如同其他语言学研究思路或方法都有其哲学基础一样，语料库的研究方法和语料库语言学不是凭空出现、偶然发展和突然壮大的，它具有充分的哲学基础，也经历了反对与赞同不断争斗的漫长历史。

一、语言学研究的指导思想与方法论

在近现代语言学研究历史中，有两种指导性研究思想渗透到语言学研究的大多数领域并几乎贯穿于全部语言学研究的过程之中，这就是哲学中的理性主义（рационализм，rationalism）思想和经验主义（эмпиризм，empiricism）思想。语言学研究中持理性主义思想的学者认为，由于表象可以使人受到蒙蔽，因此通过感觉器官得来的经验往往是不可靠的；语言知识皆来源于理性，语言的实质是理想语言使用者的内在能力，所以不可能通过分析外在的言语事实来得到。与此对立的是持经验主义思想的语言研究者，他们认为应该通过感觉器官的观察来了解外部世界，主张获取包括语言在内的任何知识都应该也必须依靠观察，即使是鉴别知识的真伪也只能通过对外部世界的观察来确定。

理性主义与经验主义在语言学研究中的指导思想之争如同一个钟摆——它们都有过辉煌灿烂的时期，也都经历过低谷暗淡的阶段。正如英国语言学家罗宾斯（R. H. Robins）所言，"经验主义和唯理论的对立，以不同形式贯穿于整个语言学史"[①]。就方法论而言，理性主义倡导的是一种自上而下的方法，也被称为内省法（самоанализ，introspection）或直觉法（интуиция，intuition）；经验主义实行截然相反的的方法，即自下而上法，也叫做归纳法（индукция，induction）。

20世纪五六十年代的转化生成语法学家们把内省法放在研究的首要位置，他们认为母语者的直觉是"确凿素材"，借助这些素材可以对语言"进行描写甚至作出解释"[②]。乔姆斯基甚至认为，人生来就获得一种习得语言的能力，语言学家们的任务就是去发现存在于人脑内部，且可以用来生成言语事实的规则。因而，他反对通过收集来的语料来解释语言，认为"被观察到的语言使用情况……绝不可能成为语言学研究的主体"[③]，"被观察到

---

① 罗宾斯著，许德宝等译. 简明语言学史［M］. 北京：中国社会科学出版社，1997：145.
② Chomsky，N. Aspects of the Thtory of Syntax［M］. Cambridge：MIT，1965：20.
③ Chomsky，N. Aspects of the Thtory of Syntax［M］. Cambridge：MIT，1965：4.

的实际使用的言语大部分都是各种各样破碎混乱、不规范的表达"①。以乔姆斯基为代表的转换生成语法学家们认为自己是"完全同质的语言群体中完全了解语言的理想的语言使用者"②，他们依赖自己的直觉，编造出一些句子并根据这些句子推演出很多套复杂的句子结构规则。对此博格兰德（Beaugrande）评论说，"自己充当理想语言使用者模型的这种做法并不可靠，除非他们的地位和所接受的专门学术训练使得他们具备超人的内省能力"③。转换生成语言学家借助于自己想出的句子进行描述并进而推理出语言一般本质的方法不太具有普遍意义，很难摆脱闭门造车之嫌。

与此对立的是持另一种哲学思想，即经验主义思想的语言学研究者们，他们以实证和统计运算为手段，逐渐采用了语料库语言学的研究方法。在语言学界经验主义与理性主义的对立由来已久。博格兰德（Beaugrande）曾用田野语言学家（field linguists）和室内语言学家（homework linguists）来区别这两类研究者，菲尔墨（C. J. Fillmore）则用田野语言学家和"扶手椅中的语言学家"（armchair linguists）来做区分。而拉格（Lager）用语料库语言学家和理论语言学家来分别称名这两类研究者，并对他们间的特性差异做了比较细致的总结（见表3－1)④：虽然早期经验主义曾片面强调经验是人一切知识和观念的唯一来源，并贬低理性主义认识的作用，但不可否认的是，完全遵照理性主义或仅凭对语言的理性认识而对千差万别的语言现象所做下的任何结论都是不完全可靠的。

表3－1　　　　　语料库语言学家与理论语言学家的观点对比

语料库语言学家	理论语言学家
以言语或语言行为为研究对象	以语言、语言能力或语言系统为研究对象
目标为描述语言事实及语料库中的语言使用	目标为解释语言事实和语言使用

---

① Chomsky, N. Aspects of the Thtory of Syntax [M]. Cambridge：MIT, 1965：201.

② Chomsky, N. Aspects of the Thtory of Syntax [M]. Cambridge：MIT, 1965：4.

③ Beaugrande, R. Descriptive Linguistics at the Millennium：Corpus Data as Authentic Language [J]. Journal of Language and Linguistics, 2002, Vol 1（2）：91.

④ 参阅：梁茂成. 理性主义、经验主义与语料库语言学 [J]. 中国外语, 2010（4）：92－93.

续表

语料库语言学家	理论语言学家
以数据驱动为研究方法	以理论驱动为研究方法
利用简单的测量工具快速处理大文本，并能克服由于简单方法带来的数据噪音（noise）	注重精密和准确，不太考虑简单和速度，样本量小
定量研究方法	定性研究方法
遵循经验主义传统	遵循理性主义传统
视文本为物理产品	视文本为理论实体
关注点为特定语言的语法	关注点为构建普遍语法
仅研究语言形式	研究语言形式和意义
研究可能涉及无限文本的表面现象	对有限甚至是编造的文本做深入分析
使用概率论和统计学方法	使用基于规则、知识、推理或逻辑的方法
依靠对显性语言行为的观察获取资料	依赖直觉或内省获得资料
对从语境中获得的真实语料进行分析	脱离语境、孤立地分析单个语例
归纳法	演绎法

值得庆幸和欣慰的是，理性主义在近代逐渐发展为科学理性主义，表现出与经验和实验紧密结合并与之相互容纳的趋势①，而经验主义从中世纪以来也逐渐沾染理性主义色彩，进入 20 世纪后，理性主义与经验主义并存与融合的趋势日益明显②。受这种融合趋势的影响，现在的语言学研究既注重外在言语事实的观察和语料的收集整理，同时也重视汲取理性主义合理的内省与直觉；把语言本身视为理论，把言语事实作为高度理论化的实践，注重语言与言语之间的相互驱动关系，把室内语言学与田野语言学研究合二为一。同时，一大批语言研究者也开始强调两者相结合进行语言学研究的必要性和重要性。美国著名语言学家菲尔墨（C. J. Fillmore）认为，语言学家应该把直觉和经验结合起来，扶手椅中的语言学家和田野语言学家必

---

① 参阅：宋春阳. 科学理性时代的语言学研究——理性主义的发展与语言学研究［J］. 北方论丛，2003（2）：89－92.

② 参阅：陈勇. 论经验主义和理性主义之争——关于西方语言学研究中的认识论［J］. 外语学刊，2003（3）：57－62.

须取长补短。① 无独有偶，世界闻名的语料库语言学家约翰·辛克莱（John Sinclair）也曾强调"无论你是教师，学生还是语言使用者，对语言的直觉是我们最重要的资产"②。他认为，完全使用自上而下法时所作出的描述性结论很难与众多繁杂的语言事实相符合，而完全使用自下而上法又很难形成具有概括性的结论。因此，辛克莱主张可以借助研究者的直觉和经验，双管齐下，相互辅助进行语言学研究③。

综上所述，理性主义与经验主义泾渭分明非常不利于语言学的研究和发展，语言学家们也充分认识到了两者对立带来的弊端。现今，语言学研究中的指导思想与方法论之争已从对立转变为相互融合，利用编造出来的语例作出的结论固然不可信服，但只有自然数据支持的语言学研究同样也会出现问题，只有将两者相结合才能推动语言学研究的健康发展，符合语言学研究和发展的趋势。而在现阶段，较好地融合了理性主义和经验主义思想，且比较有代表性的研究领域是语料库语言学。语料库语言学一方面不断要求认识和深化语言学已有的基本理论，重新审视语言学中的基本问题；另一方面，随着计算机和自然语言处理技术的提升，语料库的深度和广度也有了长足的发展，能够更加直观而广泛的收集第一手自然语料。因此，通过自省和直觉得出的各种语法理论，与语料库和统计法的结合，"是经验主义和理性主义方法相互融合的可喜开端"④。

二、语料库语言学的研究方法

语料库语言学从收集和处理语料库中的真实语料出发，采用的基本手段是概率和统计分析，即用数学方法观察、比较语料，归纳出新的语言学认识或验证原有的语言学理论。显而易见，这是一种典型的自下而上的研

---

① Fillmore, C. J. "Corpus Linguistics" or "Computer-aided armchair Linguistics" [A]. J. Svarevik (ed). Directions in Corpus Linguistics [C]. Berlin：Mouton de Grueter, 1992：35 –60.
② 转引自：梁茂成. 语料库应用教程 [M]. 北京：外语教学与研究出版社, 2010：177.
③ 参阅：Sinclair, J. Reading Concordances [M]. London：Pearson, 2003.
④ 黄昌宁，张小凤. 自然语言处理技术的三个里程碑 [J]. 外语教学与研究, 2002（3）：187.

究路径："下"，指真实语料，统计学中也被称为自然数据（природные данные，naturalistic data）或真实数据（достоверные данные，authentic data）；"上"，即指得出的语言学结论。其实在语料库语言学内部，按照各种研究对语料库的依赖程度，还可以把依靠语料库的研究方法再细化为三类，即语料库指导的方法（корпус-сообщённый подход，corpus-informed approach）、基于语料库的方法（корпус-основанный подход，corpus-based approach）以及语料库驱动的方法（корпус-ориентированный подход，corpus-driven approach）。

语料库指导的方法是由英国应用语言学家迈克尔·麦卡锡（Michael McCarthy）倡导并提出的。他在多年编写教材的过程中发现，利用语料库能够非常直观方便地得到各种词语、搭配和结构出现的频率、使用语境、语体等信息，用这些信息可以灵活地编写出需要的教材。麦卡锡把这种主要针对语言教材编写的语料库使用方法称为"语料库指导的方法"①。它可以利用语料库操作手段消化掉语料中杂乱的原始信息，以更有条理、更易接受和更有利于教学的形式呈现在教材之中，使学生更容易掌握和理解。

基于语料库的方法以英国语言学家利奇（G. Leech）为代表，他主张对语料库进行尽可能详尽地标注，标注得越全面详尽，语料库将来的应用价值也会越大。这种方法既不排斥原有的语言学理论，也不反对研究者的内省和直觉。它的做法是：首先由研究者依据已有的语言学研究成果或认识提出假设，然后利用语料库中的自然语料使用一定的数学方法对提出的假设进行验证，验证的结果是假设可能成立也可能不成立——假设成立与否完全取决于语料库中的真实语言实例。这种研究方法的益处在于可以使一些已有的传统概念和理论得到进一步验证、修正或延伸。但也有学者认为，语料库中的文本在作为语料被观察时已经被传统语言学的概念和范畴所框定，因此这种研究可能会妨碍语言学理论的变革②。

语料库驱动的方法以约翰·辛克莱（John Sinclair）为代表，他在编纂

---

① 参阅：McCarthy，M. Spoken Language and Applied Linguistics［M］. Cambridge：Cambridge Univerdity Press.，1998.

② 参阅：李少哲. 俄语语料库和基于语料库的语法研究［D］. 黑龙江大学，2012：55.

词典的过程中发现，使用传统的语言学理论无法描述和解释全部的言语事实，因此他认为在语言学研究中需要建立新的概念和范畴体系，需要使用未经标注的语料库，只有以此为基础对自然原始文本进行分析，才能突破传统语言学的藩篱，引起语言描写和阐释的根本改变。这种研究方法的一般程序可以概括为"观察—假设—归纳—理论整合"，即首先要对语料库中生文本中的所有例证进行穷尽性的整理、归类和分析，然后得出相关语言使用情况的假设，再总结归纳、抽象延伸上升到理论层面。这种方法虽然有助于突破原有的语言学研究框架，增加引起语言学描写和阐释根本变革的概率，但其研究过程耗时费力、繁杂艰难，操作性比较差，也不一定能得到满意的研究结果。

在上述三种语料库语言学的具体研究方法中，第一种方法主要服务于教材编写或教学过程，它对语料库的依赖比较间接，语料库在其中主要起指导性作用。第二和第三种体现了语料库语言学领域中语言研究的具体方法，即假设验证法（проверка статистических гипотез，hypothesis-testing）、探索法（поисковое исследование，exploratory research）或描述法（описательное/дескриптивное исследование，descriptive research）。基于语料库方法的研究是一个典型的假设验证过程，虽然由研究者提出假设的步骤使研究者处于十分重要的地位，但其提出的假设能否成立完全取决于语料库中的自然语料，即数据源在此种研究中也发挥不可忽视的作用。第三种方法，即语料库驱动的方法，主要针对的是语言描写，语料库在此中占据绝对重要的位置，研究者能做的只是在语料库中观察自己需要或感兴趣的语言事实，然后对数据进行整理和分类，最终归纳为结论。

除上述三种方法外，由于近年来具有不同学术背景的学者利用语料库进行研究的情况逐渐增多，还新出现了一种被称为语料库例证法（корпус-проиллюстрированный подход，corpus-illustrated approach）的研究方法。这种方法是把传统的语言学研究和语料库相结合，遵循自上而下的研究路径，即研究者首先提出一种理论或假设，然后利用从语料库中检索出来的语例来支持自己的理论或假设。这种不进行定量的数据统计分析，而只把语料库视作便捷辅助性例证工具的方法几乎对语言学中任何理论范式的研究都适用，因而在现今的语言学研究中越来越普遍。

三、基于语料库的研究方法

就本质而言，基于语料库的研究是普通的实证性研究（позитивистские исследования，positive research）在语料库语言学领域的应用和延伸。实证性研究作为一种研究范式，起源于培根的经验哲学和牛顿—伽利略的自然科学研究思想，后经法国哲学家孔德（A. Comte）的倡导，成为19世纪末以后的科学研究方法之一。在西方哲学史中实证主义（позитивизм，positivism）思想的基本原则是科学结论要具有客观性和普遍性。实证主义主张知识必须建立在以观察和实验为基础的经验事实上，强调利用观察数据和实验研究手段来揭示具有普遍性的客观结论，并且要求这个结论在同一条件下具有多次可证性。根据这些特征，实证性研究方法可以归纳为借助对研究对象的大量观察、调查和实验，得到客观材料或数据，从个别到一般，总结出事物或现象本质属性或规律的一种研究方法。这种方法使研究过程具有程式化、操作化的特点，使研究结果一般都能达到精细化和准确化的水平。

由于实证性研究的过程具有固定的基本程序，根植于其中的基于语料库的研究方法与普通的实证性研究的程序大致相同，可以大致分解为以下几个步骤：提出研究假设；确定分类体系和操作方案；选定或建立适宜的语料库；统计分析与数据的解释；作出结论①。

实证性研究中提出的假设是对相关自变量（аргумент или независимая переменная，independent variable）和因变量（зависимая переменная，dependent variable）相互关系的一种预测。其中被观察和测量的变量是因变量；被操纵和控制的变量是自变量。如果自变量被看做起因，那么因变量就是自变量引起的效果或结果；如果视自变量为先行条件或输入，那么因变量就是在所研究事物或现象上产生的结果或输出。② 研究假设的提出一般以已有的语言学理论为基础，此外也可以在文献回顾和归纳总结的基础上

---

① 参阅：梁茂成. 语料库应用教程［M］. 北京：外语教学与研究出版社，2010：178.
② 参阅：李绍山. 语言研究中的统计学［M］. 西安：西安交通大学出版社，2008：5.

提出；而预测的自变量和因变量间的关系是否真正成立需要用调查到的数据在后续的研究中加以验证。验证假设的真伪往往可以修正或完善以前的研究成果，具有一定的理论和实践价值。

一般来说，被研究的语言问题和提出的假设往往涉及一些概念和理论，当无法直接获取有关概念和理论的量化信息时，常常需要确定某些语言现象的详细分类或对这些理论或概念进行具体化甚至形式化，即根据所研究的问题和采取的研究视角把它们与具体的语言特征或其在语言中的具体表现形式联系起来，以便进行后续相关数据的统计和量化分析。例如，如果研究"动词短语的复杂程度"，可以依据动词短语的内部结构、动词短语的长度等特征使其形式化，然后才能利用从语料库中收集来的数据进行量化处理。量化分析的本质是利用选定的合适方式对某种概念或理论性的东西进行测量，进而得出结论。

在基于语料库的研究方法中语料库占据很重要的位置，它是自然数据的直接来源、统计分析的基础和起点。由于建库原则、深度和规模等的不同，不同语料库对所研究问题提供的语料支持度是存在很大差别的，因此研究不同的问题需要选择不同的语料库，即要根据研究问题有针对性的甄选出合适的语料库。例如研究"口语中的第二人称命令式"，应该选择口语语料库，不能选择不区分口语和书面语的一般性通用语料库，更不能选择只有书面语的语料库。现阶段，面向公众开放的语料库一般是可以满足大部分的语言学研究的。即便如此，仍存在着现有语料库都不能满足某些研究需要的情况，这时就需要创建自己的语料库。无论是使用已有的语料库，还是创建自己的语料库，目的都是为了更好地获取自然数据，为后面的研究奠定坚实的基础。

从理论上来说，几乎所有的统计学方法都适用于语料库的数据分析。但目前现实的情况是，在语料库的数据分析中，比较常用的统计分析方法有卡方检验（тест хи-квадрат 或 тест x^2，chi-square test 或 x^2 test）、对数似然率（соотношение логарифм-правдоподобия，log-likelihood ratio）和相关性分析（корреляционный анализ，correlation analysis）。如果研究的问题更加复杂，有时也会使用对应分析（анализ соответствий，correspondence analysis）、聚类分析（кластерный анализ，cluster analysis）和多元回归

（множественная регрессия，multiple regression）等较为复杂的统计学方法。对数据进行统计分析后，一般可以发现相关变量间存在着的某种相关性或显著性差异，这时需要根据基于的研究理论或前人的相关研究成果对所得到的数据结果做出解释。数据结果的阐释有技术性问题的因素，但更大程度上涉及的是理论问题。面对同样的数据结果，不同的研究者可能会根据不同的理论给出不同的阐释，在这里重要的是能根据理论对数据结果做出客观、合理的解释。

第二节 小型自建语料库研究

大型通用语料库之所以在语言研究中非常重要，是因为它含有规模巨大的标注过的自然语言材料，语料样品的超大数量使得借助它进行的研究具有非常强大的理据性和代表性。然而它也有不足之处，除了可能得到的语料庞大冗余、需要继续仔细观察分析外，一般库中语料信息的可及性都不太高，这与它标注语料时注重基础、常规和稳妥有十分密切的关系，也与计算机大规模数据处理和自动标注技术在建设语料库时能够达到的程度有关。当设计的研究课题不适合利用现有的通行语料库时，可能就需要考虑创建面向自己研究课题的语料库了。

一、小型语料库创建的可行性和必要性

我国学者梁茂成认为，当利用语料库进行语言研究时，如果出现如下四种情况，就需要创建自己的语料库：（1）没有可用的语料库；（2）现有的语料库不适用，或不能满足研究需要；（3）需要对比语料；（4）需要特殊语料。他同时认为，开发和创建大型语料库是一项浩大繁琐的艰难工程，需要大量的人力、财力、物力和技术支持，但对于一般研究者来说，利用个人电脑、光盘、网络资源等动手收集一些文本，根据自己研究课题的需

要建立一个小型语料库是完全可行的。[①]

　　从本书第一章"语料库标注研究"一节中可以知道，现在世界范围内已建成的语料库绝大部分都以词汇主义（лексикализм，lexicalism）为建库原则，它们建库的理念是把语法等领域的研究转化为词汇研究，即以词汇为中心。在俄罗斯，无论是阿普列相（Ю. Д. Апресян）提出的语言整合描写（интегральное описание языка）思想，还是尤·尼·卡拉乌洛夫（Ю. Н. Караулов）的词典参数化和语言词典化的学术思想，落实到语料库建设时，关注和标注的均为词汇。这不仅是因为在语言学研究的传统中，词汇在语言单位层级链条上占据极其重要的位置——向下，它可以体现词素信息；向上，不仅可以构成各种句法关系，还可以通过动词的题元结构反映句子层面的信息；而且还因为，词汇在现代计算机技术、数据挖掘和数据处理中占据适宜的位置——它比较稳定，易于控制，在编写程序和实际操作中都比较有优势。因此，目前技术比较成熟、能进行大规模机器标注、面向公众开放的语料库几乎都是以词汇主义原则为导向的语料库，它们对大部分能转化为词汇层面研究的课题是非常合适的，但当进行更高层次，如语篇层面的研究时，这些语料库就可能不再满足研究需要，这时需要创建自己的语料库。

　　小型语料库对建库者的课题研究具有非常大的益处，它目标明确，自主设计，灵活标注，语料收集的针对性较强，且本机操作，经济方便，可随时更新语料，同时库中的语料还可以起到文本库的作用，因而成为基于语料库的研究中相当热门的研究方向。

二、小型自建语料库的研究现状

　　通过对中国知网（CNKI）全文数据库的检索，可以对我国国内基于小型自建语料库的研究状况作出大致的梳理。进入中国知网"期刊"全文数据库，将检索项设定为"篇名"，检索词设定为"小型语料库"，在不限时间的范围内进行检索，查询到2003～2014年8月共68篇文章[②]。按照文章

---

① 梁茂成. 语料库应用教程［M］. 北京：外语教学与研究出版社，2010：25.
② 该统计数据检索的时间为2014年8月6日。

研究内容和发表年度进行简单分类，绘制出的统计表格（见表3 - 2和图3 - 1）可以直观反映出期刊书对小型语料库的研究现况。

表3 - 2　　　　　　　　国内期刊书对小型语料库研究的内容及
类别统计（2003 ~ 2014 年 8 月）

类别 统计	英语界（64篇）						非英语界 （4篇）		合计
	理论研究	应用研究					汉语	法语	
	综述	教学 研究	语言 研究	语料库建 设和应用	翻译	英汉平行语料库 建设和应用			
篇数	1	32	12	12	2	5	3	1	68
比例（%）	1.5	47.1	17.6	17.6	2.9	7.4	4.4	1.5	100

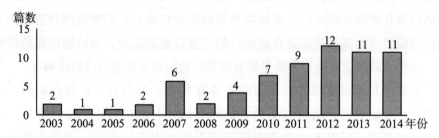

图3 - 1　　国内关于小型语料库研究的期刊论文发表
时间的统计图（2003 ~ 2014 年）

在中国知网"博士"全文数据库中，将文献全部分类设置为"哲学与人文科学"，检索项设置为"题名"，检索词设置为"语料库"，不限时间区间进行检索，查询到1999 ~ 2013 年共74篇博士论文[①]。经过对这些博士论文的内容和研究方法详细考察后发现，其中有29篇论文是在小型自建语料库的基础上进行的学术研究，包括英语、汉语和日语三个语种，涉及语言学、翻译和教学三个领域。这些博士论文以语料库为方法进行的研究情

————————
① 该统计数据检索的时间为2014 年 8 月 6 日。

况和完成时间可以用图表的形式在表 3 - 3 和图 3 - 2 中展示出来。

表 3 - 3　　　国内博士论文对语料库研究状况的统计（1999～2013 年）

类别 统计	基于语料库的研究（69 篇）						语料库 驱动的 研究	计算机 应用 研究	合计
	利用已有的语料库	使用自建小型语料库（29 篇）							
		英语（20 篇）			汉语（8 篇）		日语			
	包括英语、汉语、蒙古语、俄语	语言研究	翻译	教学	语言研究	教学	语言研究			
篇数	40	11	8	1	7	1	1	2	3	74
比例 （%）	54.1	14.9	10.8	1.4	9.5	1.4	1.4	2.6	4.1	100
		27.0			10.8					
		39.2								

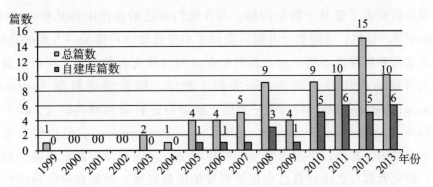

图 3 - 2　国内关于语料库研究的博士论文发表时间的统计（1999～2013 年）

从以上的统计数据来看，目前使用语料库进行研究的方法越来越深入人心，小型自建语料库也逐渐兴起，通过个人自建小型语料库进行科学研究因为有着灵活、广阔的应用前景越来越成为热门领域。在我国这一领域的研究做得最好的是英语界，其次是汉语界，其他语种的研究还都比较薄弱。英语界学者已经在引介国外理论的基础上开展了大量非常成功的基于语料库的研究，他们的研究几乎涉及了语言研究的各个领域，包括词汇、语义、语用、语法、语篇分析等。基于小型自建语料库的教学研究在课堂教学，尤其是大学英语课堂教学中探讨和实践的比较多，许多教师在精读、阅读、听力、词汇、翻译课堂教学中尝试建立和使用了个人教学语料库，并取得了非常好的效果。相比之下，俄语界的差距比较大，到目前为止，关于语料库研究的博士论文只有一篇：李绍哲的《俄语语料库与基于语料库的语法研究》（黑龙江大学，2012），硕士论文寥寥无几，对语料库的研究基本还处于引介和研究语料库建设阶段①，基于自建语料库的研究几乎一片空白。

综合现在的研究现状还可以发现，小型自建语料库的理论和实际建设中还存在着有待解决的问题。例如，小型语料库至今没有一个直接、准确而公认的定义和分类框架。阿斯通·盖伊（Aston Guy）认为，大型语料库通常在编制教学大纲和编纂教材中使用，而"应用于课堂教学的语料库有所不同，一般来说它是精心采集、旨在帮助语言学习者理解语言现象的小型语料库"②。而麦克内里（A. McEnery）等认为，小型自建语料库的作用是帮助研究者考察某一特定问题，并在他们自己的著作中将其称为"DIY corpus"③。显然，这两类学者都只强调了小型自建语料库某一方面的功能，对其定位和阐释都不够全面。虽然依据这两类研究者的观点，可以大致将个人自建语料库分为两类：一类用于教学，即教学语料库（учебный корпус，learnable corpus）；另一类用于辅助特定科研领域的研究，即专门语料库（специализированный корпус，specialized corpus），但这种分类没有形成共识。此外，小型语料库的规模问题，目前也没有制定出统一的标准，研究者都自己决定自己小型语料库的语料规模，导致自建语料库的容量和规模有大有小，相差很多，比较混乱。

三、小型自建语料库的代表性和有效性

在统计学中，一般把被实验或进行科学研究的对象的全体称为总体

---

① 参阅：王臻. 俄语语料库语言学研究现状与瞻望［J］. 中国俄语教学，2007（2）：44－47.

② Guy A.，Corpora in Language Pedagogy：Matching Theory and Practice，in Principles & Practice in Applied Linguistics［M］. New York：Oxford University Press，1995：259.

③ 参阅：赵洪展. 对小型语料库的初步研究［J］. 辽宁行政学院学报，2006（12）：214.

（совокупность，population），把组成总体的每一个元素称为个体（индивид，individual）。由于不可能也没必要对所有研究个体进行研究，统计运算中常常在总体中按一定的规则抽取部分个体作为研究对象，这些从总体中抽取的部分个体被称为样本（образец，sample），利用样本所包含的信息可以进一步推断总体特征。从这一意义来说，语料库实际上是语言整体的一个样本，基于语料库的研究是以样本为基础进而得出语言总体规律或结论的研究。

众所周知，大型语料库最重要的特征在于其语料多，代表性强，因此又被称为大型平衡语料库。一般来说，大型平衡语料库内包含着代表某种语言所有可能类型的书面语和口语文本，而且所有这些文本的比例都要尽可能地与自然语言中相应的比例一致，只有这样才能充分保证语料库的代表性，即可以用较少数量的库中语料来体现整个浩如烟海的语言在历时和/或共时的全貌。由于相对于大型语料库而言，小型语料库规模小，语例数量相对偏少或取样比例比较低，因而对其是否具备代表性在学界曾出现过质疑。针对这种质疑，学者穆瑞逊－鲍威（Murison－Bowie）认为，"围绕某些可识别的文类与各种语体标准所提供的语料库材料，其构成应以用户需要为基础，即用户能够根据自己的学习和研究需要，通过汇集（语料库材料）或把语料库重新切割成各个微型语料库，获得自己的平衡和代表性"①。此外，在实践中小型语料库和大型语料库一样具有代表性已经获得过证实。科茨（Coats）在 1983 年曾利用 Lancaster Corpus 和部分 London Corpus 对英语情态动词进行过研究，他使用过的两个语料库的总型符数量为 1725000；敏德特（Mindt）在 1995 年使用 BROWN 语料库、LOB 语料库以及部分 London－Lund 语料库进行过相似的研究。虽然两者所利用的语料库的规模和大小差别非常大，但他们研究的结果却惊人地相似。因此，迈耶（C. F. Meyer）得出结论："使用小型语料库能够进行值得信赖的研究"②。

①　转引自：杨惠中. 语料库语言学导论［M］. 上海：上海外语教育出版社，2002：57.
②　Meyer C. F. English Corpus Linguistics：An Introduction［M］. Cambridge：Cambridge University Press，2002：13.

　　大量的统计研究结果表明，决定样本代表性的主要因素是样本抽样的过程以及样本量的大小，在小型语料库建设中可以通过控制抽样过程和语料比例关系来缩小误差，增强语料库的代表性。现实语言环境中的语料无穷无尽，所有建立的语料库相对此而言都可以说是微不足道的，因此建立多大规模的语料库才能比较准确的代表整个语言，即便到今天，语料库语言学家们也没有形成统一意见。基于编撰词典为目的的语料库，辛克莱（John Sinclair）认为，总体规模应该尽可能地大，而且还需要不断地增加语料①。这是基于沙曼（Sharman）在一项研究中总结出的关于语篇中词汇出现频率的规律而得出的结论。沙曼在研究一个百万词次的美国英语语料库时发现，词汇量的大小和语料库的大小几乎存在着线性关系，即平均每30个词的语篇就会出现一个新词。因此为了让词汇语料拥有更大的代表性，该种语料库的规模越大越好。这就需要尽可能多的收据语料，只有这样才对词汇研究有更大的帮助，然而存在的问题是——具体要收录多大词次才足够大，目前暂时还没有定论。但公认的一个观点是，对于一些特殊研究目的而建立的语料库，规模不需要很大就可以满足描写目的。例如语音研究，10万词次的自发言语就可以了，因为无论哪种语言的语言总数和语音组合的规律都是极为有限的，和词汇相比要少得多；对动词形态的分析，50万词次的语料库就足够了，因为动词虽然很多，但其形态变化规律性强且可罗列；而很多句法过程和高频词的研究，通常需要50万~100万词次的语料库就可以了②。

　　在语料库建设中，抽样过程不可避免地要涉及对所要抽取语篇进行分类的问题，以及对每一类型的语篇要抽取多少样本才能最好地代表该类型语篇的问题。从统计学视角看，因为语言行为具有比其他行为更大的同质性，因此语言学研究中的抽样不必像其他调查那样一定需要数目很大的样本量。语料库语言学家比伯（D. Biber）发现，在LOB语料库中研究许多普

① Sinlair J. Corpus, Concordance, Collocation [M]. Oxford & New York：Oxford University Press, 1991：18 – 19.
② 参阅：刘兴兵. 语料库建设中影响其代表性的因素 [J]. 十堰职业技术学院学报，2003 (4)：62

通的语法特征，10 个样本就已经能很好地代表某一整个语篇类型①。在 BROWN 以后的语料库建设实践中，学界对于每个语篇类型大都选择了 10 个以上的样本，而 BROWN 语料库和 LOB 语料库 15 个语篇类型中，只有 2 个类型（科学小说和幽默）的样本数量少于 10 个，这是有原因的——它们在语料库中的比例要尽量符合自然语言中的状况。ICE 语料库中每种语篇的大类和词类的样本数量都达到或超过 10 个，BNC 语料库按主题分为 8 大类，各类都有 122 个以上的样本。因此可以说，即使是大型语料库的建设，对于每一个语篇次类，抽选 10 个以上的语篇样本就足够满足研究需要了。

在建设小型语料库的抽样过程中还有一个问题需要考虑，即确定语篇长度问题。有些语篇太短，具有代表性的典型信息很少；有些语篇又太长，全文作为样本太大，但如果从中截取一部分作为样本，因为语篇是一个整体，其开头、主体和结尾有着不同的言语特征，有可能会改变其本来的面貌。那多少词次的样本才能最好地代表某一个语篇类型呢？显而易见的答案是，语篇越长越好，但对于人力、物力和财力都很有限的小型语料库建设者来说，如果用词次比较少的语篇同样可以完成研究项目并达到相同的研究水平，那是最好不过的了。比伯（D. Biber）等学者曾做过一项研究，专门用来考察这一问题。他们先从 LOB 语料库和 LLC（London – Lund Corpus）语料库中抽取了 50 个 2000 词次的样本，然后把这些样本一分为二，对比每个样本内部两部分的区别后发现，对于研究比较常见的语言现象，2000 词 ~5000 词次的样本足够代表各自的语篇类型，但对于一些比较少见的语言特征或复杂研究，则需要更多词次的语篇样本。② 在现今的大型语料库中，作为样本的语篇都比较长，例如 LELC（Longman English Language Corpus）和 BNC 的语篇样本都在 4 万词次左右。因此，对于一个通用语料库而言，5000 词 ~4 万词次的语篇在长度上是足够用的；对于个人自建语料库，研究者可以根据各自不同的研究对象和科研课题，在此基础上对语篇长度进行适度地减少或增加。

需要强调的是，无论多么巨大的语料库，相对于人类语言活动来说，

①② 参阅：Biber D. Representativeness in Corpus Design [J]. Literary and Linguistic Computing, 1993 (8/4)：243 – 257.

其中收集的语料都是有限的，永远不可能完全没有一点误差地反映一种语言的全部特征。此外，还可能存在着其他影响语言研究的未知因素，因此语料库只能最大限度地代表某一种语言的自然状况，基于语料库的研究在结果中出现小偏差是完全正常的。

第三节　小型俄语语料库的创建

当已有的语料库不再适用时，研究者虽然可以根据自己具有创新性的研究课题来自行设计和建设小型语料库，但必须在明确语料库知识、确定建库目的的基础上，严格遵守语料库创建的基本原则、方法和步骤，并在操作中保持认真谨慎的工作态度，以确保小型自建语料库具有最大限度的科学性、代表性和有效性。只有这样建成的小型语料库才可以成为进行科学研究的有利保证，也能很好地对所要进行的研究课题起到辅助作用，否则自建语料库的意义就大打折扣。

一、小型语料库创建的一般方法与步骤

小型语料库建设与大型语料库建设在方法和步骤上没有什么本质差别，即都要经历一般语料库的创建过程。首先要做好建库前的基本准备，包括知识的准备、硬件准备和软件准备。在创建语料库前，需要尽可能地多了解语料库建库的基本知识，如建库原则、语料库标注、文本编码知识等。硬件准备包括准备好电脑和专门用于备份语料、容量至少大于1G的移动硬盘或U盘。定期把收集到的语料刻写到光盘上以便长期保存是比较好的方法。此外，还要提前准备好文本编辑器，以备将来用于整理和处理文本，常用的文本编辑器有 EditPad Pro、EditPlus、UltraEdit 等软件。如果从网络上下载文本，大部分都会是压缩文件，需要使用 WinRAR、WinZIP 等软件来解压文件；而一些其他格式的文本，需要使用相应的浏览或转换软件，如 CAJ Viewer、Adobe Acrobat Pro 等，转存为文本文件；若是通过扫描得来的图形文本，则需要如 ABBYY FineReader 等相应的识别软件来进行浏览或

转换。

在充分的理论准备和先行研究基础上确认了研究目的后，可以开始进行设计语料库的工作。语料库的建库设计是整个过程的第二步，也是最关键的部分之一。在这里需要首先确定语料库的规模、所搜集文本的类型与具体类别，以及各类型语料所占的比例，即首先要考虑语料库的容量、代表性与平衡性问题。如果是个人创建的语料库，一般规模和容量都相对比较小，而针对特定类型语篇研究的专用语料库，则不太需要考虑语料库的平衡性问题。需要指出的是，即使是在设计建设通用语料库时，在本阶段仍可以只大概框定一个比例，待语料收集结束后再进行详细地统计和整理。此外，还需要对所收集文本的大小制定出标准，例如，小于 500 词次、大于 1 万词次的文本不收集等。这些规则设计好后，还需要解决获取语料的途径和方法问题。一般来说，语料获取的主要途径有三个：一是通过网络下载，网络图书馆、网页、电子书、数据库、学术书等可供自由下载的公用资源均可以利用；二是拷贝 CD–ROM，各种刻写在光盘上的电子文本也是可以利用的资源；三是转录印刷品，可以通过扫描手段先得到图像文件，再利用一定的识别软件将其识别和转换为需要的格式。

上述工作都完成后，就进入到整理入库文本和对库中文本进行标注的阶段，这是整个建库过程中另一个关键部分。如前面本书第一章所述，对语料库中的文本进行标注，可以利用计算机，可以手工操作，也可以机器和手工相结合；目前文本的大规模机标精度很高，但大部分只能进行语法程度的标注，即只能标注单词所属的词类范畴以及该词的词性。如果利用机器进行语法程度的标注，在标注前需要对文本格式进行整理，如去掉空行、空格、换行符等，然后把文本保存为内码格式，即 ANSI、UTF8、Unicode、Unicode big endian 等格式，之后才可以利用相应软件进行机器标注。如果是手工标注，在标注前要弄清楚某种语言现象的范畴和特征，列出详细的标注符号表，然后才能使用这些标注符号进行手工操作。需要强调的是，如果计划在检索阶段使用已开发的检索软件，在制定标注符号系统时，应参照学界公认或常用的符号模式，并考虑尽量使用该软件能识别的符号。

语料库检索虽然也可以归于语料库建库过程，但更多的学者认为它属于语料库数据分析和提取的过程。如果具备计算机软件编程能力，可以自行设计和编写自建语料库的检索程序，但大多数研究者是利用已有的检索软件来进行数据提取的。表 3 - 4 是我国学者谢家成①总结的部分在网上可以免费下载的检索软件的名称、功能和使用评价。

表 3 -4　　　　　　　　　网上部分可免费下载的检索软件

软件名称	作者版本	共同功能	使用评价
Microconcord	Mike scott & Tim Johns，版本 1.0	多文件，多关键词同时检索；支持通配符、指定跨度检索	速度快，操作简单，英汉混合显示，但汉语不能做关键词检索
Concapp	Chris Geaves，版本 6. 0. 1	KWIC 灵活排序显示，更多上下文、检索结果多格式保存或打印	速度快，功能强大，英汉均能做关键词检索
Concordance	R. J. C. Watt，版本 3.0		检索前文本需预处理，速度慢，支持表达式检索，自定义 Reference 功能，词表倒序排列，有 Web 功能

二、小型俄语语料库的建设

（一）语料的选择、分类与整理

本书所要研究的是俄罗斯学者加里别林在 1981 年出版的著作《作为语言学研究对象的语篇》（*Текст как объект лингвистического исследования*）中提出的语篇范畴理论，因而需要收集不同类别的语篇。从本书第一章的研究可以知道，俄语国家语料库（НКРЯ）在创建过程中，根据自己的建库需要曾对语篇文类和类型进行过划分。它的做法是先按照语篇的体裁和类型（жанр и тип текста）把所有语篇分为两大类，即文学语篇（художественные тексты）与非文学语篇（нехудожественные тексты），然后把非文学语篇按照功能范围

---

① 谢家成. 论个人教学语料库的构建［J］. 外语电化教学，2003（3）：28.

（сфера функционирования）又 划 分 为 9 类，其 中 包 括 生 产 技 术 类
（производственно-техническая сфера）、教学科研类（учебно-научная сфера）
公文事务类（официально-деловая сфера）和政论语篇（публицистика）。因
此，依据俄语国家语料库的文本分类，以及现今广为接受的苏联科学院俄语研
究所集体撰写的《俄语与苏联社会》（*Русский язык и советское общество*，
1962）一书中提出的五种功能语体分类，即文艺语体、政论语体、科学语
体、公文语体和口语语体①，结合本书的研究课题和目标，在建设自己的小
型俄语语料库时，我们选择三种语篇类型，即文艺语体、政论语体和科学
语体作为基本的文本分类，其中科学语体中既包括生产技术方面的语篇，
也包括教学科研方面的语篇，没有像俄语国家语料库那样细化为两类。

　　小型自建俄语语料库的语料获取主要通过网络下载公用资源来完成，
下载过语料的网站包括俄语电子图书馆②、新文学网③、俄语旧报纸网④、
《消息报》网⑤、塔斯社网⑥、《共青团真理报》网⑦、《星辰》杂志网⑧、
《每周评论》网⑨、《每日新闻》网⑩、国际传真网⑪等二十几个浏览量比较
大的常用俄语网站。此外，还选用了北京大学出版社、上海外语教育出版
社、外语教学与研究出版社等国内著名出版社出版的俄文教材和教辅材料
中的一些语篇。只有尽可能最大限度的广泛而随机地收集语篇语料，才能
保证语篇样本具有足够的代表性。收集语言中全部的文艺语体、政论语体
和科学语体的语篇是不可能的，受人力、物力和财力的制约，在创建面向
语篇研究的小型俄语语料库时收录语篇的数量是有限的，即语篇样本量不
可能像通用语料库那样巨大，那么就只能在抽取样本语篇时尽量做到随机

---

① 张会森. 修辞学通论［M］. 上海：上海外语教育出版社，2002：94.
② Электронная библиотека bookz. ru：http：//bookz. ru/.
③ Новая Литература：http：//newlit. ru/.
④ Старые газеты：http：//newlit. ru/.
⑤ Известия：http：//izvestia. ru/.
⑥ ТАСС：http：//tass. ru/.
⑦ Комсомольская Правда：http：//www. kp. ru/.
⑧ Звезда：http：//zvezdaspb. ru/.
⑨ Аргументы недель：http：//argumenti. ru/.
⑩ Ежедневный журнал：http：//ejnew. com/.
⑪ Интерфакс：http：//www. interfax. ru/.

抽取，减少因范围、数量和人为等因素引起的不必要误差，使自建语料库中语篇的情况尽可能地接近自然语言中的实际情况，研究结果才能做到尽量反映语言使用的真实情况。

收集来作为研究对象的库中语篇的数量，统计学上称为样本数或样本容量（объем выборки，sample size），指从总体中抽取出来的抽样观察单位的数目①。必要的样本单位数量不仅是保证样本具有充分代表性的基本前提，也是保证抽样误差不高过某一给定范围的重要因素之一。假设检验中的样本容量理论上越大越好，但实际上在绝大多数的研究中都是不可能做到无穷大的，因此样本容量地选择合适就好——既能满足研究中统计运算的需要，又能减轻收集数据时的各种困难。由于需要把建库的工作量控制在一定的范围内，因此本小型语料库的基本样本容量设计思路为必须满足统计学中的最小样本容量。所谓最小样本容量，即从统计学中普通最小二乘法原理出发，欲得到参数估计量所要求的样本容量的下限，其数量表述公式为：n≥k+1，其中 k 为解释变量（即自变量）的数目。但需要使用统计模型进行运算时，一般认为样本容量需要 n≥30 或至少要满足 n≥3(k+1）的条件②。基于以上统计学要求，小型自建语料库中各语篇的最终样本容量分别为：文艺语体语篇30，政论和科学语体语篇各20。也就是说，文学语体语篇的研究可以基本不受限制地使用各种统计学方法进行运算，而政论和科学语体在进行各自的统计学运算时解释变量（自变量）的数量必须小于等于5.7(k≤5.7），即解释变量的数量最多只可以有 5 个。

根据本书的研究目标，兼顾文艺、政论、科技三种功能语体各自的体裁和类型，我们把自建小型语料库中语篇长度的界限设定为至少大于300词次，最大不超过 3 万词次。语篇长度界限之差之所以界定的比较大，是因为文艺语体语篇一般都比较长，一个故事（рассказ）通常至少也要千字左右，更不要说大部头的长篇小说（роман），3 万词次的长度几乎是中篇小说的界限；而科技语体和政论语体的语篇相对于文艺语体语篇来说，一般要短得多，300 词次以上的语篇基本可以满足研究目标。建库后依据统计

① 参阅：耿修林．社会调查中样本容量的确定［M］．北京：科学出版社，2008：3.
② 参阅：http://www.edu24ol.com/web_news/html/2013-3/20130307013907_1649.html.

数据可知，整个语料库的总词次为175770，其中文艺语体语篇的总词次为120749，语篇的平均长度约为4025；政论语体语篇的总词次为21316，语篇的平均长度约为1066；科技语体语篇的总词次为33705，语篇的平均长度约为1685。自建语料库中文艺语体语篇和政论语体语篇全部为完整语篇，没有删减；科技语体语篇中有少数语篇是从专业书籍、教材、教辅材料中随机节选的完整章节。

（二）语料的标注

如前第一章所述，语料库中语篇的标注是建库工作的重中之重。本小型自建俄语语料库的具体标注类型有两种，即语篇元标注和面向研究问题的标注。其中语篇元标注模式参考了 TEI 标注模式，元标注信息包括语篇编号、功能范围、语篇题目名称、作者信息、词次、语篇来源、语篇类型等 11 项。详细的元标注信息及其符号如表 3–5 所示。

表 3–5　　　　　　　　语料库元标注信息及标注符号表

序号	标注符号	标注符号的含义	序号	标注符号	标注符号的含义
1	SN	语篇编号 номер текста/ serial number	7	ST	语篇来源 источник текста/ source of text
2	FS	功能范围 сфера функционирования/ functional style	8	TT	语篇类型 тип текста/ type of text
3	TITLE	语篇题目名称 название текста/ title	9	NC	字符数（不含空格） словоформ/ number of characters
4	GT	语篇体裁 жанр текста/ genre of text	10	AU	作者 автор/ auther

续表

序号	标注符号	标注符号的含义	序号	标注符号	标注符号的含义
5	THT	语篇主题 тематика текста/ theme of text	11	SEX	作者性别 пол автора/ sex
6	DP	发表的时间 дата публикации/ published date			

在元标注符号下具体的内容使用阿拉伯数字来继续标示，例如"＜GT6＞"表示该文本的体裁为科幻作品。小型自建语料库中每个语篇完整的元标注系统包括 10 项，例如"＜SN 7＞＜FS 1＞＜GT 3＞＜DP 1903＞＜ST 4＞＜TT 1＞＜NC 3084＞＜AU Л. Н. Толстой＞＜SEX 2＞＜TITLE После бала＞"表示该语篇的编号为 7，功能范围是文艺语体，体裁为爱情故事，来源为书籍，词次（字数）为 3084 个，作者是列夫·托尔斯泰，作者性别男，语篇题目名称为《舞会之后》。参照俄语国家语料库的元标注系统，我们在政论和科技语体的元标注体系中把"语篇体裁"调整为"语篇主题"，即把＜GT＞项替换为＜THT＞项，例如"＜SN 8＞＜FS 3＞＜THT 2＞＜DP 2008＞＜ST 1＞＜TT 4＞＜NC 1698＞＜AU Т. А. Морозова＞＜SEX 1＞＜TITLE Историосемантика и символика красного цвета в китайском языке ＞"，其中第 3 项"＜THT 2＞"，表示语篇主题为艺术和文化。详细的元标注系统中数字所代表的含义可参见书附录Ⅰ。

小型自建俄语语料库中关于语料的内容标注只有一种类型，即面向研究问题的标注。常见的词性标注、原形标注、句法标注、语义标注等标注类型在小型自建俄语语料库中没有标示，这不仅是因为减少一些标注可以节约时间和成本，更重要的原因是语篇范畴的研究主要关联的是语篇层次，因此只对所要研究问题的相关元素——语篇层面的有关信息进行标注即可，不需要覆盖文本所含有的全部语言信息。此外，面向研究问题的标注在选择标注符号时拥有很大的自由度，只要这些符号能够相互区分，显示出各自的差异和特征即是成功的。为了研究加里别林提出的语篇范畴理论中的语义独立片段、回溯与前瞻在文艺语体、政论语体和科学语体语篇中的类型、特点和规律，我们设计了表 3 - 6 所示的语篇范畴标注符号表。

表 3 - 6 语料库语篇范畴标注表

序号	标注符号	标注符号的含义
1	yyzp	语义独立片段——作者箴言性评述
2	yyrp	语义独立片段——作品中人物的箴言性评述
3	yyrx	语义独立片段——作品中人物的心理活动
4	yyys	语义独立片段——引述的内容
5	yych1	语义独立片段——作者的插话或题外话
6	yych2	语义独立片段——作品中人物的插话或题外话
7	yyjs	语义独立片段——介绍性语义独立片段
8	hscc	回溯——关键性事物引起的回溯
9	hsjs	回溯——介绍性回溯
10	hsfx	回溯——非现实性回溯：梦境、幻觉、想象
11	hsys	回溯——引述或引用的话语或思想
12	hstd	回溯——推断、揣测或还原已发生事件的缘由或经过等
13	hshy	回溯——回忆性的回溯
14	qzfy	前瞻——符合预期性的前瞻
15	qzfyc	前瞻——陈述式的符合预期性前瞻
16	qzfym	前瞻——梦境式的符合预期性前瞻
17	qzfyx	前瞻——心理活动式的符合预期性前瞻
18	qzfyt	前瞻——推测式的符合预期性前瞻
19	qzfyg	前瞻——感觉式的符合预期性前瞻
20	qzfys	前瞻——事件预示式的符合预期性前瞻
21	qzfyy	前瞻——暗示或隐示的符合预期性前瞻
22	qzfyj	前瞻——计划式的符合预期性前瞻
23	qzgy	前瞻——辜负预期性的前瞻
24	qzgyc	前瞻——陈述式的辜负预期性前瞻
25	qzgym	前瞻——梦境式的辜负预期性前瞻

序号	标注符号	标注符号的含义
26	qzgyx	前瞻——心理活动式的辜负预期性前瞻
27	qzgyt	前瞻——推测式的辜负预期性前瞻
28	qzgyg	前瞻——感觉式的辜负预期性前瞻
29	qzgyy	前瞻——暗示或隐示的辜负预期性前瞻
30	qzgyj	前瞻——计划式的辜负预期性前瞻
31	qzzw	前瞻——展望性的前瞻
32	qzzwy	前瞻——预测或预言式的展望性前瞻
33	qzzwg	前瞻——警告威胁式的展望性前瞻
34	qzzwj	前瞻——假设式的展望性前瞻
35	qzzwc	前瞻——憧憬或开放式的展望性前瞻
36	qzzwd	前瞻——建议、对策或解决方案式的展望性前瞻
37	qzzwh	前瞻——计划式的展望性前瞻

表3-6中的标注符号实际上是对语料库中语料进行两次标注后所使用的全部标注符号。由于语篇层面的语料库建设和标注是创新事物，没有成例可循，所以在对小型自建语料库进行初次标注时，依照的是加里别林语篇范畴理论中对语义独立片段、前瞻和回溯范畴的粗略划分。初次标注语料完成后，在对所标注语料进行研究时发现，除了加里别林提出的三个语篇范畴各自所具有的表现形式（类型）外，还存在着其他表现形式。因此对语料库中语料进行细致观察后，结合加里别林提出的表现形式，我们对语义独立片段、前瞻和回溯分别进行了详尽的第二次标注，再次标注的目的是把三个语篇范畴的具体表现形式做了详细的区分。

由于目前还没有语篇层面的机器标注工具，而且是针对研究目标、自由度比较大的标注，因而小型自建俄语语料库中的全部文本语料均由书作者一人通过手工操作完成。益处是手工标注参与的人员越少越可以减低一些由于认识或理解不同而带来的误差，不利之处也显而易见，需要的时间比较长，而且对某些语例的判定可能带有一定的个人主观性，但这是手工标注不可避免的，补救措施也只能是更加认真地、尽可能地用客观态度来识别、判定和标示。

本 章 小 结

　　语料库的研究方法的直接哲学基础是诞生于古希腊的经验主义。纵观西方哲学发展史，经验主义与同样起源于古希腊的理性主义一直在不断的冲突，它们的主要思想随着两类学者的论辩逐渐渗透到大多数语言学的研究领域里，并几乎贯穿在全部的语言学研究过程中。进入 20 世纪后，随着理性主义逐渐发展成为科学的理性主义，经验主义逐渐浸润上理性主义因素，两者出现了日趋明显的并存与融合趋势。受这种趋势的影响，目前的语言学研究一般需要同时兼顾内在的直觉与外在的言语事实，既关注内省，也重视通过观察而得来的自然语料。

　　现阶段语言研究领域中比较有代表性的融合了理性主义与经验主义思想的新兴学科是语料库语言学。语料库语言学不仅继续深化语言学已有的基本理论，重视语言学中的基本问题；而且随着计算机和自然语言处理技术的进步，语料库建设的深度和广度也有了长足的发展。语料库的研究方法是一种典型的自下而上的研究方法，依据各种研究对语料库的依赖程度，可以把它细化分三类，即语料库指导的方法、基于语料库的方法和语料库驱动的方法。语料库指导的方法主要用于教材编写与教学过程，对语料库的依赖是间接性的，其余两种方法都直接利用语料库来对语言学课题进行研究，其中基于语料库的方法是一个典型的假设验证过程，而语料库驱动的方法则主要针对语言描写。除上述三种方法外，还新近出现了一种被称为语料库例证法的研究方法，该方法遵循的是自上而下的研究思路，但使用从语料库获取的语料来支持自己的研究。

　　基于语料库的研究方法的本质是实证性研究在语料库语言学领域的延伸和应用。实证性研究是一种由来已久的研究范式，诞生于培根的经验哲学和牛顿—伽利略的自然科学研究思想，后经法国哲学家孔德的倡导，在 19 世纪末以后最终成为重要的科学研究方法之一。由于实证性研究具有程式性的研究过程，以其为基础的基于语料库的研究方法也有相对固定的研究程序，即提出研究假设、确定分类系统与操作方案、选定或建立合适的语料库、对数据进行统计分析、解释数据结果、作出结论。

现在世界范围内已建成的绝大部分语料库遵循的都是词汇主义思想，这些语料库对能转化为词层面的研究十分合适。但当研究上升到更高层次，例如语篇层面时，这些已有的语料库就可能不再适用，这时可以创建面向自己研究题目的语料库。大量的理论研究和实践探索表明，依照常规的建库原则，采用科学的建库方法和程序，可以使自建的小型语料库也同样具有代表性。虽然小型自建语料库的理论和实践目前还存在着一些问题，但国内通过各种类型自建语料库进行的研究越来越多，成果也逐年上升。目前在这一领域，英语学界成果丰厚，研究深度和广度均走在前列，汉语学界紧跟其后，而俄语学界还相对比较薄弱。

遵照创建语料库的一般原则、方法和步骤，我们建设了一个总词次超过 17.5 万、拥有 70 篇文本（30 篇文艺语体文本、20 篇政论语体文本和 20 篇科技语体文本）、用于研究语篇范畴的小型俄语语料库。库中语料大部分来源于二十几个常用俄文网站随机下载的公用语篇，少数语料是从国内著名出版社出版的俄语教材和教辅材料中随机选用的语篇。小型自建俄语语料库的全部语料通过手工操作方式进行了文本标注和面向研究问题的标注。

第四章

基于新建俄语语料库的
语篇范畴研究

和任何研究一样，语言学研究的目的也是为了探讨和说明问题，以便更加深入的了解事物或现象的本质及其相互关系。基于语料库的研究不使用利用直觉得来的语例，而是使用大量随机收集的自然语料。通过把这些自然语料的观察转化为数据并对数据进行统计分析来实现对所要研究事物或现象定性和定量的分析，以此来保证研究具有科学性和准确性。

第一节 基于新建语料库的语义独立片段范畴研究

语义独立片段是加里别林语篇范畴理论中最重要的基本范畴之一。在形式上它与语篇的其他部分浑然天成、融为一体，不易察觉；但在表现语篇主题上，它不仅是理解语篇内容的重要组成部分，而且其意义往往延伸至语篇之外，常常获得超语境力量。研究语义独立片段不仅能增强对语篇的理解和鉴赏，也可以提高个人写作时的谋篇能力，而且对探讨语篇形式和内容的关系也具有积极意义。

一、语义独立片段范畴的研究现状

虽然对语义独立片段的命名有所区别，例如"可自我理解的部分"

（самопонятные части）①、"自由句"（свободные предложения）②、"特殊结构体"（особые композиционные блоки）③ 等，但对这种存在于语篇中的现象，除了加里别林外，在俄罗斯也被许多其他语言学研究者所关注。他们完全赞同加里别林的观点，认为语篇中确实存在着一些带有一定独立性的成分，脱离上下文也能够很好地理解；在形式上它们通常可以表现为一些地位特殊的句子、超句统一体、段落甚至章节；在内容上常常与语篇的其他部分交织在一起，用或明显或隐蔽或半隐半显的方式来体现作者的创作意图。这些学者对语义独立片段的认识虽然并没有突破加里别林的分析和研究，但在一定程度上凸显了语义独立片段范畴对于研究语篇的重要性，也从侧面丰富了语篇范畴的研究。

我国学者对语义独立片段范畴的研究还相当稀少，在中国知网"期刊"全文数据库中，将检索项设定为"篇名"，检索词设定为"语义独立片段"，在不限时间的范围内进行检索，共查询到两篇文章：中央民族大学学者安利④和黑龙江大学林超⑤各一篇文章。安利在文章中主要分析了语义独立片段的表现形式、功能类型以及谋篇功能。她认为根据语义独立片段的表现形式，可以把它大约划分为三种类型，即作者言语、人物言语和非纯直接引语。作者言语是指作者为了表达自己的观点或思想而在叙事过程中悄无声息加入的议论性话语。有些时候，作者为了拉近读者与自己的距离，也通过作品中人物之口讲述一些体现作者理念或思想而带有哲理性的话语，这就是人物言语表现的语义独立片段。此外，表面上是作者言语，但本质上更接近人物言语的非纯直接引语是介于作者言语和人物言语之间的语义独立片段表现形式。关于语义独立片段的功能，安利认为，在文学语篇中体现为四种类型，即突出主旨、抽象概括、交代背景以及增添

① Лукин. В. А. Художественный текст: Основы лингвистической теории и элементы анализа: Учеб. для филол. спец. вузов［M］. М., Издательство《Ось – 89》, 1999: 48.

② Лосева Л. М. Как строится текст: Пособие для учителей［M］. Под ред. Г. Я. Солганика. М., Просвещение, 1980: 69.

③ Матвеева Т. В. Функциональные стили в аспекте текстовых категорий: Синхронно-сопоставительный очерк［M］. Свердловск, Изд. Урал ун-та, 1990: 34.

④ 安利. 论语篇的语义独立片段［J］. 中国俄语教学, 2009（2）: 21 – 25.

⑤ 林超. 图书辅文题首研究［J］. 中国俄语教学, 2010（1）: 86 – 90.

情趣。语义独立片段的这四种功能可以表现在语篇的关键环节上，即文章的开篇、收尾、过渡以及形成照应之时，也就是说，语义独立片段在文学语篇中表现布局谋篇作用时位置是相对自由的，并不固定。林超在图书辅文表现形式和主要功能的研究中发现，题首独立于语篇结构，既具有相对的自主性，又带有语义的从属性，是一种重要的语义独立片段类型。

综上所述，国内外学者对语义独立片段范畴的研究还处于起步阶段，比较薄弱，而且都是围绕着加里别林思想展开的，主要是通过直觉和自省，在文学语篇中寻找到适合于研究的语料来探讨语义独立片段的定位、表现形式以及功能类型，体现为典型的以理性主义为指导的研究思路。

二、语义独立片段范畴的描述性分析

对语义独立片段的研究可以从两方面入手，一方面是对它进行描述性分析，另一方面是对它进行统计学分析。描述性分析可以对语义独立片段进行比较全面的理论分析和静态描写，使研究者对研究对象有充分的质上的了解。利用语料库对研究对象进行统计学分析，不仅可以深化和验证它在质上的研究，也可以探索其数量特征和影响因素。

（一）语义独立片段的表现形式

我们在第二章对加里别林语义独立片段范畴进行理论研究时曾提到，加里别林认为语义独立片段的表现形式主要有三种，即箴言性质的简短插话、作者的思考和引述①。但在对自建小型俄语语料库中语料进行标注时我们发现，该范畴的表现形式不止这三种。结合加里别林和我国学者安利的分类方法，可以把语义独立片段的表现形式或类型划分为七种。

第一种类型，作者箴言性质的评述。加里别林把这种表现形式称为

---

① Гальперин. И. Р. Текст как объект лингвистического исследования. М. : Наука, 1981: 99 – 100.

"箴言性质的简短插话"①，安利把它叫做"作者言语"②。不论如何命名，从言语类型视角来看，语义独立片段的这种表现形式一般都是语篇作者在叙述中悄无声息插入的议论，自然而然地表现出作者的观点和态度。例如：

（1）<u>Дела звали к жизни.</u> Скоро Матрена начинала вставать, сперва двигалась медленно, а потом опять живо.（出自自建语料库文学语体—语篇5）

（<u>事情还得做，生活还得过。</u>玛特廖娜很快开始站起来了，先是慢慢地移动，后来又逐渐活动起来。）③

由于一个人居住，忙碌的生活常使年纪已经很大的玛特廖娜病倒，一病倒就需要躺上一两天。作者在描写她病好之前，发出感慨，是必须要做的事情促使她很快好起来。一方面，这句话完全可以独立存在，成为一句阐释性很强的箴言——劳动会使人焕发活力；另一方面，它与语篇中的语境以及作者的观点也相互映衬——玛特廖娜是个勤劳的人，作者通过赞美这个勤劳的俄罗斯老太太，来歌颂所有俄罗斯农村的普通劳动者。

（2）Герой Безрукова решительно покоряет зрительские сердца. Да и почему бы нет, за что его винить-то? Разве что за неумную мальчишескую злость в дневнике. Ну ведь в самом деле: <u>с волками жить—по-волчьи выть. С петухами—по-петушьи кукарекать.</u> Так жизнь устроена, все это понимают, а вот злиться—нехорошо.（出自自建语料库政论语体—语篇11）

（别兹鲁科夫扮演的角色完全征服了观众的心。为什么不能这样，这怎么能怪他呢？难道因为日记中不讲道理、孩子气的恶意。原本应该是这样的：<u>和一群狼生活就要像狼那样嗥叫，和一群公鸡生活就要像公鸡那样喔喔叫。</u>生活就是这样安排的，所有人都明白这点，因此而愤怒就不太好了。）

① Гальперин. И. Р. Текст как объект лингвистического исследования. М. : Наука, 1981：99.
② 安利. 论语篇的语义独立片段 [J]. 中国俄语教学，2009（2）：22.
③ 本节中例句（1）、（9）、（11）、（13）和（14）的译文参考了《俄罗斯短篇小说选读》（刘永红、袁顺芝编著，武汉：武汉大学出版社，2010）中的翻译，例句（5）的译文参考了《布尔加科夫中篇小说：狗心》（张建华主编、吴泽霖译，北京：外学教学与研究出版社，2006）中的翻译，例句（6）的译文参考了《布宁短篇小说选》（张建华主编、陈馥译，北京：外学教学与研究出版社，2006）中的翻译，其余的例句为本书作者所译。

　　别兹鲁科夫扮演的剧中角色并不完美，有被生活环境浸染上的缺点，但观众非常喜欢这个舞台角色。作者在评论这个舞台角色时，植入了自己的观点："和一群狼生活就要像狼那样嗥叫，和一群公鸡生活就要像公鸡那样喔喔叫"。人为了活着而迫使自己向环境妥协，这在某些时候是个必然的选择，带有一定的公理性质。此外，在本语篇的语境中，这句话也指明了别兹鲁科夫所扮演角色性格特征的成因，因此具有了篇内和篇外的双向联系。

　　第二种类型，作品中人物的箴言性评述。在语篇中作者经常会借助所塑造人物之口来表达自己的想法，有些时候这些人物话语会带有一定的哲理性，反映出作者的理念。安利称这种表现形式为"人物言语"[①]。例如：

　　（3）—И тебе попадёт.

　　—Я знаю, —спокойно сказал Дубок. —И Валерий Чкалов тоже знал. Подвиги всегда совершаются не по правилам…Нет такого правила, чтоб человек шёл на верную смерть.

　　Директор вдруг перестал шуметь…. （出自自建语料库文学语体——语篇22）

　　（"你会挨批的。"

　　"我知道，——杜波科平静地说。——瓦列金·奇卡洛夫也知道。功勋通常都不是靠遵守规则建立起来的……也没有一种能让人必死无疑的规则。"

　　校长突然沉默起来。）

　　杜波科是个一心想要建立卓越功勋的少年，他想学习当时的跳伞英雄瓦列金·奇卡洛夫，于是偷偷潜入跳伞训练场，趁着傍晚无人时分自己跳伞，结果没有成功，在塔架上挂了一晚上，天亮被人发现才获救。校长因此而严厉地训斥他，他说了上面的一席话，校长沉默了，而后向他讲述了自己少年时代的冒险经历。因此，这句杜波科对功勋的理解不仅反映了杜波科本人的想法，解释了他的莽撞行为，也是作者对功勋的认知，它同样也会使读者深思，带有一些观念性的东西。

　　（4）"…Какая же это традиция? Я так понимаю: шахтёрские традиции—это то лучшее, что накопили шахтёры за много лет, чем гордится всё

---

① 安利. 论语篇的语义独立片段 [J]. 中国俄语教学, 2009（2）：22.

шахтёрское племя."（出自自建语料库政论语体——语篇6）

（"…… 这个传统是什么呢？我是这样理解的：矿工的传统就是所有矿工多年积累并为之骄傲的那些最好的东西。"）

这是一个获得苏联红星劳动奖章的老矿工在座谈会上向年轻矿工讲述革命前矿工生活以及针对当时矿场中出现的一些不良风气所说的画龙点睛之语。这句话不仅是一个没有受过教育的老矿工对革命前饱受苦难的工友们伟大精神的总结，也是对当时出现的各种伪矿工传统的反击，自然而然地表达了作者的观念，同时也促使后来阅读的人思考有关矿工的传统、各行各业的传统等等，获得了某些独立于语境的意义。

第三种类型，作品中人物的心理活动，也就是我国学者安利称之为"非纯直接引语"[①] 的那种类型。它介于作者语言和作品人物言语之间，表面属于作者的叙述部分，却是从作品中人物的角度来阐述，因此既带有人物内心独白的性质，又有作者的痕迹，常常会引起读者的篇外联想和思考。此外需要说明的是，根据自建语料库中的语料，语义独立片段的这种表现形式只发生在文学语体语篇中，库中政论和科技语体共40篇文本中没有出现一例，由此可以猜测，这种表现形式出现在非文学语体语篇中的概率应该是非常低的。试举如下例证说明它在文学语体语篇中的情况：

（5）А вы думаете, я сужу по пальто? Вздор. Пальто теперь очень многие и из пролетариев носят. Правда, воротники не такие, об этом и говорить нечего, но всё же издали можно спутать. А вот по глазам—тут уж и вблизи и издали не спутаешь. О, глаза значительная вещь. Вроде барометра. Всё видно у кого великая сушь в душе, кто ни за что, ни про что может ткнуть носком сапога в рёбра, а кто сам всякого боится. Вот последнего холуя именно и приятно бывает тяпнуть за лодыжку. Боишься-получай. Раз боишься-значит стоишь… （出自自建语料库文学语体——语篇27）

（你们以为我是从穿的大衣看人？瞎说，穿大衣的现在多着呢，有的无产者也穿。的确，领子不是这样儿，这没什么好说的，不过从远处，还是

---

① 安利. 论语篇的语义独立片段 [J]. 中国俄语教学，2009（2）：22.

会认错人。看人要看眼睛，那么你就无论远近都不会认错了。噢，眼睛是个了不起的东西，像个晴雨表，谁胸怀坦荡，谁会无缘无故地用靴子尖儿踢你的肋骨，谁什么事都害怕，眼睛全表露得明明白白。在那种怕事的胆小鬼的脚踝上咬一口，那才开心哩。你害怕，那就咬你。既然你怕，就说明你该挨咬……）

　　表面上这是名字叫沙里克的流浪狗对怎样识别人的经验之谈，但实际上是作者通过狗眼看人类社会，用类似狗的内心独白的方式陈述自己对当时苏联社会的观点和态度，作品中狗的想法和作者的叙述交织在一起。更令人关注的是，叙述的内容同时还含有"眼睛是人类灵魂窗口"的一般性认知，带有某些公理性，从而获得了篇外联系。

　　（6）Что Дымов? Почему Дымов? Какое мне дело до Дымова? Волга, луна, красота, моя любовь, мой восторг, а никакого нет Дымова…Ах, я ничего не знаю…Не нужно мне прошлого, мне дайте одно мгновение…один миг!

　　У Ольги Ивановны забилось сердце. Она хотела думать о муже, но всё ее прошлое со свадьбой, с Дымовым и с вечеринками казалось ей маленьким, ничтожным, тусклым, ненужным и далеким-далеким… <u>В самом деле: что Дымов? почему Дымов? какое ей дело до Дымова? Да существует ли он в природе и не сон ли он только?</u>（出自自建语料库文学语体——语篇25）

　　（"德莫夫怎么啦？为什么要提德莫夫？德莫夫关我什么事？伏尔加河，月亮，美景，我的爱，我的激情，可就是什么样的德莫夫都没有……啊，我什么也不知道……我不需要过去的事，只求给我短暂的一刻……一个瞬间！"

　　奥尔加·伊凡诺夫娜的心怦怦跳起来。她希望想念丈夫，然而既往的一切，连同婚礼、德莫夫和晚会，在她看来似乎显得很渺小，不值一提，模模糊糊，毫无用处而且显得遥远又遥远……<u>事实上：德莫夫怎么啦？为什么要提德莫夫？德莫夫关她什么事？再说大自然里究竟存不存在他这个人，他是否只是一个梦？</u>）

　　在船上当画家勾引奥尔加·伊凡诺夫娜时，一开始她想到丈夫时用的是"我"——"德莫夫关我什么事"、"我的爱"、"我的激情"，但后来就既像是努力与丈夫撇开关系的奥尔加·伊凡诺夫娜的内心独白，又像是悄然变换人称的作者叙述，与语篇中女主人公内心挣扎的情境隔离出一段模糊的距离，从而带有一些独立意义。

第四种类型，引述的内容。在文学、政论、科技语体的语篇里都可以出现引述他人话语或观点的情况，一方面，这些引述的内容或是丰富了语篇的内容，或是证实了作者的观点，或是作为被驳斥的观点，而和当前语篇内容紧密相连；另一方面，它们的出现使当前语篇和来源语篇之间产生了联系，具有互文性，因而获得了篇外联系。例如：

（7）В своем отделении я стараюсь, чтобы медицинские сёстры следовали словам Флоренс Найнтингейл, сказанным ею почти сто лет назад и которые не потеряли актуальность по сей день: 《Сестра должна иметь тройную квалификацию: сердечную—для понимания больных, научную—для понимания болезни и техническую—для ухода за больным》. （出自自建语料库科技语体——语篇16）

（在我的科室，我努力使护士们执行弗洛伦斯·南丁格尔在一百年前说过的话，这些话在今天也没有失去其现实意义："护士必须具备三种技能：理解病人的心灵技能，了解疾病的科学技能以及护理病人的技术技能。"）

这是一位拥有丰富工作经验的护士长所做的工作总结中的一段话。在这里她引用了南丁格尔的名言，使工作总结有理有据，更加夯实有力；同时，引用的名言属于南丁格尔，本身带有很强的篇外联系，因此引述的内容获得了很大的独立意义。

（8）Николай Петрович Аксаков в своей, к счастью, …не одобренной начальством, статье（Русск. дело；89 г.，№ 6）вознегодовал на сословную реформу графа Дмитрия Андреевича Толстого.

《У нас не было настоящего дворянства，—говорил он．—Что такое русское дворянство? Оно больше ничего，как наследственное чиновничество》．《Екатерина Ⅱ только причислила коренные древние роды к тем новым родам дворянским，которые таковыми стали вследствие пожалования или выслуги．Моему роду（Аксаковых）600 лет，а мне только позволено быть наравне с Меншиковыми，Кутайсовыми и т. д.（出自自建语料库政论语

体——语篇1)

（幸运的是，尼古拉·彼得洛维奇·阿克萨科夫在自己不被官方赞同的文章（《俄罗斯事务》；1889 年，№6）中对德米特里·安德烈耶夫·托尔斯泰伯爵的庄园改革表达了愤慨。

"我们没有真正的贵族"，他说，"什么俄罗斯贵族？除了继承的官僚习气，其他什么都没有"。"叶卡捷琳娜二世把世居本地的古老世袭贵族等同为那种因为赏赐或功劳而册封的新贵族"。"我的血统（阿克萨科夫家族）已经有 600 年历史了，却只能被等同于缅什科夫家族、库塔伊索夫家族"等等。）

作者引述了尼·彼·阿克萨科夫于 1889 年发表在《俄罗斯事务》第六期文章的内容，并以此来证明自己的观点。这些引述的内容当然是当前语篇论据的重要组成部分，但同时它与引述内容的来源语篇之间具有互文性，使得当前语篇引述的内容同时获得篇内与篇外的双向联系，构成了相对独立性。

（9）На столе действительно лежала раскрытая книга. Кузьмин встал, наклонился над ней и, прислушиваясь к торопливому шёпоту за дверью и шелесту платья, прочел про себя давно забытые слова:

И невозможное возможно,

Дорога дальняя легка,

Когда блеснёт в дали дорожной

Мгновенным взор из-под платка… （出自自建语料库文学语体——语篇4)

（桌子上放着一本打开的书。库兹明站起身来，一边弯下腰看书，一边细听门后急促的低语和衣服的簌簌声，默读起早已忘却的句子：

不可能的事情却可能，

道路很远却很轻松，

在路的远处闪耀着

头巾下瞬间的目光……）

库兹明在战友前妻家读诗是当前语篇中的一个情节，但引述的这首诗歌实际上是阿·阿·博罗克（А. А. Блок）在 1908 年写的诗歌《俄罗斯》

（《Россия》）中的几句。当前语篇《雨蒙蒙的黎明》和博罗克的诗歌《俄罗斯》在此处具有了互文性，引述的诗歌因此兼有篇内和篇外的双向联系，获得了相对独立意义。

　　第五种类型，作者的插话或题外话。这种类型的语义独立片段常常带有比较明显的形式标志，如用括号括起来，或是用两个破折号与其他部分隔开，一般比较容易识别。它既与作者当前叙述的内容有关，也带有一定的篇外联系。例如：

　　（10）Моя жена Е. Г. Боннэр принадлежит к числу многих жертв подобной противозаконной практики（я подробно писал Вам о ее деле）. （出自自建语料库政论语体——语篇10）

　　[我妻子伊·卡·邦奈拉就属于类似这种违法操作的受害者之一（我详细给您写过她的情况）。]

　　这个语篇作者及其全家是当时苏联政府的监控对象，因为妻子生病需要到国外治疗，曾给戈尔巴乔夫写过请求帮助的信件，而后妻子获准出国治病。之后他写了收入自建语料库中的这封公开信，信的内容主要是向戈尔巴乔夫反映一些当时政治犯的情况。在信中，他认为很多政治犯都是法院通过违法的方式逮捕入狱的，上面是其中的一句。在论述政治犯的情况时，为了更有说服力，作者把自己妻子的事情也作为事实论据，括号中插入的话语与谈到妻子的话题语境有关，但说道"我给您写过信"就与当前正在说明的情况没有什么联系了，反而与前面写过的那封信有关，这样就有了篇际联系，获得了一定的独立地位。

　　（11）Она страстно привязалась к Герасиму и не отставала от него ни на шаг, всё ходила за ним, повиливая хвостиком. Он и кличку ей дал—немые знают, что мычанье их обращает на себя внимание других, —он назвал её Муму. （出自自建语料库文学语体——语篇6）

　　（它非常依恋格拉西姆，不离开他一步，总是跟着他，摇晃着尾巴。格拉西姆给它取了个名字——哑巴们都知道，这是他们引起别人对自己注意的含糊声音，——他叫它"木木"。）

　　破折号中间的部分，既与主人公格拉西姆是个残障哑人有关，又与所有残障哑人的情况相符，所以它与语篇内容密切相关，又具有公理意义，获得超出语境的意义。

需要说明的是，语篇中被括号和破折号分割开来的部分并不一定都是语义独立片段，也可能是补充说明，因为它们只与当前语篇内容有关，而无篇外联系。例如：

（12）Если поместить в одном месте какое-нибудь пахучее вещество-жидкое（<u>например, керосин</u>）или твердое（<u>например, нафталин</u>），то запах его распространяется на значительное расстояние.（出自自建语料库科技语体——语篇3）

[如果把某种有浓烈气味的液体物质（<u>例如，煤油</u>）或固体物质（<u>例如，萘</u>）放置在一个地方，那么它的气味会扩散到相当远的距离。]

这里括号中的内容只是对正常论述内容的具体说明，煤油是具有浓烈气味的常见液体，萘是常见的能发出气味的固体，所以它们只有语境内的意义，没有篇外意义，无法获得独立意义。

第六种类型，作品中人物的插话或题外话。与第五种表现形式的识别方式几乎相同，不同的是，发出题外话和插话的主体是作品中的人物，而不是作者。例如：

（13）"…На третьей неделе получаю письмо из Воронежа. Но пишет не Ирина, а сосед мой, столяр Иван Тимофеевич. <u>Не дай бог никому таких писем получать!</u> … Сообщает он, что еще в июне сорок второго года немцы бомбили авиазавод и одна тяжелая бомба попала прямо в мою хатенку. Ирина и дочери как раз были дома…"（出自自建库文学语体——文本11）

（"……第三个星期，我收到从沃罗涅日来的信。但信不是伊琳娜写的，而是我的邻居，木匠伊凡·季莫费耶维奇写的。<u>愿上帝不让任何人收到这样的信！</u>……他在信中说，还在1942年6月，在德国人轰炸飞机制造厂时，一颗重型炸弹笔直落在我家的房子上。伊琳娜和两个女儿正好在家里……"）

上面是主人公索科洛夫对别人讲述的个人经历中的一段。画线的一句话，是索科洛夫在谈到收信、写信人、信的内容时突然加入的一句看似有些离题的感慨，与当时谈论的事情有些距离，但它又是当时说话人针对信件内容真情实感的诚挚流露，因而具有一定的双向联系，获得某些独立意义。

137

第七种类型，插入的介绍内容。这是加里别林在自己的论著中提到、但并没有作为语义独立片段表现形式的一种情况。加里别林说，"某些作者有意破坏语篇结构中各部分的自然顺序，插入一些从整体叙述计划中掉落的个别'语篇块'（куски текста），这些语篇块具有独立性，能够表达独立意义。"① 例如：

（14）… Шампанское сообщило ему расположение к разным экстренностям, а именно: он решил не ехать ещё домой, а заехать к одной знакомой даме, Каролине Ивановне, даме, кажется, немецкого происхождения, к которой он чувствовал совершенно приятельские отношения. Надобно сказать, что значительное лицо был уже человек немолодой, хороший супруг, почтенный отец семейства. Два сына, из которых один служил уже в канцелярии, и миловидная шестнадцатилетняя дочь с несколько выгнутым, но хорошеньким носиком приходили всякий день целовать его руку, приговаривая: "bonjour, papa". Супруга его, еще женщина свежая и даже ничуть не дурная, давала ему прежде поцеловать свою руку и потом, переворотивши ее на другую сторону, целовала его руку. Но значительное лицо, совершенно, впрочем, довольный домашними семейными нежностями, нашёл приличным иметь для дружеских отношений приятельницу в другой части города. Эта приятельница была ничуть не лучше и не моложе жены его; но такие уж задачи бывают на свете, и судить об них не наше дело. Итак, значительное лицо сошел с лестницы, сел в сани и сказал кучеру: "К Каролине Ивановне", … （出自自建语料库文学语体——语篇13）

（……香槟酒使他情绪高涨起来，什么事情都想做，比如：他决定暂不回家，去找一位认识的太太卡洛琳娜·伊凡诺夫娜，好像这位太太是德国人，他觉得跟她有非常好的关系。得交代一下，大人物已经不年轻了，是个好丈夫，是尊敬的一家之主。他有两个儿子，其中一个已经在办公室工

---

① Гальперин. И. Р. Текст как объект лингвистического исследования ［M］. М.: Наука, 1981: 103.

作，还有个讨人喜欢的 16 岁的女儿，鼻子微微隆起，但很好看。孩子们每天都来吻他的手，用法语说着："日安，爸爸"。他的老婆是个容光焕发、智慧过人的女人，她总是先把自己的手伸给他吻，然后翻过手来，再吻他的手。可是，大人物虽然对家庭的温暖很满意，但他认为在城里的另一个地方再交个女朋友也不错。这女朋友一点也不比他的老婆好看，也不比他老婆年轻；可是，这样的难题世上也不少见，评判这些难题不是我们的事。于是，大人物走下楼梯，坐上雪橇，对车夫说："到卡洛琳娜·伊凡诺夫娜家里去"……）

画线的一段话，因为前面有"得交代一下"，后面有"评判这些难题不是我们的事"，明显看得出来是作者打破叙述正常顺序，刻意插入对大人物的一段背景介绍，这段内容对读者理解大人物和语篇主题有非常重要的作用。但另外，这段内容如果被单独拿出来，即脱离上下文，也能够被读者很好地理解，因此它具有一定的独立意义。

从以上对语义独立片段表现形式的划分以及各实例分析可以看出，语义独立片段的认定主要遵循两方面的原则：（1）它是语篇的组成部分，其意义与语篇内容相关；（2）它的意义延伸到语篇以外，拥有超出语境的力量。也即是说，语义独立片段具有语篇内部和语篇外部的双向意义联系。正因为它具有不同程度的篇外意义，因此才能够在语篇内部获得一定的独立地位，成其为"语义独立片段"。

（二）语义独立片段的容量

通常认为，语义独立片段的容量有长有短，短的可以是一个句子，大的可达整个章节，介于之间的还可能有超句统一体和段落。我国学者安利正是这样认识的①。

关于语义独立片段的容量，加里别林在自己的论著中并没有明确阐述，但他有过如下说明："在单句中，其个别成分的语义独立是通过各式各样的插入成分和独立成分来实现的，这些插入成分和独立成分由于在句法和/或内容方面有不同程度的'疏远'而获得独立性。在复句中，语义独立可以

---

① 参阅：安利. 论语篇的语义独立片段［J］. 中国俄语教学，2009（2）：21.

通过各种无连接词的连接方式来实现。句子独立性或从属性的单独研究可以发生在更大的语言单位内：超句统一体和段落中。"① 句子的语义独立可以在超句统一体和段落中被观察到，比句子小的单位的语义独立可以在复句和单句中找到。也就是说，加里别林认为语义独立的成分可以是小于句子的。

自建小型俄语语料库中的语例可以证实加里别林的这个观点。例如本章例句（2）、（4）和（6）中，获得语义独立地位的单位都不是真正完整的句子，而是句子的一部分，即小于句子的单位。此外，短语也可以成为语义独立片段，例如：

（15）Суды никогда не пытались доказать наличие таких целей у обвиняемых по статье 70, как они не пытались доказать заведомой ложности《измышлений》（тоже мне термин）у обвиняемых по статье 190', заменяя обсуждение по существу бесконечно повторяемыми голословными формулировками, а иногда（как в деле моей жены）прибегая к прямому подлогу.（出自自建语料库政论语体——语篇10）

（法院从来没有根据第70条试图证明被告存有这样的目的，就像他们没有根据第190条尝试证明被告的"造谣"（也是被我定义的术语）是明显捏造的一样，他们只会用无休止境重复的没有根据的措辞来代替讨论，而有时（就像我妻子的案件）就采取直接伪造的方式。）

在这段话中，用下画线标出来的部分，属于语义独立片段表现形式中的第五种类型——作者的插话或题外话，并用括号和主要内容相互分开。从句法上看，它是一个比较短语，层级上低于句子，但丝毫不影响它的语义独立地位——所介绍的情况中，作者妻子的经历可作为例证（篇内联系）；妻子的事情已经解决，和当前正在押并在信中作者请求重新审查的政治犯们相互分离（篇外联系）。

综上所述，虽然句子和高于句子层次容量的语义独立片段在语篇中更常见，也更为研究者们所关注，它们更能表达作者的思想，更能突出语篇

---

① Гальперин. И. Р. Текст как объект лингвистического исследования［M］. М. : Наука, 1981 : 98.

主题，对读者理解语篇内容起到更多的作用，但不能否认的是，低于句子层级的语义独立片段也是存在的。

（三）语义独立片段的统计描述

根据自建小型俄语语料库的语料，可以对文学、科技和政论语体各语篇中语义独立片段出现的类型和次数做出统计。因为类型5（作者的插话或题外话）和类型6（作品中人物的插话或题外话）一般都是单句或单句以下的容量，它们一般在表现语篇主题和作者思想方面起到的作用并不十分重要，所以可以把它们合并为一种类型，即插话或题外话，来进行数据统计和运算。表4－1是对自建库中三种语体语篇中出现各类型语义独立片段次数的汇总。

表4－1　　　　　　　　　语义独立片段次数分布表　　　　　　　单位：次

次数＼类型＼语体	类型1 yyzp	类型2 yyrp	类型3 yyrx	类型4 yyys	类型5和类型6 yych	类型7 yyjs	总数
文学语体语篇中出现的次数	89	185	107	33	119	35	568
政论语体语篇中出现的次数	10	1	0	19	48	0	78
科技语体语篇中出现的次数	10	3	0	51	45	3	112
总数	109	189	107	103	212	38	758

由于自建语料库中三种语体的文本数量不同，每个文本的字数不同，此外，还有包括文本创作时间、文本来源等诸多因素的不同，因此表4－1中的数据只能反映库中语义独立片段出现次数的粗略情况，并不能真正说明它在语篇中的分布状态，也就是说，这些数据的意义其实是比较有限的。

在统计学中，一般用两类统计量来反映数据的基本情况，一类，如均值（平均数）、中数和众数等，用来反映数据的集中趋势。所谓集中趋势，就是"数据趋向某一典型值或向其靠拢的程度"①。另一类，如平均差、标准差和方差等，用来反映数据的离中趋势。离中趋势是指"一组数据的变异或离散程度"②。在观测数据时两类统计量需要同时应用的实质在于，在考察一组数据时，既要观察它的趋同性，也要注意它的差异性，只有这样才能真正了解数据反映出来的信息。在集中趋势的计算中，均值一般是最好，也是最常用的集中量数③；标准差则是最经常用于测量离中趋势的量数④。均值的计算方法是：先把数据中所有的数值相加，再除以数值的个数，它可以用公式表示为：

$$\overline{X} = \frac{\sum X}{N} \qquad\qquad (4-1)$$

公式中 $\overline{X}$ 表示均值，X 表示数据中的任何一个数值，N 表示数值的个数。⑤

标准差是用一组数据中各个数值与其均值的平均距离来表示离中趋势的，因为其英文拼写是"standard variance"，所以用 S 来表示，在统计学中它的计算公式为：

$$S = \sqrt{\frac{\sum (X - \overline{X})^2}{N}} \qquad\qquad (4-2)$$

公式中的 X 依然表示数据中的任何一个数值，N 同样表示数值的个数，$\overline{X}$ 表示数据的均值。⑥

根据自建小型俄语语料库的语料情况，如果单独研究某一语体的语篇，可能会遇到语篇样本量较小的困难，毕竟在自建语料库中只有文学语体的

---

① 李绍山．语言研究中的统计学［M］．西安：西安交通大学出版社，2008：27.
② 李绍山．语言研究中的统计学［M］．西安：西安交通大学出版社，2008：38.
③ 参阅：韩宝成．外语教学研究中的统计方法［M］．北京：外语教学与研究出版社，2008：13.
④ 参阅：李绍山．语言研究中的统计学［M］．西安：西安交通大学出版社，2008：50.
⑤ 参阅：韩宝成．外语教学研究中的统计方法［M］．北京：外语教学与研究出版社，2008：13-14.
⑥ 参阅：韩宝成．外语教学研究中的统计方法［M］．北京：外语教学与研究出版社，2008：21-22.

语篇是 30 个，能够基本不受限制地使用各种统计运算，而政论和科技语体的语篇各为 20 个，在统计运算的变量选择上是要受限制的，因此在现阶段可以按照语义独立片段的表现形式主要考察该范畴在语篇中的整体情况。这样，就可以把自建俄语语料库里三种语体每个语篇中各类型语义独立片段的数值输入计算机，按照上述公式进行运算，得到表 4 - 2。

表 4 - 2　　　　　　　　　语义独立片段次数分布的统计运算结果

名称	考察内容	均值	标准差	最小值	最大值
语义独立片段	"语义独立片段"的数量（次）	10.89	15.05	0	94
类型 1yyzp	"类型 1"的数量（次）	1.56	3.50	0	25
类型 2yyrp	"类型 2"的数量（次）	2.71	5.15	0	26
类型 3yyrx	"类型 3"的数量（次）	1.53	3.82	0	19
类型 4yyys	"类型 4"的数量（次）	1.47	3.61	0	21
类型 5 和类型 6yych	"类型 5 和类型 6"的数量（次）	3.00	5.73	0	34
类型 7yyjs	"类型 7"的数量（次）	0.61	1.37	0	7

由于标准差是表示一组数据离中趋势的指标，因此其值越大，说明次数分布的离散程度就越大；其值越小，说明次数分布的离散程度越小，即数据相对比较集中。均值表示一组数据的平均数量，其值越大，说明次数越多；其值越小，说明出现的次数越少。表 4 - 2 中，语义独立片段总的均值为 10.89，说明每个语篇中出现语义独立片段的平均次数约为 10 次多，将近 11 次。只观察集中趋势的量数是不够的，还需要同时观察标准差：15.05，是这一列中最大的数值，说明总的语义独立片段出现的次数分布的离散程度，要比单独某一类型语义独立片段出现的次数分布的离散程度要大得多，也就是说，语篇之间语义独立片段出现次数的差别是很大的——在有的语篇中语义独立片段会出现很多次，但在另一些语篇中则很少出现。参照表 4 - 2 中每种类型的语义独立片段出现次数的最小值和最大值会发现，最小值都为 0，也就是说，自建语料库中每种类型的语义独立片段都有在语篇中不出现的情况；各类型语义独立片段的最大值虽然各不相同，但相对于最小值 0 来说，都很大。最大值和最小值从另一方面证明了标注差

反映出来的数据情况，即语义独立片段出现在不同语篇中的次数，差别很大，非常不平均。

三、语义独立片段范畴的统计分析

语义独立片段在不同语篇中出现的次数是不平衡的，这是对表 4 - 2 的统计数据进行分析得来的信息，那么这种次数分布的不平衡是受哪些因素影响而产生的呢？根据前人的研究实践，结合自建小型俄语语料库的元标注，可以尝试从语篇的功能范围、语篇来源、语篇字数、语篇作者情况、语篇发表的时期等因素来考察语义独立片段次数分布的影响因素。

（一）假设和变量的选取

到目前为止，国内和俄罗斯都还没有对语义独立片段出现次数在影响因素方面的相关研究，因此很难准确判断和选定究竟有哪些因素会影响语义独立片段的出现。从加里别林等一批俄罗斯学者的研究实践来看，他们一般都比较关注文学语体中语篇的语义独立片段情况，因此可以推断，语篇的功能范围可能会影响语义独立片段出现的次数。此外，И. Р. Гальперин 认为各语篇范畴之间不是截然分开、完全独立的，尤其是作者箴言性评述类型的语义独立片段，常常会与回溯、前瞻范畴彼此镶嵌①，也就是说，这三个范畴之间也许存在着一定的关联。根据常识，一般会认为，语篇的篇幅越大，出现语义独立片段的机会可能也会越多。基于以上考量，可以通过验证以下三个假设来尝试分析语义独立片段在语篇中次数分布的影响因素：

假设一，语义独立片段在文学语体、政论语体、科技语体语篇中出现的次数是有差别的，即功能范围会影响语义独立片段在语篇中的次数分布。

假设二，语义独立片段出现的次数与前瞻、回溯出现的次数相关，即语义独立片段范畴与前瞻、回溯范畴具有相关性。

---

① Гальперин. И. Р. Текст как объект лингвистического исследования ［M］. М.：Наука, 1981：100.

假设三，不论属于何种功能范围，语篇的字数越多，语义独立片段出现的次数也会越多。

根据以上三个假设，结合自建小型俄语语料库元标注的实际情况，可以选取功能范围、语篇来源、语篇字数、前瞻出现的次数、回溯出现的次数、作者性别、语篇发表的时间作为自变量。除上述七项外，在自建小型俄语语料库的元标注系统中还有两个标注项，即语篇类型和语篇主题，由于只有文学语体的语篇元标注系统中有"语篇类型"，因此该标注项在自建库的70个语篇中数据不全，缺失太多，不能作为自变量。"语篇主题"标注项也属于类似的情况——它们只出现在科技和政论语体语篇的元标注系统中，也不能作为自变量。① 这样，使用计算机，利用公式（4－1）和公式（4－2）可以把七个自变量的具体定义以及各自的统计运算结果整理成表4－3。

表4－3　　　　　　　　语义独立片段次数分布研究的变量描述

变量名	变量的定义	均值	标准差	最小值	最大值
语义独立片段	语篇中出现"语义独立片段"的数量（次）	10.89	15.05	0	94
功能范围					
文学语体	语篇是文学语体为1，否0	0.43	0.50	0	1
政论语体	语篇是政论语体为1，否0	0.29	0.46	0	1
科技语体	语篇是科技语体为1，否0	0.29	0.46	0	1
语篇来源					
网络	语篇来自于网络为1，否0	0.21	0.41	0	1
杂志	语篇来自于杂志为1，否0	0.16	0.37	0	1
报纸	语篇来自于报纸为1，否0	0.14	0.35	0	1
书籍	语篇来自于书籍为1，否0	0.49	0.50	0	1
字数	语篇的文字数量（字）	3340	4102	325	24565

---

① 在创建小型俄语语料库过程中，对文学语体与政论语体、科技语体语篇采用不同的元标注系统是因为参照了俄国国家语料库的做法，自建语料库的元标注几乎完全沿用了俄语国家语料库的元标注系统。

续表

变量名	变量的定义	均值	标准差	最小值	最大值
前瞻	语篇中出现前瞻的数量（次）	6.34	11.92	0	61
回溯	语篇中出现回溯的数量（次）	12.23	13.47	0	85
性别	男性1，女性0	0.70	0.46	0	1
时期					
沙皇时期	语篇发表时间为沙皇时期赋值1，否0	0.14	0.35	0	1
苏联时期	语篇发表时间为苏联时期赋值1，否0	0.33	0.47	0	1
俄罗斯时期	语篇发表时间为俄罗斯时期赋值1，否0	0.53	0.50	0	1

在表4－3中，语义独立片段是因变量，也就是需要考察的变量；其余的变量都是自变量，即用来解释和说明因变量的变量。从统计学视角看，这七个自变量包含两种类型，一类是数值型的，可以直接测量，如前瞻和回溯，它们可以直接体现为在语篇中出现的次数；字数，可以用每个语篇中文字的数量来测算。另一类是称名型的变量，如功能范围、语篇来源、性别、语篇发表的时间，它们的实质在于命名，是在把个体按照某一特征分成不同的部分，部分之间一般只有异同，无法直接测量。为了研究方便，统计学规定，可以把称名型的变量改造为一个取值为1或0的人为变量，其中"1"表示出现或具备某种属性，"0"表示没有或不具备某种属性。这种取值非1即0的变量被称为虚拟变量（фиктивная переменная，dummy variable），其本质就是一个把数据区分为相互排斥类别的工具。[①] 在表4－3中，称名型的自变量都用"1"和"0"定义后被转变为虚拟变量。例如，功能范围变量中，语篇是文学语体的为1，非文学语体的为0；语篇是政论语体的为1，不是政论语体的为0；语篇是科技语体的为1，不是科技语体的为0。这样定义后，它们和数值型的变量一样，可以进行各种数学运算。

---

① 胡咏梅. 计量经济学基础与STATA应用 [M]. 北京：北京师范大学出版集团，2010：225.

关于表 4－3 中的变量，还需要说明的是"时期"变量。在小型自建俄语语料库的元标注系统中，没有"时期"，只有"发表时间"的标注项。在建库过程中，为了使自建语料库具有尽可能大的代表性，语篇发表时间的限度被界定得十分宽，从 1830～2015 年。不仅如此，因为样本量偏小，为了不使库中语篇集中于某一时间段，在建库语料选择时基本上采用了一种语体中的语篇在一年只选一篇的做法。这些做法有效地保证了自建语料库的代表性，但在对"发表时间"标注项进行虚拟变量转换时，由于时间指标跨度大、各不相同，就不得不对它们先重新分组，然后再进行定义了。1830～2015 的年限基于不同的视角可以有很多种分类，我们根据俄罗斯的历史，采用了一种最简单、笼统的分组方法，即沙皇时期、苏联时期和俄罗斯时期。因为苏联是在 1922 年 12 月 30 日正式成立的，1991 年 12 月 26 日正式解体的，所以可以把这两个事件作为粗略划分历史分期的依据，即 1830～1922 年为沙皇时期，1923～1991 年为苏联时期，1992～2015 年为俄罗斯时期。分组完成后，再根据统计学规则分别定义了它们"1"和"0"的取值，转换为虚拟变量。

（二）计量方法

在统计学中，广义的线性回归模型是进行影响因素分析常用的基本计量方法，根据前面设立所需验证的三个假设，对语义独立片段次数分布的影响因素分析，可以使用普通最小二乘法进行参数估计。普通最小二乘法（метод наименьших квадратов，ordinary least squares，OLS）是由法国数学家勒让德（Adrien－Marie Legendre）最早提出的一种数学优化技术，主要用于回归关系的拟合。其基本思想是，对于一组样本观测值（X_i，Y_i），要找到一条样本回归线，使其尽可能地与这组观测值相互拟合，也就是，基于所有的样本观测值得到误差最小的最佳回归线。[①]

回归分析（perpeccионный анализ，regression analysis）起源于 19 世纪英国生物学家兼统计学家高尔顿（Francis Calton）进行的人类遗传学研究，它是根据相关关系的具体形态，选择合适的数学模式，近似地表达变量间

---

① 参阅：杜江主编．计量经济学及其应用［M］．北京：机械工业出版社，2010：25.

平均变化关系的统计分析方法。线性回归是最常用的一种回归分析，表示自变量和因变量之间存在着近似的线性函数关系。[①] 假设因变量和自变量两者间存在线性关系，用线性回归模型来拟合因变量与自变量的数据，通过确定模型参数就可以得到回归方程。在我们的研究中，把语义独立片段出现的次数设为因变量，用 YY 来表示；用 X 来表示自变量，根据广义的线性回归模型，可以建立我们研究所需的基本模型：

$$YY_i = \beta_0 + \beta_i X_i + \varepsilon_i \tag{4-3}$$

公式（4-3）中，左边的 YY 表示第 i 个语篇中语义独立片段出现的次数。右边的 β_0 是常数项；ε_i 是随机误差项，表示在第 i 个语篇中所有可能存在的误差；X_i 表示第 i 个语篇中影响语义独立片段出现次数的因素，β_i 表示其系数。

在语义独立片段次数分布的影响因素分析中，由于自变量 X_i 包括功能范围、语篇来源、字数、前瞻出现的次数、回溯出现的次数、作者性别和时期，因此，可以将它们代入基本模型，公式（4-3）可被拓展为：

$$YY_i = \beta_0 + \beta_1 FS_i + \beta_2 ST_i + \beta_3 NC_i + \beta_4 QZ_i + \beta_5 HS_i + \beta_6 SEX_i + \beta_7 DP_i + \varepsilon_i$$

$$\tag{4-4}$$

公式（4-4）中，右边各项中的 β_1，β_2，…，β_7 分别表示各影响因素的系数，FS_i 表示第 i 个语篇的功能范围，ST_i 表示第 i 个语篇的语篇来源，NC_i 表示第 i 个语篇的文字数量，QZ_i 表示第 i 个语篇中前瞻出现的次数，HS_i 表示第 i 个语篇中回溯出现的次数，SEX_i 表示第 i 个语篇的作者性别，DP_i 表示第 i 个语篇发表的时间。[②]

在本研究中，基于拓展模型（4-4）的数据计算是利用计算机使用 STATA 软件 10.0 版本进行的。STATA 软件是由美国计算机资源中心（CRC）研制、最早于 1985 年推出的统计分析软件，它和 SPCC、SAS 并称为三大统计分析软件。STATA 不仅包含传统的统计分析方法，而且还收入了近 30 年内发展出来的新方法。此外，它可以通过网络进行实时更新，还

---

① 黄良文主编. 统计学原理 [M]. 北京：中国统计出版社，2004：189-191.
② 用 FS、ST、NC、SEX 和 DP 分别表示功能范围、语篇来源、语篇字数、语篇作者性别和语篇发表时间是根据自建语料库的元标注系统确定的。QZ 和 HS 分别表示前瞻和回溯是根据自建语料库的文本标注符号确定的。

可以根据使用者的需要自行编制程序进行运算。考虑到 STATA 的强大功能，语义独立片段次数分布影响因素的分析选用了它作为运算数据的统计软件。

（三）实证结果

语义独立片段次数分布影响因素的广义线性回归模型的计量结果如表 4－4 所示。首先需要检查观测值的数量，70，说明小型自建俄语语料库中三个功能范围的全部 70 个语篇都是合格样本，没有缺失。再来观察变量名中的"R^2"。R^2 在统计学中被称为判定系数或可决系数（коэффициент определения，coefficient of determination），是通过样本离差平方和与总离差平方和作比来计算的，其数值在 0 与 1 之间，用来衡量回归直线与样本观测值点的拟合程度。回归平方和占总离差平方和的比重越大，回归直线与样本点拟合得就越好。当 R^2 等于 1 时，表示模型与样本观测值完全拟合，虽然这种情况只是理论上的理想状态，但毋庸置疑的是，R^2 越接近于 1，说明模型的拟合优度越高。[1] 在表 4－4 中，根据自建小型俄语语料库数据运算得到的系数值为 0.7402，说明建立的模型与样本数据的拟合程度比较好。

表 4－4　　　　　　语义独立片段次数分布影响因素计量回归结果

变量名	系数值	标准差	T 值	P 值
功能范围（对照组：文学）				
政论	－ 3.5473	3.9814	－ 0.8900	0.3770
科技	－ 3.9847	3.2865	－ 1.2100	0.2300
语篇来源（对照组：网络）				
杂志	－ 6.9294*	3.8815	－ 1.7900	0.0790
报纸	0.3192	4.8015	0.0700	0.9470
书籍	－ 0.9963	3.3322	－ 0.3000	0.7660
字数	4.2742**	1.9952	2.1400	0.0360
前瞻	－ 0.0468	0.1099	－ 0.4300	0.6720

---

[1]　杜江主编. 计量经济学及其应用 ［M］. 北京：机械工业出版社，2010：37.

续表

变量名	系数值	标准差	T 值	P 值
回溯	0.7002 ***	0.1128	6.2000	0.0000
性别	3.7515	2.7251	1.3800	0.1740
时期（对照组：沙皇时期）				
苏联时期	1.2091	3.7288	0.3200	0.7470
俄罗斯时期	6.9183 *	4.1058	1.6800	0.0970
常数项	-32.6897 **	15.1253	-2.1600	0.0350
R^2	0.7402			
观测值数量	70			

注：***、** 和 * 分别表示在 1%、5% 和 10% 的统计水平上显著。

根据设立的三个假设，功能范围变量是我们关注的主要变量之一。表 4-4 中，功能范围变量里，文学语体被设为对照组，政论语体和科技语体计算出来的系数值均为负。这一结果说明，自变量与因变量负相关（негативная корреляция，negative correlation），即它们之间有负向（反向）的影响关系。也就是说，在由文学、政论和科技语体组成的一组语篇中，在其他因素都不变的条件下，政论语体和科技语体的语篇越多，语义独立片段出现的次数会越少。换句话说，在同等条件下，相对于文学语体语篇，政论语体和科技语体的语篇中出现语义独立片段的次数相对比较少；其他条件不变的条件下，文学语体语篇比政论与科技语体语篇会出现更多次数的语义独立片段。这个结论的最终确定还有待观察它们对应的 P 值。P 值是根据 T 值计算得到的随机误差概率，在统计分析中通常被称为显著水平（значительный уровень，significant level）。"显著水平是由研究者决定的。……一般来讲，在自然科学领域，所涉及的变量一般都可以加以精确的度量，而在社会科学领域，所涉及的变量往往与人有关，对它们的测量往往难以达到很高的精确度，因而在前者就可以设定较为严格的显著水平，譬如 0.01，甚至 0.001，而在后者一般定 0.05 就可以了。此外，如果研究的目的只是探索性的，显著水平就可以定得宽松一些，譬如 0.05 或者 0.10。"① 纵观国内外的研究，对语义独立片段次数分布影响因素的分析属于首创，所以可以把其显著水平设定为 0.10。表 4 - 4 中，功能范围变量里，政论语体和科技语体相对于文学语体的 P 值分别为 0.3770 和 0.2300，均大于 0.10，说明它们在 10% 的显著水平上不显著。也就是说，自变量和因变量之间的负向影响关系，在随机误差概率小于和等于 10% 的水平上表现得并不明显。根据功能范围变量的系数值和 P 值，可以得到如下结论：前面设立的假设一不一定成立。虽然在其他条件不变的情况下，文学语体、政论语体和科技语体语篇中出现语义独立片段的次数可能是不同的，但它们之间的这种区别并不明显。

前瞻与回溯同样是我们主要关注的两个变量。观察表 4 - 4 的运算结果可以看到，前瞻的系数值是负的，说明作为自变量的前瞻与作为因变量的语义独立片段之间也是负相关关系，即在其他因素不变的条件下，前瞻出现的次数越多，语义独立片段出现的次数越少。当然这是没有观察前瞻 P 值前的暂时结论。前瞻的 P 值是 0.6720，远大于我们设定的 0.10 的显著水平，因此前瞻出现次数与语义独立片段出现次数的负相关关系在 10% 的显著水平上非常不显著，也就是说，它们之间几乎不存在负相关的影响关系。回溯变量的系数值是正 0.7002，说明该自变量和因变量之间的关系为正相关（положительная корреляция，positive correlation），即在其他因素不变的条件下，回溯出现的次数越多，语义独立片段出现的次数也会越多。还需要查看回溯的 P 值才能最终确定这个结论。回溯的 P 值是 0.0000，不仅在设定的 0.10 的显著水平上显著，甚至在 0.01 的显著水平上显著。回溯变量的计量结果表明，回溯出现次数与语义独立片段出现次数之间存在着非常强的正相关关系。综合前瞻和回溯两个变量的结果，可以作出如下结论：前面设立的假设两部分成立——前瞻与语义独立片段几乎没有什么关系，但回溯对语义独立片段有非常强劲的正向影响关系。

根据第三个假设，还需要观察字数变量。表 4 - 4 中，字数变量的系数值为正 4.2472，这一结果表明，语篇字数与语义独立片段出现的次数呈正

---

① 李绍山. 语言研究中的统计学 ［M］. 西安：西安交通大学出版社，2008：92.

相关。字数变量的 P 值是 0.0360，小于设定的 0.10 的显著水平，说明语篇字数与语义独立片段出现次数在 10% 的显著水平上显著。基于字数变量的系数值和 P 值可以作出这样的结论：在其他因素不变的情况下，语篇字数越多，语义独立片段出现的次数也会越多，也就是说，随着语篇字数的增多，在 10% 的显著水平上，语义独立片段出现的次数也会增多。因此，前面设立的假设三成立。

（四）结论

分析语义独立片段次数分布的影响因素，在国内外均属首次。在没有前人研究经验可以借鉴的条件下，我们根据加里别林等一批国内外学者对语义独立片段范畴的理论研究，尝试设立了三个假设。使用来自于小型自建俄语语料库的数据，利用广义的线性回归模型建立了研究需要的模型，并用最小二乘法做参数估计，应用 STATA 统计软件，我们得到了用来验证三个假设的计量结果。对计量结果进行观察和研究后发现，语义独立片段的次数分布与语篇的功能范围没有明显关系，语义独立片段出现的次数与前瞻出现的次数也没有明显关系，但与回溯出现的次数有非常显著的正向影响关系，即回溯的次数越多，语义独立片段出现的次数也会相应增多；此外，语篇字数越多，语义独立片段出现的次数也会越多。这样，本研究设立的三个假设中，有一个不成立，一个部分成立，一个完全成立。

从功能范围视角观察，目前对语义独立片段的研究主要集中在文学语体语篇上。我们目前的研究结果表明，科技语体和政论语体语篇中的语义独立片段现象也同样值得研究，它们并没有感觉的那样次数稀少和缺少代表性。此外，虽然可以笼统地讲，各语篇范畴间是相互关联的，但本研究的计量结果表明，它们之间的关联性程度是有差别的，有的可能关系非常密切，有的可能不太有什么关系。回溯和语义独立片断密切相关，大概是因为有感而发会引起回溯，回溯发生之后总会引发总结经验或悟出道理。当然这只是一个猜想，需要继续研究来加以验证。

第二节　基于新建语料库的回溯范畴研究

广义来讲，每个语篇都建立在回溯的基础上，因为阅读是不断积累信息的过程，没有前面的信息会很难理解当前的内容。但加里别林语篇范畴理论中的回溯是一种特别的现象，它属于语法范畴，能够故意把读者的注意力引导至上文，使读者关注先前叙述的事实内容信息，并同时能够把先前的内容和当前的内容统摄为一体。因此，回溯范畴是作者构建语篇结构、表现主题思想的重要手段和方法，对它的研究有助于更好地理解语篇形式和内容上的关联，具有重要的语言学意义。

一、回溯范畴的研究现状

目前，国内外学者对语言学中回溯范畴的研究主要集中在两个方面。一个是对其理论的探讨，包括回溯的判定、基本特征、表现形式、作用和功能等；另一个是在对文学作品的时间范畴进行研究时，把它作为一种文学时间的延展方式来看待。

回溯范畴在理论方面的研究至今没有超出加里别林的思想框架，众多学者都是以加里别林回溯范畴理论为中心来进行研究。回溯由事实内容信息引起，其基本特征是时间发生前移，引导读者回顾过去，这是加里别林的观点。[①] 芭比娜（А. Ф. Папина）在此基础上进一步认为，只要时间往回推就构成回溯[②]。但阿尼西莫娃（Е. Е. Анисимова）认为，帕比娜的观点把回溯泛化了。她认为只有在时间回推的过程中出现跳跃才出现回溯[③]。我国

① Гальперин. И. Р. Текст как объект лингвистического исследования［М］М. М.：Наука，1981：105.

② Папина. А. Ф. Текст：его единицы и глобальные категории：Учебник для студентов-журналистов и филологов［М］. М.：Едиториал УРСС，2002：169.

③ Анисимова. Е. Е. Лингвистика текста и межкультурная коммуникация на материале креолизованных текстов［М］. М.：Издательский центр. Академия，2003：36.

学者史铁强和安利比较倾向于后者的观点，他们认为，在语篇叙事中通常会有一个主线推动情节发展，但语篇并不总是呈现为线性，叙事中作者会插入议论或描写，正叙中有时也会加入倒叙，因此语篇中存在着很多方法能让主线推进出现暂停，让叙事放缓，这种连续时空背景下的时间跳跃才是回眸产生的前提①。关于回溯在语篇中的基本形式，学者们几乎都赞同加里别林基于语用目的不同而进行的划分方法②。郭明在论著中曾提出过自己的三类型划分：第一，"恢复读者头脑中已知信息或者表述针对过去的、新的、但对于理解下文必需的信息"；第二，"在新的条件下、在其他语境中，结合已知内容对这些信息进行想象、推理"；第三，"对概念内容信息间接相关的语篇片段进行整合"。③ 把这个三类型划分和加里别林的三类型划分相互对比，基本一脉相承，没有很大区别。

回溯范畴由于与时间概念密切相关，因此也被置于文学时间的领域内进行研究。在文学作品的客观时间模式下，说话人可以自由地对已知事实进行思考或回忆，即，存在着回溯式的时间延伸。回溯式的时间延伸在文学作品中可以表现为作者运用倒叙或插叙的手法把叙述时间置换回过去，这是现实主义文学常用的推进情节的表现方式。④ 它也可以表现为在机械时间坐标轴上的某一个准确位置，即依靠文学作品中人物的理智和主观控制来回忆往事，这时的回溯往往表现为一个意识清晰、思维明确的作品人物有意识和目的地在记忆深处搜索一个确定事件，因此这种回溯具有时间上的客观性和精确性，但却不能体现心理时间的渗透和绵延。⑤ 回溯式的时间延伸还可以构建文学作品的另一层时间，即"意识流动时间"。虽然它同样主要依靠人物的思想和回忆来完成，但它是人物内心心灵时间的延展，是作品中的人物受到外界人或物的刺激后，在不经意间慢慢激活的、沉睡于无意识之中的记忆。这种回溯的时间形式可能是破碎、断裂的，甚至是幻

---

① 史铁强，安利. 语篇的回眸与前瞻［J］. 四川外语学院学报，2008（4）：45.
② 史铁强，安利. 语篇的回眸与前瞻［J］. 四川外语学院学报，2008（4）：46.
③ 郭明. 俄罗斯语言篇章范畴与小说研究［M］. 哈尔滨：黑龙江大学出版社，2012：265.
④ 参阅：车琳. 文学语篇的时间范畴［J］. 中国俄语教学，2013（3）：81－85.
⑤ 参阅：郭明. 俄罗斯语言篇章范畴与小说研究［M］. 哈尔滨：黑龙江大学出版社，2012：107－113.

觉、超理性的，它常常被后现代主义的作家用在"意识流"小说中。①

在回溯范畴的研究中，几乎全部的学者都把文学语体语篇作为研究对象，即使是对回溯理论的探讨，所举证的语例也几乎都是文学作品中的，这不能不说是一个缺憾。在各种语体语篇中进行研究，才能保证对回溯范畴的研究具有普遍意义。

二、回溯范畴的描述分析

在对回溯范畴进行统计分析之前，可以先根据小型自建俄语语料库的标注和库中语例，把它视为描写对象，作一个深入的静态观察。这种观察将有助于加深对回溯范畴概念上的认知，理顺其具体表达类型间的关系。

（一）回溯的表现形式

读者主观性回溯完全取决于读者本身，很难确定和把握，因此，作者客观性回溯才是回溯表现手法主要研究的领域。И. Р. Гальперин 认为作者客观性回溯的主要实现方式是重复，但史铁强和安利②以及孙廷廷③等人的研究表明，除了重复外，一些语义依附成分也对构建回溯叙述空间有所帮助。对小型自建语料库中的回溯语料进行整理、分析后，我们把回溯在语篇中的表现手法划分为六种类型。

第一种类型，回忆性的回溯。这种类型的回溯在文学、政论和科技语体语篇中，均可以出现。这样的回溯一般篇幅比较长，有情节内容，常常使用重复或语义依附成分做话语标记。例如：

（16）—Да что же было?

—А было то, что был я сильно влюблён. Влюблялся я много раз, но это была самая моя сильная любовь. Дело прошлое; у неё уже дочери замужем. Это была Б···, да, Варенька Б···, —Иван Васильевич назвал

---

① 参阅：卢婧. 伍尔夫《到灯塔去》的时间艺术 [D]. 南京：南京师范大学，2005：45 - 49.

② 参阅：史铁强，安利. 语篇的回眸与前瞻 [J]. 四川外语学院学报，2008（4）：47.

③ 参阅：孙廷廷. 现代汉语回溯性话语标记考察 [D]. 武汉：华中师范大学，2012：10 - 22.

фамилию. —Она и в пятьдесят лет была замечательная красавица. Но в молодости, восемнадцати лет, была прелестна: высокая, стройная, грациозная и величественная, именно величественная. Держалась она всегда необыкновенно прямо, как будто не могла иначе, откинув немного назад голову, и это давало ей, с её красотой и высоким ростом, несмотря на её худобу, даже костлявость, какой-то царственный вид, который отпугивал бы от неё, если бы не ласковая, всегда веселая улыбка и рта, и прелестных, блестящих глаз, и всего её милого, молодого существа.

—Каково Иван Васильевич расписывает. (出自自建语料库文学语体——语篇7)

（"到底发生了什么事啊？"

"事情是这样的：当时我正在热恋。我恋爱过多次，可这一次我爱得最热烈。事情早过去了；她的几个女儿都已经出嫁了。她叫波……是的，瓦莲卡·波……，——伊万·瓦西里耶维奇说出她的姓氏。——她到了五十岁还是一位绝色的美人。她年轻的时候，十八岁时，更是十分迷人：高挑修长，苗条匀称，优雅多姿，端庄贤淑，是的，的确是端庄贤淑。她总是身体笔直，仿佛不可能有其他样子，并微微仰起头，这尤显她骄人的美貌和高挑的身材，尽管她身体瘦弱，甚至是瘦骨嶙峋，假如不是她嘴角永远都是愉快的、甜蜜的微笑，和她那迷人的、明亮的眼睛，以及她整个人是那么可爱、年轻，那种高贵威严的风度真的会使人不敢接近她。"

"伊万·瓦西里耶维奇描绘得多么绘声绘色呀。"）[1]

这段摘录来自于列夫·托尔斯泰的短篇小说《舞会之后》。在短篇小说中，受众人敬重的伊万·瓦西里耶维奇为了证明所有的事情在于偶然，而与环境无关的观点，向大家讲述了自己年轻时的一段爱情经历，因此整个语篇大部分内容都是伊万·瓦西里耶维奇对自己年轻时爱情经历的回忆。被摘录的这段是主人公回忆的开始，描述了他记忆中美丽无比的恋人形象，

---

[1] 本节中例句（16）、（21）、（22）、（27）和（30）的译文参考了《俄罗斯短篇小说选读》（刘永红、袁顺芝编著，武汉：武汉大学出版社，2010）中的翻译，例句（28）和（29）的译文参考了《布尔加科夫中篇小说：狗心》（张建华主编、吴泽霖译，北京：外学教学与研究出版社，2006）中的翻译，其余的例句为本书作者所译。

之后他接着回忆了与她相爱到爱情消退的全过程。回忆性的回溯中除了常常含有情节或细节外，一般还会附有语义标记成分，如本例中的"А было то，что был…"，用来帮助建立回溯开始的叙述氛围。

（17）В прошедший понедельник первый заместитель председателя комитета нижней палаты по образованию и науке Олег Смолин предложил предоставить выбор ученику: сдавать ему ЕГЭ или традиционный экзамен. Олег Смолин, давний и, пожалуй, самый яростный противник ЕГЭ, уверен, что предлагаемый компромисс будет принят. <u>Все помнят многочисленные скандалы этого лета со списыванием результатов тестов. Тысячи учеников выпускных классов стали переводиться из больших городов в районные или даже деревенские школы.</u> Ясно почему: там пониже контроль, да и взятки давать легче. （出自自建语料库政论语体——语篇18）

（上周一，下议院教育和科学委员会第一副主席奥列格·斯莫林提议赋予学生选择权：学生应该通过国家统一考试或者传统考试。奥列格·斯莫林，恐怕是以前对国家统一考试最激烈的反对者，现在他相信，提议的折中方案将会被接受。<u>大家都还记得，今年夏天发生了很多考试作弊的丑闻。数千名高中毕业生从大城市调转到区里的学校，甚至是乡村学校。</u>为什么这样做很明显：那里监管很少，更易行贿。）

这是政论语篇中回忆性的回溯。作者先介绍了一个发生在上周一的情况，然后引导读者和他一起回忆发生在当年夏天、与考试有关的丑闻。虽然这个回忆性的回溯篇幅很短，但其中仍然包含细节，"数千名高中毕业生从大城市调转到区里的学校，甚至是乡村学校。"它也有语义标记成分："大家都还记得"，用来提示回忆的开始。

（18）Среди категорий текста мы выделяем и автосемантию, т. е. формы зависимости и относительной независимости отрезков текста по отношению ко содержанию всего текста или его части. <u>Напомним, что в качестве удобных для данной работы терминов мы употребляем термин "значение" лишь для морфем, слов и словосочетаний, "смысл" —для предложения и сочетания предложений, т. е. сверхфразовых единств</u>

（СФЕ） и "содержание" —для всего текста или его более или менее законченной части. При этом необходимо иметь в виду, что как значение, так и смысл подвергаются каким-то семантическим колебаниям, когда они рассматриваются в составе более крупных отрезков. （出自自建语料库科技语体——语篇2）

（在语篇范畴中我们还划分出语义独立片段，即与语篇的整个内容或部分内容既相对独立、又具有从属关系的形式。回想一下，作为本书方便的术语体系，我们对词素、词和词组使用术语"意义"，对句子和句群，即超句统一体，使用术语"含义"，对整个语篇或其相对完整的部分使用术语"内容"。应该指出的是，当被视为更大语段的组成部分时，无论是意义还是含义都有一定的语义波动。）

画线的一段是发生在科技语篇中的回忆性回溯。回溯部分的篇幅不长，有引起回溯的语义标记成分，"напомним, …"。同例（17）一样，也是语篇作者引导读者和他一起回忆，回忆的内容仍然含有细节：词素、词和词组——句子和超句统一体——语篇片段和语篇；意义—含义—内容。

第二种类型，引述的话语或思想。它在文学、政论和科技语体语篇中也均可遇到。该类型回溯还可以细分为直接引用的话语或思想，以及转述的话语或思想两种子类型。在文学语体语篇中，人物重复或回想自己或其他人以前说过的话语或思想，也应该属于这种类型的回溯。例如：

（19）При этом необходимо иметь в виду, что как значение, так и смысл подвергаются каким-то семантическим колебаниям, когда они рассматриваются в составе более крупных отрезков. Щерба по этому поводу писал, что "… гораздо важнее правила сложения смыслов, дающие не сумму смыслов, а новые смыслы" [Л. В. Щерба, 24]. （出自自建语料库科技语体——语篇2）

（应该指出的是，当被视为更大语段的组成部分时，无论是意义还是含义都有一定的语义波动。因此谢尔巴写道，"……涵义组合的规则更重要，它不是含义的简单相加，而是新含义的生成" [列·弗·谢尔巴，24]。）

这是摘自语言学著作中的一段。作者为了证明自己的观点，引用了谢尔巴院士的原话。谢尔巴的著作一定是在所摘录语篇之前出版的，因此出自谢尔巴著作而被引用部分，对于语篇作者来说是发生在前的事情，属于回溯，并且是直接引用原话的回溯。

（20）А международная политика? Ее сложность, чуждость её задач прекрасно выразилась в одной солдатской песне XVIII века:

Пишет, пишет король Прусский

Государыне французской

Мекленбургское письмо. （出自自建语料库政论语体——语篇 3）

（那么，国际政治呢？它的复杂性、其目标的异己性被完美地体现在一首 18 世纪的士兵歌曲中：普鲁士国王写啊，写啊/写给法国皇后/一封梅克伦堡的信。）

在这个语段中，作者引述了一首 18 世纪士兵歌曲的歌词，来说明国际政治的复杂性和对立性，既有诙谐活泼的一面，又道出了国际政治的复杂性由来已久。在政论语篇中，作者常常用引述他人的话语或观点，把它们作为论据，从而丰富和坚固自己的论点。

（21）《Отец мой—человек степенный, первое—он себя уважает. Ты, говорит, сынок, многое увидишь на свете, и за границей побываешь, но русским званием—гордись…》（出自自建语料库文学语体——语篇 8）

（"我父亲是个老成持重的人，最重要的是，他尊重自己。他说，你呀，好儿子，一生中会经历很多事情，也会到外国去走走，但是你要为自己的俄罗斯身份而骄傲……"）

由于文学语篇是作者构建的世界，所以经常是作品中的人物先说出某些话或道出某种想法，然后再由他人后来想起来或转述出来。本例就是一个士兵向另一个人转述自己父亲以前说过的话。显然，文学作品中的引述性回溯与科技语篇、政论语篇中的略有不同，具有自己的特点。当然在有些文学作品中，也有直接引述现实世界中名人名言或名作中话语的情况。

第三种类型，介绍性的回溯。在作者正常的叙述过程中，有时会突然插入对当下人物、事物或现象的历史渊源、产生背景等的介绍，当介绍的内容发生在当时说话时刻之前时，就属于第三种类型的回溯。例如：

（22）Господин из Сан-Франциско…ехал в Старый Свет на целых два года, с женой и дочерью, единственно ради развлечения…. До этой поры он не жил, а лишь существовал, правда, очень недурно, но все же возлагая все надежды на будущее. Он работал не покладая рук, — китайцы, которых он выписывал к себе на работы целыми тысячами, хорошо знали, что это значит! — и наконец увидел, что сделано уже много, что он почти сравнялся с теми, кого некогда взял себе за образец, и решил передохнуть. …（出自自建语料库文学语体——语篇3）

（一个从旧金山来的先生……正乘船前往旧大陆去住满两年，带着妻子和女儿，只为了好好消遣消遣……在此之前，他没有真正地生活过，而只是活过。的确，生活过得不错，但仍把所有的希望寄托在未来。他曾不倦地工作过，他雇佣的数以千计的中国人知道，这意味着什么！最后，他发现已经做了很多事情，几乎可以与自己曾引以为榜样的人相比，于是，决定喘口气。……）

这是短篇小说《从旧金山来的先生》的开头。这位先生一家"正乘船前往旧大陆去住满两年"，为什么要耗时两年去游览旧大陆呢？"До этой поры он…"是语义标记成分，提示作者中断正常叙述顺序，回过头来开始介绍这位先生一家出游的原因。我们摘录只是作者介绍内容中的一小部分，全部的介绍内容中还包括这位先生一家出游前制定的旅行路线等等，整整用了两大长段。出游的想法、计划、路线设定等本来发生在出游实施之前，现在放在出游已经开始之后来叙述，构成了介绍性的回溯。此外，介绍性的回溯一般没有情节，只是平铺直叙地介绍以前的情况。

（23）Ещё двести пятьдесят лет назад итальянский учёный Спалланцани впервые внимательно изучил эти особенности летучих мышей. Стремясь выяснить, какой именно из органов чувств помогает летучей мыши находить направление в полете, он поочередно лишал её зрения, вкуса, обоняния и осязания. Оказалось, что слепая мышь так же хорошо летает, как и зрячая. Лишение её обоняния, вкуса и осязания тоже ничего не изменило. Оставалось предположить, что мышь ориентируется по слуху. И действительно, достаточно было заткнуть ей уши, чтобы мышь начала беспомощно метаться из стороны в сторону, натыкаясь на различные предметы.

Эти опыты наглядно показали, что из всех органов чувств именно слух даёт возможность мыши определять путь своего полёта. Но ведь правильно ориентироваться с помощью слышимых звуков, распространяющихся сразу во всех направлениях, нельзя! Так эта загадка летучих мышей и оставалась неразрешенной до наших дней. （出自自建语料库科技语体——语篇4）

（还是在250年前，意大利科学家斯帕兰扎尼首先仔细研究了蝙蝠的这种特性。为了解释蝙蝠靠哪种感觉器官找到飞行方向，他依次去掉了蝙蝠的视觉、味觉、嗅觉和触觉。结果发现，失去视觉的蝙蝠依然能够很好地飞行，就像没有失去视觉一样。去掉蝙蝠的嗅觉、味觉和触觉，结果也是一样。于是他只能假设，蝙蝠是依靠听觉来测定方向的。事实正是如此，堵住蝙蝠的耳朵后，蝙蝠开始无助地从一个方向到另一个方向乱窜，撞上各种东西。

这些实验显然表明，在所有的感觉器官中，正是听觉帮助蝙蝠确定了飞行方向。但是依靠向四面八方传播的可听声音来确定方向是不可能的！因此蝙蝠的这个秘密一直保留到我们今天。）

这是一篇讲述人类研究蝙蝠并进行仿生学发明的科技文章。摘录的这段主要介绍了距今250年前，一位意大利科学家当时研究蝙蝠的情况。他所做的科学实验发生在过去，作者在现在对其的描述属于介绍性的回溯。

（24）Недавно в Лихославльском районе пронёсся слух, что появился "чорт". В селах и колхозах передавали друг другу версию, как председатель колхоза в образе чорта хотел отнять у колхозницы несколько тысяч рублей, выигранных по займу. Музей Лихославля осаждали толпы людей. Они приезжали издалека и требовали, чтобы им показали "чорта", который, как они слышали, находится в музее. Районной газете "На колхозной стройке" пришлось выступить с опровержением этой нелепости. Но слухи не утихают. …Как реагирует на эти слухи райком комсомола? （出自自建语料库政论语体——语篇4）

（不久前在利哈斯拉弗里区出现了"闹鬼"的谣言。许多乡村和集体农庄都在相互传递自己的版本，讲集体农庄主席是怎样装扮成鬼，打算拿走集体农庄数千卢布的贷款。群众围攻了利哈斯拉弗里博物馆。这些人远道而来，要求把他们听说就在图书馆里的"鬼"交出来。当地报纸"在集体农庄的工地上"不得不对这些荒诞言论进行辟谣。但谣言没有平息。……共青团区委会是怎么处理这些谣言的呢？)

　　这是 1937 年 4 月 23 日《共青团真理报》上的一篇报道。摘录的内容是这篇报道的开头。报道先讲述了利哈斯拉弗里区出现了谣言的情况，接下来开始评论共青团区委会的做法。典型的评论性文章一般会先以回溯的方式介绍所要评论的事件，然后分析事件的利弊或表达自己的观点。先于评论而对事件所作的介绍一般都属于介绍性的回溯，回溯的内容一般没有详细的情节，只有简单扼要的描述。

　　第四种类型，推断、揣测性的回溯。语篇中回溯的主体如果没有亲自参加某活动，只是试图通过各种渠道得到的信息拼凑、还原以前可能发生的情况，就会出现推断、揣测性的回溯。例如：

　　（25）—Он говорит, товарищ капитан, что русские были трижды…три группы, и он обо всех сообщил немцам…

　　Вот почему молчал эфир. Они приходили сюда обогреться, может быть, поесть горячего, отдохнуть перед дальним и трудным поиском. Узнать от этого человека о дислокации немцев. А он хладнокровно звонил в гитлеровский штаб и сообщал даже приметы разведчиков.

　　Он и встречал их, наверное, в холщовой поддеве и в лаптях. Бедняк, оставшийся сторожить кулацкий дом, вот за кого он себя выдавал. А сейчас не успел навести маскарад.

　　У Седого было такое чувство, словно ему жгли руки. Они тянулись к пистолету. Ему хотелось самому всадить в эту мразь все девять пуль именного вальтера. （出自自建语料库文学语体——语篇 18）

　　（"大尉同志，他交代说，俄罗斯人来过三次……三个小分队，他都通报给了德国人……"

　　这就是为什么联系不上他们的原因。他们来到此处烤火，也许吃了点热乎的东西，在即将进行长久而困难的搜寻之前休息了下。还应该从这个人那里了解到一些德国人的部署情况。但他冷酷地报告给了德军司令部，甚至这些侦查队员的特征也报告了。

他也遇到了他们，也是穿着亚麻外衣和草绳鞋。留下来给富人看守房子的穷人，把自己也出卖给了富人。现在，他没来得及戴上假面。

谢东伊感觉双手灼痛，它们扣紧了手枪。他真想亲手用沃尔特枪中的全部9颗子弹打死这个卑鄙的东西。）

这段话摘自一篇战争题材的短篇小说。被派到敌占区执行任务的侦查小分队在一座房子里抓到了一个给敌人通风报信的人，审讯后侦查小分队的队长谢东伊根据得来的信息，推断了前三个侦查小分队可能的遭遇。画线的一段话是谢东伊在心里对以前发生情况的推测性回溯。

（26）Последний — человек ещё вовсе не старый и на реформенных порядках возросший; Иван же Сергеевич лет тридцать до смерти своей провёл в деятельной борьбе и в близком соприкосновении с действительною жизнью либеральной эпохи.

Они оба должны были бы видеть бессословную（или почти бессословную）жизнь России не из 《 прекрасного 》 мечтательного и теоретического 《 далека 》, не сквозь искусственные стекла какой-то национальной археологии （《 изба воеводская 》; 《 изба земская 》; 《 губные старосты 》; 《 целовальники 》 и т. д. …）, — а прямо таковою, какова она есть, т. е. раз и навсегда или испорченною, или благоустроенную Петром Великим — в её общественных основах. （出自自建语料库政论语体——语篇1）

（后面提到的这个人在改革兴起的时候还很年轻；伊万·谢尔盖耶维奇是在积极的斗争中度过了自己逝世前的大约三十年的，他和自由主义时代的现实生活有过密切的接触。

他们两个人应该都看见过不区分等级（或者是几乎不区分等级）的俄罗斯生活，而且不是通过充满"美好"愿望的理论上的"未来"，不是透过某些民族考古学的人造玻璃（《军政长官的小屋》；《地方自治的小屋》；《嘴上的工长》；《地方官们》等等），而是直接的，生活本来的样子，也就是说，一次就是永远，或是被毁坏，或是被伟大的彼得所创建——都是在不区分等级的社会基础上。）

作者在评论两个都姓阿克萨科夫、名字不同的人时，根据他们所处的时代，推测他们当时可能的生活状态，因此画线部分也属于推测性的回溯。

第五种类型，非现实性的回溯。语篇中回溯的主体在某些超意识情况下回忆或想象以前发生的事件或见过的人时，可能会出现失真。虽然可能与以前发生的实际情况不完全符合，但仍然是对以前活动的再现，属于变形的回溯。

（27）Старуха замолчала, вздыхая. <u>Я представлял себе воскрешаемых ею людей. Вот огненно-рыжий, усатый гуцул идёт умирать, спокойно покуривая трубку. У него, наверное, были холодные, голубые глаза, которые на все смотрели сосредоточенно и твердо. Вот рядом с ним черноусый рыбак с Прута; плачет, не желая умирать, и на его лице, бледном от предсмертной тоски, потускнели веселые глаза, и усы, смоченные слезами, печально обвисли по углам искривленного рта. Вот он, старый, важный турок, наверное, фаталист и деспот, и рядом с ним его сын, бледный и хрупкий цветок Востока, отравленный поцелуями. А вот тщеславный поляк, галантный и жестокий, красноречивый и холодный</u>…И все они — только бледные тени, а та, которую они целовали, сидит рядом со мной живая, но иссушенная временем, без тела, без крови, с сердцем без желаний, с глазами без огня, —тоже почти тень. （出自自建语料库文学语体——语篇10）

（老婆子沉默了，叹息着。<u>我想起了那些被她复活的人们。瞧，那个火红头发长着胡须的古楚尔人，他在去服刑时，还平静地抽着烟。大概他有一双冰冷的蓝色眼睛，这双眼睛看待一切事物都是那样的聚精会神和坚定不移。瞧，还有从普鲁特河来的长着黑胡须的渔夫和他在一起，他哭着，不愿意死，由于临死前的忧伤，苍白的脸上一双愉快的眼睛变得黯淡无神，泪水沾湿的胡须凄惨地垂挂在歪斜的嘴角上。再瞧，这就是他，那个年迈的曾经傲气十足的土耳其人，大概是个宿命论者和专制暴君。旁边是他的儿子，被接吻所毒死的一朵东方苍白而又脆弱的小花。还有那位虚荣心极强的波兰人，风流又残酷，能说善辩又冷漠无情</u>……所有这些人——只是些苍白的影子，而被他们亲吻过的那个女人，现在正活生生地坐在我的旁边，时光榨干了她的血和肉，只剩下一颗没有愿望的心，一双黯淡无光的眼睛——也几乎是个影子。)

伊泽吉尔老婆子在给"我"讲述自己的一生经历时，其中分别提到过与古楚尔人、渔夫、土耳其人和土耳其人儿子以及波兰人的过往经历或感情经历，"我"听完以后，在回想老婆子讲述的内容时，出现了变形——英武的更加大无畏，猥琐的更加不堪入目。这些通过听别人讲述后、被"我"用带有个人意志、不由自主添加了自己感觉和想象的部分属于非现实性的回溯。

（28）Когда же открылась лакированная дверь, он вошёл с Филиппом Филипповичем в кабинет, и тот ослепил пса своим убранством. Прежде всего, он весь полыхал светом: горело под лепным потолком, горело на столе, горело на стене, в стёклах шкафов. Свет заливал целую бездну предметов, из которых самым занятным оказалась громадная <u>сова</u>, сидящая на стене на суку.

…

《Нет, это не лечебница, куда-то в другое место я попал》, — в смятении подумал пёс и привалился на ковровый узор у тяжёлого кожаного дивана, — 《а <u>сову</u> эту мы разъясним…》

…

Пёс дремал, тошнота прошла, пёс наслаждался утихшим боком и теплом, даже всхрапнул и <u>успел увидеть кусочек приятного сна: будто бы он вырвал у совы целый пук перьев из хвоста</u>… （出自自建语料库文学语体——语篇27）

（那个上了漆的房门一开，它就跟着菲利普·菲利波维奇走进了诊室。诊室里装饰豪华，公狗顿时眼花缭乱。首先，诊室里的一切都泛着灿灿的光：雕花的天花板上灯炬高悬，诊台上、墙壁上、柜子的玻璃门上，都反射着一派耀眼的光芒。灯光洒在数不尽的器物上，其中最招人注目的是一只大<u>猫头鹰</u>，它立在墙上伸出的一个干树枝上。

……

"不对，这儿不是医院，我落到别的什么地方了，"公狗慌乱地想着，卧在沉重的皮沙发边上的花地毯上，"不过这只<u>猫头鹰</u>，我们是要弄明白的……"

……

公狗打着瞌睡，不过那股恶心劲儿过去了，它享受着这温暖和那半边身子不再疼痛的安谧感觉，甚至打了声呼噜，一时间还做了个快乐的小梦，梦见自己扯下猫头鹰尾巴上的一大把羽毛……）

流浪狗沙里克被人带回到一个看起来非常不错的家中，豪华的新住所使它感到紧张，对早已存在这里的另一种动物猫头鹰，哪怕只是个标本，也怀有极其复杂的感情。在现实中它敬畏新家里的一切，衣食无忧后在梦里它意淫着揪下猫头鹰的毛。因此梦境中的猫头鹰是对白天看到猫头鹰的回溯，敢做出暂时在现实中不敢做的事，自然在里面寄托了美好的想象。

第六种类型，关键性事物引起的回溯。这种类型回溯的特点是把主要事件或活动的发生安排在前，并设置一个主要细节为关键点，而后只要触动关键点就会引起对前面事件或活动的回溯。关键点是作者刻意安排、却主要引起读者或作品中人物回溯的手段，所以它是介于作者客观性回溯与读者主观性回溯之间的特殊类型的回溯。例如：

（29）У-у-у-у-у-гу-гуг-гуу! О, гляньте на меня, я погибаю. Вьюга в подворотне ревёт мне отходную, и я вою с ней. Пропал я, пропал. <u>Негодяй в грязном колпаке — повар столовой нормального питания служащих центрального совета народного хозяйства — плеснул кипятком и обварил мне левый бок.</u> Какая гадина, а ещё пролетарий. <u>Господи, боже мой — как больно! До костей проело кипяточком.</u> Я теперь вою, вою, да разве воем поможешь.

…

По всей Пречистенке сняли фонари. <u>Бок болел нестерпимо</u>, но Шарик временами забывал о нём, поглощённый одной мыслью-как бы не утерять в сутолоке чудесного видения в шубе и чем-нибудь выразить ему любовь и преданность.

…

Пёс дремал, тошнота прошла, пёс наслаждался <u>утихшим боком</u> и теплом, даже всхрапнул и успел увидеть кусочек приятного сна: будто бы он вырвал у совы целый пук перьев из хвоста… （出自自建语料库文学语

体——语篇 27）

（呜——呜——呜——呜，哎哟——哎哟——哎哟！噢，瞅瞅我吧，我快死了。暴风雪在门洞里嚎叫，在给我做死前祷告呢，我也跟着哀号。我完了，全完了。那个头顶脏兮兮帽子的畜生——中央国民经济委员会职工标准营养食堂的厨子——一桶开水泼过来，我左半边身子全给烫伤了。真是个大坏蛋，还说是无产者呢。上帝啊，我的天哪，疼死我了！都烫到骨头了。我现在只有叫啊，叫啊，可光叫又有什么用。

……

整个普列奇斯坚卡大街上亮起明晃晃的路灯。尽管半边身子疼痛难忍，但是沙里克却不时能忘了这伤痛。因为它现在只有一个念头——可别在这人头攒动中丢了那个穿皮大衣的奇妙幻影，要想方设法表示出自己对他的爱戴和忠诚。

……

公狗打着瞌睡，不过那股恶心劲儿过去了，它享受着这温暖和那半边身子不再疼痛的安谧感觉，甚至打了声呼噜，一时间还做了个快乐的小梦，梦见自己扯下猫头鹰尾巴上的一大把羽毛……）

流浪狗沙里克被食堂的厨子泼开水烫伤左半边身体的事情被作者放在语篇的开头交代，之后，"бок"的疼痛不时提醒沙里克之前不幸遭遇的同时（为了节约篇幅，中间还有几次提到身体的烫伤，没有被摘录出来），也一直在促使读者回溯之前发生的事情，直到它找到了为它治伤、给它富足生活的恩主。在这个语篇中，"бок"在事情起因被交代之后，多次被提及，虽然只有一个词，但它足以成为沙里克和读者一起回溯过去事件的关键点。

（30）И в степной дали, теперь уже чёрной и страшной, как бы притаившейся, скрывшей в себе что-то, вспыхивали маленькие голубые огоньки. …

——Видишь ты искры? — спросила меня Изергиль.

——Вон те, голубые? — указывая ей на степь, сказал я.

——Голубые? Да, это они…Значит, летают всё-таки! Ну-ну…Я уж вот не вижу их больше. Не могу я теперь многого видеть.

——Откуда эти искры? — спросил я старуху.

...

—Эти искры от горящего сердца Данко. Было на свете сердце, которое однажды вспыхнуло огнём···И вот от него эти искры. Я расскажу тебе про это···

...

Люди же, радостные и полные надежд, не заметили смерти его и не видали, что еще пылает рядом с трупом Данко его смелое сердце. Только один осторожный человек заметил это и, боясь чего-то, наступил на гордое сердце ногой···И вот оно, рассыпавшись в искры, угасло···

—Вот откуда они, голубые искры степи, что являются перед грозой!

（出自自建语料库文学语体——语篇10）

（在草原的远处，现在变得漆黑又可怕，就好像里面隐藏着什么东西似的，并且迸发出许多小小的天蓝色火星。······

"你看见那些火星了吗？"伊泽吉尔问我。

"就是那些天蓝色的吗？"我指着草原说。

"天蓝色的吗？是的，就是那些······这就是说，它们还在飞舞着呢！行了······我现在再也看不见它们了。很多东西我现在都看不见了。"

"这些火星是从什么地方来的？"我问老婆子。

······

"这是从丹柯炽热的心里迸发出来的火星。世界上曾经有一颗心，有一次这颗心冒出火来······这些火星就是从那儿来的。我现在就给你讲讲这个故事吧······"

······

"快乐而充满希望的人们，并没有注意到他的死亡，也没有发现那颗勇敢的心还在丹柯的尸体旁燃烧着。只有一个小心谨慎的人注意到这件事，他害怕得要命，就用脚踩在那颗高傲的心上······于是它就碎成了许多小火星，然后就熄灭了······"

"草原上那些蓝色的火星，也就是暴风雨来临之前出现的火星，就是从那儿来的！"）

草原上暴风雨来临之前出现的蓝色火星引起了伊泽吉尔老婆子的回忆，

她讲述了一个关于蓝色火星来历的英雄传奇故事。从语篇摘录的片段中可以清楚了解到，"蓝色火星"是促使伊泽吉尔老婆子产生回溯的关键点，故事讲完后，蓝色火星恐怕也会在读者那里引起关于丹柯事迹的回溯。这种类型回溯的特殊之处就在于，用一个关键点作为扳机，一经扣下，就会引起篇内形象和篇外读者的双重回溯，也可以说，它是介于两者之间、界限模糊的回溯。

与语义独立片段的类型划分一样，以上关于回溯表现类型的划分也是在以加里别林回溯范畴理论为指导、对自建语料库中的语料进行初次标注后，把所有初标认定是回溯的语料找出来，再重新细化分类得出的结论，是我们的一个大胆尝试。

（二）回溯的时间计算点

计量基点（точка отсчета）概念最初是由俄罗斯学者芭比娜（А. Ф. Папина）① 在研究文学作品时提出的，它主要包含三种形式，即时间计量基点（точка отсчета времени）、空间计量基点（точка отсчета пространства）和个体计量基点（точка отсчета личного измерения）。俄罗斯学者"通常认为空间计量基点针对的是说话的地点，时间计量基点表示说话的时间，而个体计量基点指向说话的人。"②

文学作品中的时间计量基点"在确定大部分语篇的一定事件界限时发挥着重要作用，并同其他计量基点一起确立语篇内的各种联系，如语法联系、意义联系和逻辑联系等"③，因此可以说，是计量基点系统构建了文学作品中整个事件时间的语篇内模式。这样在文学语体语篇中实际上存在着一个和现实时间同质却不同时的时间系统，这个时间系统虽然也是连续的，不断流逝的，但它因为情节的需要可能会被作者任意地压缩、延展、拖沓和加快，具有不规则、非均质流动的特点。所以在判定文学语体语篇中的

① 参阅：Папина А. Ф. Текст：его единиц ы и глобальные категории.：Учебник для студентов—журналистов и филологов［М］. М.：Едиториал УРСС, 2002.

② Иоанесян. Е. Р. Противоречивость и точка отсчета［А］. Логический анализ языка. Противоречивость и аномальность текста［С］. М.：Наука, 1990：34 – 35.

③ 郭明. 俄罗斯语言篇章范畴与小说研究［М］. 哈尔滨：黑龙江大学出版社, 2012：104.

回溯范畴时，不能以现实时间系统为参照，而必须按照文学作品的篇内时间系统来确定时间的流向。例如，本章语例（10）取自的语篇，讲述的是在二战时期一个小分队授命去敌后完成炸毁德军储油库任务的故事。在执行任务的过程中因为遇到许多复杂的突发情况，导致指挥员和战士一边需要不断的综合信息、分析信息并及时调整策略，一边不停地移动位置来搜寻那个仓库。在对不断增加的新情报进行解读过程中，需要综合以前的，现在的信息并预测将来可能发生的情况，这样按照语篇内构建的时间系统，就出现了多次的回溯或前瞻。如果按照作者的现实时间系统来判断，该作品完成于1981年，整个语篇就变成对发生在第二次世界大战时期故事的回溯；如果按照读者的现实时间来参照，每个读者看到该作品的时间都在作品完成后，整个语篇内容都是对作者思想的回溯。很显然，以这两种时间系统作为参照来判断回溯非常不合理。

科技和政论语体语篇中的时间系统与文学语体语篇中的有所不同。一般来说，政论性语篇都是对当时重大事件和社会问题进行阐述和评论的文章。它虽然形式多样、内容广泛，但遵照的是现实时间系统，即均质、匀速、连续、不断流逝的物理时间系统。科技语篇是科学技术人员或其他研究人员对现象或问题进行科学分析、综合研究和阐释的文章。它对现象或问题的分析和研究，与完成书时代的科学技术水平、知识认知水平和研究方法相关，也就是说，它遵照的是现实时间系统，只是发生的时间是相对于现在的过去。因此，以现在所处的时间为基准点来分析以前创作的科技和政论语篇是不合理的。既然它们描述的内容都与当时的现实有关联，就应该以语篇创作的当时时间为时间计量基点，并以此来作为考察回溯范畴的时间计算点。

综上，文学语篇由于有自己构建的独特篇内时间系统，就应该以篇内时间系统作为判断和时间相关的语篇范畴是否存在的标准。科技语篇与政论语篇都以现实时间系统为参照，那就应该以语篇完成或发表的时间为标准。这样一来，实际上三种语体语篇中与时间相关的范畴的判定都是以作者视角的时间体系为标准的。

（三）回溯的统计描述

根据自建小型俄语语料库的语料，可以对文学、科技和政论语体各语篇中回溯出现的类型和次数做出统计。表4－5是对自建库中三种语体语篇中各类型回溯出现次数的汇总。

表4－5　　　　　　　　　　　　回溯次数分布汇总表

次数　　类型　　语体	类型 1 hshy	类型 2 hsys	类型 3 hsjs	类型 4 hstd	类型 5 hsfx	类型 6 hscc	总数
文学语体语篇中出现的次数	187	50	181	13	20	83	534
政论语体语篇中出现的次数	12	56	106	1	1	5	181
科技语体语篇中出现的次数	3	28	102	0	1	7	141
总数	202	134	389	14	22	95	856

虽然由于语料库中不同语体语篇的数量不尽相同而使这个数据统计的比较意义不大，但它能让我们粗略认识从语料库中得到的回溯范畴数据的整体情况，并可以感觉到，有些类型的回溯只发生在特定语体的语篇中，有些类型的回溯在政论和科技语篇中出现的次数可能会比较少，事实是否如此，还有待于进一步验证。

为了对整个回溯范畴数据的主要特征和全貌进行比较全面的了解，可以利用均值和标准差对数据进行集中趋势和离中趋势的分析，利用公式（4-1）、公式（4-2）计算出来的均值和标准差的统计结果详见表4-6。

表 4 - 6 回溯次数分布的统计分析表

变量名	定义	均值	标准差	最小值	最大值
回溯	语篇中出现回溯的数量（次）	12.23	13.47	0	85
类型 1hshy	语篇中出现回溯类型 1 的数量（次）	2.89	5.05	0	25
类型 2hsys	语篇中出现回溯类型 2 的数量（次）	1.91	2.75	0	13
类型 3hsjs	语篇中出现回溯类型 3 的数量（次）	5.56	6.20	0	33
类型 4hstd	语篇中出现回溯类型 4 的数量（次）	0.20	0.75	0	4
类型 5hsfx	语篇中出现回溯类型 5 的数量（次）	0.31	0.83	0	5
类型 6hscc	语篇中出现回溯类型 6 的数量（次）	1.36	3.61	0	25

阅读表 4 - 6 中的统计数据可以知道，回溯在三个语体语篇中出现的总体平均次数为 12.23 次；总体标准差为 13.47，比较大，这说明回溯在语料库里语篇的次数分布是离散、不平均的。这一结论从回溯出现的次数最小值为 0、最大为 85 也能反映出来。与语义独立片段一样，整体而言，语篇之间回溯出现次数的差别也是比较大的。观察回溯具体表现类型的集中量数和离中量数，可以发现，类型 4，即揣测、推断性的回溯，在均值竖列中数值最小，为 0.20，在标准差竖列中也是最小，0.75，最大值 4，也是最大值竖列中最小的。这一结果表明，类型 4 回溯是一个在自建语料库所有语体语篇中平均出现次数最低、分布最集中的回溯类型，而且即时是在存在的语篇中出现数量也会是非常小，最多只有 4 次。与类型 4 正好相反的是类型 3，介绍性的回溯，各类型均值竖列中最大，5.56，其标准差也在各类型中最大，为 6.20，这说明介绍性的回溯是自建语料库三个语体语篇中平均出现次数最多的一个，将近 6 次，但它的次数分布也是各类型中最分散的一个，即可能在某一个语篇中出现很多次，最多达到 33 次，但在另一个语篇中却一次也不出现，最小为 0。此外，类型 5，非现实性的回溯，它的平均值比类型 4 稍高一点，说明在自建语料库的语篇中出现的平均次数比类型 4 要多一点点。它的标准差也比类型 4 稍高一点，说明它在自建语料库语篇中的次数分布比类型 4 更分散，即比类型 4 更易集中在某一个语篇中。

对表 4 - 5 和表 4 - 6 的数据观察，不仅能够对回溯整体情况和各类型情况有比较深入的了解，也能够为进行统计分析时变量的选取、假设的建立提供参考依据。因此可以说，对主要变量的统计数据进行描述性分析是进行假设检验的基础和必要步骤。

三、回溯范畴的统计分析

要想对回溯在语篇中总体次数分布的影响因素进行分析，或者试图找到导致类型 4 和类型 5 次数分布的原因，就要把回溯作为因变量，选取可能影响它的因素作为自变量，使用计量模型进行假设检验。

（一）假设和变量的选取

与语义独立片段范畴一样，至今为止学界都没有对回溯进行实证分析的研究，也就无法找到相关经验用来借鉴，因此究竟有哪些因素会对回溯的次数分布产生影响，是有待商榷的探索性问题。因为语篇元标注是语篇外部特征的体现，因此我们把自建语料库元标注系统中能够使用的标注项都设定为回溯次数分布的影响因素。此外，回溯范畴经常会被研究者与前瞻范畴联系在一起，这两个范畴之间大约存在着一定的影响关系。再有，前面我们关于语义独立片段的统计分析证明，语义独立片段与回溯有非常显著的正相关关系，也就是说，反过来语义独立片段也可能是影响回溯在语篇中次数分布的原因。有鉴于此，我们对回溯在语篇中总体次数分布影响因素的研究，可以通过验证如下三个假设来完成：

假设一，回溯在语篇中的次数分布与语篇的功能范围有关，即语篇的语体特征会影响回溯的次数分布。

假设二，回溯在语篇中的次数分布与前瞻及语义独立片段的次数分布相关，即回溯范畴与前瞻范畴、语义独立片段范畴具有相关性。

假设三，在任意语体语篇中，语篇字数越多，出现回溯的次数也会越多，即在回溯出现次数的影响因素中，篇幅长短因素比功能语体的因素作用更大。

此外，也可以尝试针对特定类型的回溯在语篇中分布次数的影响因素进行分析。前面提到过，在观察表 4 - 6 中各类型回溯出现次数的数据时，我们发现，在回溯的所有具体类型中类型 3（介绍性的回溯）离中趋势最大，集中趋势也最大，即这种类型的回溯很集中的分散在某些个别语篇中，因此很值得详细研究一下它分布特征的影响因素。类型1（回忆性的回溯）在其之后，是离中趋势和集中趋势都排名于第二位的回溯表现形式；类型2（引述性的回溯）是均值排在所有类型中第三位的类型，也就是说，是语篇中出现次数是所有类型中第三多的。这样，可以选取回溯的这三种类型进行具体个案研究，探讨它们各自分布特征的影响因素，这将有助于我们了解回溯各类型间分布特征影响因素的异同。

根据三个假设，可以把前面提到的七个因素设为自变量，即功能范围、语篇来源、语篇字数、作者性别、语篇发表时间、语义独立片段出现的次数以及前瞻出现的次数。本书中所有变量的定义和数值情况可观察表4-7。

表4-7　　　　　　　　回溯次数分布因素研究的变量描述

变量名	定义	均值	标准差	最小值	最大值
回溯	语篇中出现回溯的数量（次）	12.23	13.47	0	85
功能范围					
文学	语篇是文学为1，否0	0.43	0.50	0	1
政论	语篇是政论为1，否0	0.29	0.46	0	1
科技	语篇是科技为1，否0	0.29	0.46	0	1
语篇来源					
网络	语篇来自于网络为1，否0	0.21	0.41	0	1
杂志	语篇来自于杂志为1，否0	0.16	0.37	0	1
报纸	语篇来自于报纸为1，否0	0.14	0.35	0	1
书籍	语篇来自于书籍为1，否0	0.49	0.50	0	1
字数	语篇的文字数量（字）	3340	4102	325	24565
前瞻	语篇中出现前瞻的数量（次）	6.34	11.92	0	61
语义独立片段	语篇中出现"语义独立片段"的数量（次）	10.89	15.05	0	94
性别	男性1，女性0	0.70	0.46	0	1
时期					
沙皇时期	语篇发表时间为沙皇时期赋值1，否0	0.14	0.35	0	1
苏联时期	语篇发表时间为苏联时期赋值1，否0	0.33	0.47	0	1
俄罗斯时期	语篇发表时间为俄罗斯时期赋值1，否0	0.53	0.50	0	1

　　仔细查看这些变量就会发现，和语义独立片段的自变量一样，这些变量中也是既有数值型的，也有称名型的。在用 STATA 统计软件进行计算之前，需要把每个称名型变量都转换为虚拟变量。该款统计软件的一大优势就是可以在它指定的界面上直接编写研究所需要的程序，软件在进行运算时，先会直接按照程序指令设置好虚拟变量，而后再进行计算。"时期"变量的转换仍然是分两步走的，先对自建语料库中所有语篇的发表时间进行简单分类：1830～1922 年为沙皇时期，1923～1991 年为苏联时期，1992～2015 年为俄罗斯时期；再分别定义它们的 0、1 取值，转换为虚拟变量，最后进行运算。

（二）计量方法

　　对回溯次数分布的影响因素分析依旧使用广义的线性回归模型，并用普通最小二乘法进行参数估计。设符号 HS 是模型中的因变量，表示回溯在语篇中出现的次数。把影响回溯在语篇中出现次数的因素设为 X，作为模型中的自变量，根据广义的线性回归模型，可以得到本项研究所需要的基本模型：

$$HS_i = \beta_0 + \beta_i X_i + \varepsilon_i \qquad\qquad (4-5)$$

公式（4-5）中，右边的 β_0 表示常数项；ε_i 是随机误差项，表示在第 i 个语篇中所有可能存在的误差；X_i 表示第 i 个语篇中影响语义独立片段出现次数的因素，β_i 表示其系数。

　　由于影响回溯次数分布的因素有七个，可以把它们分别代入基本模型，得到本研究所需要的拓展模型：

$$HS_i = \beta_0 + \beta_1 FS_i + \beta_2 ST_i + \beta_3 NC_i + \beta_4 QZ_i + \beta_5 YY_i + \beta_6 SEX_i + \beta_7 DP_i + \varepsilon_i$$

$$(4-6)$$

　　拓展模型（4-6）中，右边各项中的 β_1、β_2……β_7 分别表示各影响因素的系数，FS_i 表示第 i 个语篇的功能范围，ST_i 表示第 i 个语篇的语篇来源，NC_i 表示第 i 个语篇的文字数量，QZ_i 表示第 i 个语篇中前瞻出现的次数，YY_i 表示第 i 个语篇中语义独立片段出现的次数，SEX_i 表示第 i 个语篇的作者性别，DP_i 表示第 i 个语篇发表的时间。①

公式（4-5）和公式（4-6）同时也可以作为回溯具体类型次数分布影响因素分析的基本模式和拓展模型。当公式（4-5）作为回溯具体类型次数分布影响因素分析的基本模式时，模型左边的因变量 HS 不再表示总回溯次数分布，而是表示类型 1、类型 2 或类型 3 在语篇中的次数分布，模型右边的因变量 X，表示影响某类型回溯次数分布的影响因素。当公式（4-6）作为回溯具体类型次数分布影响因素分析的拓展模式时，模型右边各项中的 β_1、β_2……β_7 仍然分别表示各影响因素的系数，只是这里的影响因素是指影响某类型回溯次数分布的因素，即这里的 FS、ST、NC、SEX、DP、QZ 和 YY 分别表示影响某类型回溯次数分布的因素，具体包括功能范围、语篇来源、语篇字数、语篇作者性别、语篇发表时间、前瞻以及语义独立片段。

把拓展模型和所有原始数据输入 10.0 版本的 STATA 软件后，利用计算机可以非常方便快速地进行运算并得到结果。

（三）实证结果

总回溯次数分布影响因素的广义线性回归模型的计量结果如表 4-8 所示。表格最下面，样本观测值为 70，说明自建语料库中全部三个语体的 70 个语篇都参加了运算，样本是完全的。判定系数 R^2 的值是 0.6860，说明建立的模型与样本数据之间的拟合程度比较好。

表 4-8　　　　　　　总回溯次数分布影响因素的计量回归结果

变量名	系数值	标准差	T 值	P 值
功能范围（对照组：文学）				
政论	7.3086**	3.4865	2.1000	0.0400
科技	1.0104	2.9992	0.3400	0.7370

① 用 FS、ST、NC、SEX 和 DP 分别表示功能范围、语篇来源、语篇字数、语篇作者性别和语篇发表时间是根据自建语料库的元标注系统确定的。QZ 和 YY 分别表示前瞻和语义独立片段是根据自建语料库的文本标注符号确定的。

续表

变量名	系数值	标准差	T 值	P 值
语篇来源（对照组：网络）				
杂志	− 0. 3693	3. 5961	− 0. 1000	0. 9190
报纸	− 5. 4434	4. 2723	− 1. 2700	0. 2080
书籍	− 2. 7112	2. 9872	− 0. 9100	0. 3680
字数	4. 1122 **	1. 7901	2. 3000	0. 0250
前瞻	0. 5698 ***	0. 0918	6. 2000	0. 0000
语义独立片段	0. 0132	0. 0993	0. 1300	0. 8950
性别	− 4. 1257 *	2. 4387	− 1. 6900	0. 0960
时期（对照组：沙皇时期）				
苏联时期	4. 9666	3. 3031	1. 5000	0. 1380
俄罗斯时期	− 1. 0214	3. 7911	− 0. 2700	0. 7890
常数项	− 23. 5699 *	13. 8416	− 1. 7000	0. 0940
R^2	0. 6860			
观测值数量	70			

注：***、** 和 * 分别表示在 1%、5% 和 10% 的统计水平上显著。

　　根据前面设立的假设一，我们需要关注表 4 – 8 中的功能范围变量。在功能范围变量中，文学语体是对照组，政论语体与科技语体的系数值均为正，说明因变量与自变量之间正相关，即在总篇数固定、其他因素都不变的情况下，政论或/和科技语体的语篇越多，总的回溯次数也会越多，也就是说，在其他条件一致的情况下，文学语体语篇中的回溯次数比较少，政论和科技语体语篇中回溯出现的次数会比较多。接着观察它们对应的 P 值可以发现，只有政论语体的 P 值小于 0. 1，为 0. 0400，这说明只有政论语体与因变量之间的正向相关系在 10%、甚至是 5% 的显著水平上显著；而科技语体与总回溯次数的分布正向影响关系是不显著的。因此，我们可以得出结论，在其他条件不变、只有功能范围发生变化的情况下，总回溯的次数分布可能会因语篇三种语体配置的不同而不同，其中可以确定的是，在5% 的显著水平上政论语体语篇的篇数越多，总回溯的次数也将越多。

为验证假设二，需要在表4－8中分别查看语义独立片段和前瞻两个自变量的情况。语义独立片段的系数值为正，P值为0.8950。这一结果表明，它对总回溯次数分布的影响是正向的，但不显著。前瞻变量的系数值也是正，P值是0.0000。这一结果说明，前瞻对总回溯次数的影响是正向的，而且是极度显著的。也就是说，在其他条件不变的情况下，语义独立片段出现次数的多少，对回溯出现次数没有多大影响；但在其他条件不变的情况下，前瞻出现的次数的多少会极大影响回溯出现次数的多少，前瞻越多，回溯也会越多。

根据假设三，再来观察表4－8中的语篇字数变量：系数值为正，P值是0.0250。这个结果表明，语篇字数与回溯次数分布呈正向影响关系，而且在5%的显著水平上显著。也就是说，在其他影响因素不变的条件下，在5%的显著水平上语篇的篇幅越长，回溯出现的次数也会越多。

回溯类型1（回忆性的回溯）次数分布影响因素的广义线性回归模型的计量结果如表4－9所示。样本观测值70，等于全部自建语料库的文本量；R^2值为0.6851，拟合度很好。

表4－9　　回溯类型1（回忆性的回溯）的影响因素计量回归结果

hshy 变量名	系数值	标准差	T 值	P 值
功能范围（对照组：文学）				
政论	－2.2838	1.4294	－1.6000	0.1160
科技	－3.4348 ***	1.2296	－2.7900	0.0070
语篇来源（对照组：网络）				
杂志	0.4313	1.4743	0.2900	0.7710
报纸	0.2362	1.7515	0.1300	0.8930
书籍	0.2121	1.2247	0.1700	0.8630
字数	0.6002	0.7339	0.8200	0.4170
前瞻	0.1602 ***	0.0376	4.2600	0.0000
语义独立片段	0.0688 *	0.0407	1.6900	0.0960
性别	－0.1763	0.9998	－0.1800	0.8610

续表

hshy 变量名	系数值	标准差	T 值	P 值
时期（对照组：沙皇时期）				
苏联时期	2.6459 *	1.3542	1.9500	0.0560
俄罗斯时期	1.9941	1.5543	1.2800	0.2050
常数项	−4.2024	5.6748	−0.7400	0.4620
R^2	0.6851			
观测值数量	70			

注：*** 、** 和 * 分别表示在 1%、5% 和 10% 的统计水平上显著。

先来观察表 4−9 中 P 值小于 0.1 的自变量，这样就可以先确定对类型 1 次数分布有显著影响的因素。功能范围中，P 值小于 0.1 的是科技语体，为 0.0070，且系数值为负，这说明，在控制其他因素的条件下，科技语体的语篇越多，回忆性回溯出现的次数就会越少，这一结论不仅在 10% 的显著水平上显著，甚至在 1% 的显著水平上显著。自变量前瞻的 P 值也小于 0.1，是 0.0000，系数值为正，说明，在其他条件一定的情况下，前瞻出现的次数越多，回忆性回溯出现的次数也会越多，也甚至在 1% 的显著水平上显著。自变量语义独立片段的 P 值小于 0.1，为 0.0960，系数值为正，这表明，控制住其他变量时，语义独立片段出现的次数越多，回忆性回溯出现的次数也会越多。此外，表 4−9 中还可以观察到，在时期变量中"苏联时期"的 P 值也小于 0.1，为 0.0560，系数值为正，这个结果说明，在其他条件不变的情况下，发表时间属于苏联时期的语篇数量越多，回忆性回溯出现的次数也会越多。表 4−9 中的计量回归结果还可以观察到，假设三中涉及的字数变量的 P 值为 0.4170，大于 0.1，在 10% 的显著水平上不显著。

回溯类型 2（引述性的回溯）次数分布影响因素的广义线性回归模型的计量结果如表 4−10 所示。样本观测值数量 70，R^2 值 0.3164，稍低，但"在社会科学中，回归方程中的 R^2 过低是很正常的，""一个看似很低的 R^2

值，并不意味着 OLS 回归方程没有用。"①

表 4 – 10　　回溯类型 2（引述性的回溯）的影响因素计量回归结果

hsys 变量名	系数值	标准差	T 值	P 值
功能范围（对照组：文学）				
政论	4. 3534 ***	1. 1476	3. 7900	0. 0000
科技	1. 7000 *	0. 9872	1. 7200	0. 0900
语篇来源（对照组：网络）				
杂志	0. 9498	1. 1837	0. 8000	0. 4260
报纸	– 2. 1686	1. 4062	– 1. 5400	0. 1280
书籍	0. 5693	0. 9832	0. 5800	0. 5650
字数	1. 1708 **	0. 5892	1. 9900	0. 0520
前瞻	0. 0190	0. 0302	0. 6300	0. 5320
语义独立片段	– 0. 0608 *	0. 0327	– 1. 8600	0. 0680
性别	– 0. 7427	0. 8027	– 0. 9300	0. 3590
时期（对照组：沙皇时期）				
苏联时期	0. 9137	1. 0872	0. 8400	0. 4040
俄罗斯时期	– 0. 8845	1. 2478	– 0. 7100	0. 4810
常数项	– 7. 9155 *	4. 5559	– 1. 7400	0. 0880
R^2	0. 3164			
观测值数量	70			

注：*** 、** 和 * 分别表示在 1%、5% 和 10% 的统计水平上显著。

可以先在表 4 – 10 中观察 P 值小于 0. 1 的自变量，即先选定在 10% 的显著水平上对引述性回溯的次数分布有显著影响的因素。这样的自变量有四个，包括功能范围中的政论语体和科技语体、语篇字数以及语义独立片段。政论语体的 P 值为 0. 0000，系数值为正，说明它甚至是在 1% 的显著

---

① 杰弗里. M. 伍德里奇著，费剑平译校. 计量经济学导论［M］. 北京：中国人民大学出版社，2010：38 – 39.

水平上对类型 2 回溯有正向的影响关系，即在其他因素不变的条件下，政论语体的语篇越多，有 99% 的可能性，引述性回溯会越多。科技语体的 P 值为 0.0900，系数值为正，说明它在 10% 的显著水平上对类型 2 回溯有正向影响关系，也就是说，在控制其他影响因素的条件下，科技语体的语篇越多，引述性回溯出现的次数也会越多。语篇字数的 P 值是 0.0520，系数值为正，这一结果表明，语篇字数与类型 2 回溯在接近 5% 的显著水平上具有正相关关系，即在其他条件不变的情况下，语篇篇幅越长，引述性回溯出现的次数就会越多。语义独立片段变量的 P 值为 0.0680，系数值为负，说明它与类型 2 回溯在 10% 的显著水平上具有负相关关系，也就是说，在其他因素不变的条件下，语义独立片段越多，引述性回溯出现的次数反而会越少。此外，我们还比较关注前瞻变量，它的系数值为正，但 P 值为 0.5320，远大于 0.1，就是说，它虽然与引述性回溯有正向影响关系，但这种关系并不显著。

回溯类型 3（介绍性的回溯）次数分布影响因素的广义线性回归模型的计量结果如表 4-11 所示。R^2 值为 0.4835，拟合优度一般。样本观测值数量为 70。

表 4-11　　　回溯类型 3（介绍性回溯）的影响因素计量回归结果

hsjs 变量名	系数值	标准差	T 值	P 值
功能范围（对照组：文学）				
政论	5.9142 ***	2.2449	2.6300	0.0110
科技	4.1063 **	1.9312	2.1300	0.0380
语篇来源（对照组：网络）				
杂志	-1.2834	2.3155	-0.5500	0.5820
报纸	-1.9551	2.7509	-0.7100	0.4800
书籍	-2.9858	1.9234	-1.5500	0.1260
字数	2.9221 ***	1.1526	2.5400	0.0140
前瞻	0.1943 ***	0.0591	3.2900	0.0020
语义独立片段	-0.0429	0.0639	-0.6700	0.5050

续表

hsjs 变量名	系数值	标准差	T 值	P 值
性别	− 2. 1693	1. 5703	− 1. 3800	0. 1720
时期（对照组：沙皇时期）				
苏联时期	0. 2212	2. 1268	0. 1000	0. 9180
俄罗斯时期	− 1. 4121	2. 4410	− 0. 5800	0. 5650
常数项	− 17. 1136*	8. 9125	− 1. 9200	0. 0600
R^2	0. 4835			
观测值数量	70			

注：***、**和*分别表示在 1%、5% 和 10% 的统计水平上显著。

可以先在表 4 - 10 中观察 P 值小于 0.1 的自变量，即先选定在 10% 的显著水平上对引述性回溯的次数分布有显著影响的因素。这样的自变量有四个，包括功能范围中的政论语体和科技语体、语篇字数以及语义独立片段。政论语体的 P 值为 0.0000，系数值为正，说明它甚至是在 1% 的显著水平上对类型 2 回溯有正向的影响关系，即在其他因素不变的条件下，政论语体的语篇越多，有 99% 的可能性，引述性回溯会越多。科技语体的 P 值为 0.0900，系数值为正，说明它在 10% 的显著水平上对类型 2 回溯有正向影响关系，也就是说，在控制其他影响因素的条件下，科技语体的语篇越多，引述性回溯出现的次数也会越多。语篇字数的 P 值是 0.0520，系数值为正，这一结果表明，语篇字数与类型 2 回溯在接近 5% 的显著水平上具有正相关关系，即在其他条件不变的情况下，语篇篇幅越长，引述性回溯出现的次数就会越多。语义独立片段变量的 P 值为 0.0680，系数值为负，说明它与类型 2 回溯在 10% 的显著水平上具有负相关关系，也就是说，在其他因素不变的条件下，语义独立片段越多，引述性回溯出现的次数反而会越少。此外，我们还比较关注前瞻变量，它的系数值为正，但 P 值为 0.5320，远大于 0.1，就是说，它虽然与引述性回溯有正向影响关系，但这种关系并不显著。

在表 4 - 11 中，P 值小于 0.1 的自变量有四个，分别为政论语体、科技语体、语篇字数以及前瞻。政论语体变量的 P 值为 0.0110，系数值为正，表示它甚至在1%的显著水平对类型3回溯有正向影响关系，即在控制其他变量时，政论语体的语篇越多，类型3回溯出现的次数也会越多。科技语体变量的P值为0.0380，系数值为正，说明科技语体与类型3回溯的次数分布在5%的显著水平上存在正相关关系，也就是说，在其他条件不变的情况下，科技语体越多，类型3回溯出现的次数也会越多。语篇字数变量的P值为0.0140，系数值为正，表明语篇字数在1%的显著水平上对类型3回溯有正向影响关系，即其他因素不变的情况下，语篇字数越多，类型3回溯出现的也会越多。前瞻的P值为0.0020，系数值为正，说明前瞻与类型3回溯的次数分布在1%的显著水平上具有正相关关系。

（四）结论

通过对表4-8中计量结果的解读和分析可以知道，在其他影响因素不变的条件下，政论语体的语篇数量越多，回溯出现的次数也将越多，也就是说，功能范围中的政论语体会影响回溯的次数分布，即假设一成立。在控制其他影响因素的条件下，前瞻出现的次数越多，回溯出现的次数也会越多，——前瞻是影响回溯次数分布的重要因素之一。虽然在上一节语义独立片段次数分布影响因素的研究中，我们通过分析计量结果发现，回溯是影响语义独立片段的一个重要因素，但根据表4-8中的数据，语义独立片段却不是影响回溯次数出现的主要因素，它虽对回溯次数分布有正向的影响，但这种影响不显著。因此，假设两部分正确。表4-8中的计量结果还显示，在其他条件一定的情况下，语篇的字数越多，回溯出现的次数也会越多，即假设三成立。

观察表4-9中的计量结果我们发现，显著影响类型1回溯（回忆性回溯）次数分布的因素有四个，即功能范围中的科技语体、前瞻、语义独立片段以及发表时间是苏联时期的语篇。在这四个显著影响因素中，除科技语体与类型1回溯有负相关关系外，其余三个影响因素均为正向影响的因素。也就是说，在控制其他变量的条件下，政论语体语篇越多，回忆性回溯会越少；在其他因素不变、只观察前瞻变量时，前瞻出现的次数越多，回忆性回溯也会越多；同样，控制住其他变量、只考察语义独立片段时，语义独立片段出现的次数越多，回忆性回溯也会越多；苏联时期变量也是如此，在其他所有因素不变的情况下，发表时间是苏联时期的语篇越多，回忆性回溯也会越多。

查看表4-10的计量结果，可以了解到，影响类型2回溯（引述性回溯）次数分布的显著因素有四个，即功能范围是政论语体、功能范围是科技语体、语篇字数和语义独立片段片段。这四个对类型2回溯有显著影响的因素中，只有语义独立片段是负向影响因素，剩下的三个为正相关影响因素。

分析表4-11中的计量结果可以知道，对类型3回溯（介绍性回溯）次数分布有显著影响的因素有四个，它们分别为政论语体、科技语体、语篇字数以及前瞻，而且这四个因素对类型3回溯次数分布的影响都是正向的。

从表4-8中，我们分析出回溯范畴整体上在语篇中次数分布的显著影响因素情况；从表4-9、表4-10和表4-11中，我们分别厘清了回忆性回溯、引述性回溯以及介绍性回溯次数分布的显著影响因素。比较这些被我们分析出来的显著影响因素就会发现，它们中有的是全部因变量的正向影响因素，例如语篇字数；有的在各个自变量中各不相同，例如，语义独立片段变量根本不是回溯总的次数分布的显著影响因素，但它与回忆性回溯次数分布有显著的正向影响关系，与引述性回溯次数分布有显著的负向影响关系，与介绍性回溯的次数分布没有显著的影响关系。因此，表4-8表达出来的只是总的回溯范畴在语篇中次数分布影响因素的情况，不同类型的回溯在次数分布特征上，一定存在着与总体情况相一致的显著影响因素，但也会有自己独特的显著影响因素，即总体情况的显著影响因素与各类型的显著影响因素有同，也有异。

第三节　基于新建语料库的前瞻范畴研究

前瞻与回溯、语义独立片段、信息性、可切分性、接应、连续统、情态性、整合性和完整性一起共同构成了加里别林语篇理论中的十大语法范畴。虽然加里别林在自己的专著中并没有对前瞻做过很多理论阐述，但作为语篇时间非连续性的表现形式，它能帮助读者梳理语篇中的情景、事件之间的联系，更好地理解语篇内容。因此它和回溯一起在语篇线性展开和语篇理解的过程中发挥着非常重要的作用。

一、前瞻范畴的研究现状

到目前为止，语言学界对前瞻范畴的研究还相当稀少。对其现有的少量研究包含两个方面的内容，一个是对前瞻范畴理论的关注；另一个是在各种不同类型的语篇中探讨前瞻的表现特征。

与回溯范畴的研究相类似，学者们对前瞻范畴的理论研究也没有超出加里别林语篇理论的思想，基本上都是对其思想的阐释和解读。加里别林在其研究中曾提出，前瞻在语篇中有特定的形式标志，并举出一些常用的语句结构。[①] 我国学者史铁强和安利细化了这个结论，他们在自己的研究中把作者客观性前瞻根据其词语的表现形式划分外三种类型：①用"后来"、"今后"、"当时（还）"等直接告示后续发生的事情；②用类似"此乃后话"、"暂且不表"等说书人话语直接交代后面的内容；③使用"那"等语义依附成分。显然，史铁强和安利的研究使加里别林的抽象理论更加明确和有序，但终究没有超越其思想框架。

对前瞻范畴的实践研究主要集中在对文学语篇和图书辅文的研究中。郭明[②]和车琳[③]在对文学作品中的时间范畴进行研究时都发现，现实性客观文学时间的主要表达手段是动词的陈述式。这种时间特点既可以进行向后的回溯式延伸，也可以进行向前的前瞻式延伸。在前瞻式延伸中它们通常表现为由过去时间向现在时间或将来时间延伸，或者由现在时间向将来时间做线性或非线性的延伸。林超[④]在俄汉图书辅文的对比研究中发现，辅文

---

① Гальперин И. Р. Текст как объект лингвистического исследования [M]. М.：Наука，1981：112.

② 参阅：郭明. 俄罗斯语言篇章范畴与小说研究 [M]. 哈尔滨：黑龙江大学出版社，2012：105 – 107.

③ 参阅：车琳. 文学语篇的时间范畴 [J]. 中国俄语教学，2013（3）：81 – 85.

④ 参阅：林超. 俄汉图书辅文对比研究 [D]. 黑龙江大学，2010：136 – 147.

中的前瞻主要体现在辅文与正文、辅文与辅文之间，其中辅文与正文间的前瞻体现得比较明显。她还发现，前瞻的触发语、引导语以及前瞻内容本身所体现的内容关联性是把图书正文和辅文融为整体的关键。此外，前瞻借助指示成分能够实现语篇内部的回指功能，在一定程度上起到了"承上"的作用。这些研究不仅深化了语篇前瞻范畴的理论研究，而且为前瞻的具体研究提供了可供参考的具体途径。

需要指出的是，前瞻的蕴含性常常与某些显性或隐性的表达特征交织在一起，因此在很多语用学以及语篇衔接和连贯的研究中也会提及前瞻，并把它和语用中的预指（cataphora）、衔接和连贯中的指代（coreference）相互等同。孙珊珊、许余龙等的前瞻中心排序对英汉语指代消解影响的分析①是这方面比较有代表性的研究。他们以向心理论中的"前瞻中心排序"规则作为主要依据，设计了六种算法，对比分析了不同排序方法对英汉指代消解的影响。他们研究中"前瞻中心"，是指在一个语句中被提及并可能成为下一语句潜在回指对象的所有语篇实体。前瞻和预指、指代确实存在着相同点，它们都表示"正在表达的和即将表达的两者指称相同"②，都用前面的信息内容引导读者对后面的信息作出主观预测，即它们均能体现读者对语篇的认知过程和语篇线性发展的同向性。但它们之间存在很大区别。预指或指代一般是指相邻语句、段落等距离比较小的两种信息内容间的照应关系，通常能够帮助读者厘清上下语句间或情节间的相互关系和因果联系。落空的预指不仅是指代的失效，而且是语篇逻辑联系上的错误，将会使读者的认知过程产生偏差，极大干扰语篇的正确理解，甚至产生误解。而前瞻，尤其是读者主观性前瞻，经常会与语篇未来的真实情节不相符合，但这丝毫不会影响读者对语篇的正确理解，反而会使读者更加关注标题，并有意识地回溯上文所叙述的事实内容信息，以便寻找语篇前后情节间的逻辑联系。也就是说，落空的读者主观预测反而可能会加深读者对语篇的理解。

---

① 参阅：孙珊珊，许余龙，段嫚娟. 前瞻中心排序对英汉指代消解影响的对比分析 [J]. 外语教学与研究，2013（6）：1-6.

② 克里斯特尔. D.（编），沈家煊译. 现代语言学词典 [Z]. 北京：商务印书馆，2007：57.

二、前瞻范畴的描述性分析

为了利用自建俄语语料库对前瞻范畴进行比较全面的研究，可以使用语料库中的语料对前瞻范畴先进行静态描写，然后观察它在语料库中的数据，并进行统计运算。只有这样，才能把理论研究与实践探索相结合，相对系统的分析前瞻范畴。

（一）前瞻的表现形式

在创建小型俄语语料库过程中，初次标注时我们仅在所有收录的语篇中找出前瞻并做了简要标记。之后把语篇中所有前瞻的表达形式搜索出来，结合前人的研究实践，重新对它的表现类型做了划分，并进行了第二次标注。在观察语料库中大量的前瞻语例时，我们发现前瞻与预期密切相关，因此根据预期设定与预期实现之间的关系，可以把前瞻的表现类型划分为三种，即符合预期性的前瞻，辜负预期性的前瞻以及展望性的前瞻。

所谓符合预期性的前瞻，是指前瞻预测的结果在后面的语篇叙述或情节展开中得到实现或证实，也就是说，前瞻是正确地预见到了事物的发展结果或情节走向。辜负预期性的前瞻正好与此相反，指在前面预测的结果在语篇后续的情节或叙述中没有实现，是落空的预测，甚至是错误的预测。展望性的前瞻是一种与前面两种有些不同的前瞻类型，它的预测验证结果在语篇中找不到，可能是开放式的，给读者自行想象和憧憬的空间，也可能需要时间的检验，在未来才能看到结果。这三种类型的前瞻在语篇中存在着多种多样的具体表现方式，有的可能只是陈述性的直白说明，有的可能运用心理活动来展现，有的用发生在前的情节或细节来预示。例如：

（31）Я разделся и упал в постель с головокружением, но уснул сладко и мгновенно, разбитый счастьем и усталостью, <u>совсем не подозревая, какое великое несчастие ждёт меня впереди, что шутки Сони окажутся не шутками</u>.（出自自建语料库文学语体——语篇21）

（我脱了衣服，在幸福和疲劳的重压下晕晕乎乎地倒在床上，立刻香甜地睡去，<u>一点儿也没有料想到我面临着何等巨大的不幸，索尼娅的戏言竟</u>

然不是戏言。)①

画线部分的前瞻，是对下文情节的提前告知，从它的表达方式来看，只是用简单直接的陈述来预告即将发生的情况。这是直陈方式表现的前瞻。

（32）Когда визг лесопилки неожиданно оборвался и стало непривычно тихо и покойно, <u>я почувствовала что-то недоброе. Смутная догадка подсказала мне, что происшедшее связано с моим сыном.</u>（出自自建语料库文学语体——语篇 22）

（当刺耳的锯木声突然停止，一切都变得异常安静和舒适时，<u>我感觉到事情有些不妙。模糊的直觉下意识地告诉我，正在发生的事情与我儿子有关。</u>）

画线部分是用作品中人物的感觉昭示接下来情节的发展。这种用感觉心理表现的前瞻与直陈出来的前瞻是有差别的，除了有所预指外，它使读者能够与作品中人物一起更加关注情节发展。

（33）Одно только событие или предзнаменование омрачило Матрене этот праздник: <u>ходила она за пять верст в церковь на водосвятие, поставила свой котёлок меж других, а когда водосвятие кончилось и бросились бабы, толкаясь, разбирать — Матрёна не поспела средь первых, а в конце — не оказалось её котёлка. И взамен котёлка никакой другой посуды тоже оставлено не было. Исчез котёлок, как дух нечистый его унес.</u>

—Бабоньки! — ходила Матрёна среди молящихся. — <u>Не прихватил ли кто неуладкой чужую воду освящённую? в котёлке?</u>

<u>Не признался никто. Бывает, мальчишки созоровали, были там и мальчишки.</u> Вернулась Матрёна печальная. Всегда у неё бывала святая вода, а на этот год не стало.（出自自建语料库文学语体——语篇 5）

（这个节日里有一件事情，也许是一个预兆，使玛特辽娜很伤心：<u>她走了五俄里来到教堂打圣水，把自己的铁锅放在其他铁锅之间，水打满之后妇女们都拥上来拿自己的锅，玛特辽娜没来得及挤进第一批，最后她的锅</u>

---

① 本节中例句（31）的译文参考了《布宁短篇小说选》（张建华主编、陈馥译，北京：外学教学与研究出版社，2006）中的翻译，例句（33）和（34）的译文参考了《俄罗斯短篇小说选读》（刘永红、袁顺芝编著，武汉：武汉大学出版社，2010）中的翻译，其余的例句为本书作者所译。

不见了，也没有其他的器皿剩下，她的铁锅失踪了，好像被魔鬼拿走了。

"姐妹们！"她在祈祷的人群中来回走着，"有谁没注意端错了别人的圣水么？用铁锅装的？"

谁也不承认是自己拿的。小男孩们淘气，曾到这里来过。玛特辽娜伤心地回家了。她总是有圣水的，可今年没有了。）

摘录的这段话描述了一件事情：玛特辽娜今年没有拿到圣水，以前每年她都是拿到的。作者也在描写丢失圣水之前直接说，"也许是一个预兆"。拿不到圣水当然不是好事情，果然之后不久，玛特辽娜就被火车撞死了。这是一个用事件预示来表现的前瞻。

（34）Убаюканный сладкими надеждами, он час спустя крепко спал… Ему снилась печка. На печи сидит дед, свесив босые ноги, и читает письмо кухаркам…Около печи ходит Вьюн и вертит хвостом… （出自自建语料库文学语体——语篇2）

（他怀着美好的希望定下心来，过了一个钟头就睡熟了。……在梦中他看见一个炉灶。祖父坐在灶台上，耷拉着一双没穿鞋子的脚，正给厨娘们念信……"泥鳅"在炉灶旁边走来走去，摇着尾巴……）

这是故事《万卡》的结尾，一个用小男孩的梦来表达的前瞻。祖父、厨娘们、名叫"泥鳅"的狗、温暖的炉灶，都是小男孩万卡憧憬的幸福未来。此外，万卡还希望祖父能收到他写的信，把他带回到原来的主人那里，因此梦中的祖父在读他的信。所有对这个孩子来说最希望的人和事都以梦的方式展现出来。这是一个用梦境来表现的前瞻。

（35）Объединение народов России не может твориться силой только религиозной идеи. Здесь верования не соединяют, а разъединяют нас. Но духовным притяжением для народов была и останется русская культура. Через неё они приобщаются к мировой цивилизации. Так это было в Петербургский период Империи, так это должно остаться. Если народы России будут учиться не в Москве, не в Петербурге, а в Париже и в Берлине, тогда они не останутся с нами. （出自自建语料库政论语体——语篇3）

（俄罗斯人的团结不能只依赖宗教思想一种力量。在这里宗教团结不了我们，反而会分离我们。只有俄罗斯文化不但已经是而且还将会是俄罗斯人的精神凝聚力。他们通过它去认识世界文化。这些曾发生在帝国时期的彼得堡，这些也应该保留下来。如果俄罗斯人没有在莫斯科、彼得堡学习，而是在巴黎和柏林，那么他们不会和我们留在一起。)

单下划线的部分是政论语篇作者用预言方式表达的前瞻。虽然当时很多人认为，宗教能让多民族的苏联人团结在一起，但作者预言了俄罗斯文化在民族团结中起到的重要作用。此外，作者还建议，应该沿用帝国时代开放性对待文化的方法，这是作者在当时对国家文化政策的建设。因此双下划线的部分，可以看作是用建议方式表达的前瞻。虚线下划线的部分是作者对未来情况的一种假设，预见到如果不是在国内感受自己国家的文化，那么民族归属感可能会比较薄弱，所以可以认为它是用假设方式表达的前瞻。

前瞻和回溯一样，都与时间密切相关，因此在判定前瞻语例的时候，也需要考虑时间计量点问题。在文学语篇中，作者会以现实时间为参照，构建作品内独有的时间系统，在判定前瞻语例时，应该按照文学作品内部的时间系统来确定时间流向。科技语体语篇和政论语体语篇内部一般不存在人为构建的时间系统，可以用现实时间来度量。但应该注意的是，它们的内容是相对于创作所处时间为参照的，而不是现在时间，所以，应该把语篇当时创作的时间作为时间计量基点。只有这样，才能比较合理的研判语篇中的前瞻现象。

（二）前瞻的统计描述

根据自建语料库的语料，可以把文学语体、政论语体和科技语体语篇中的前瞻出现次数用表 4-12 表示出来。

从表 4-12 中可以发现，辜负预期性的前瞻只发生在文学语体语篇中；政论语体中前瞻的类型最少，只出现了展望性的前瞻，没有其余两种类型的前瞻。也许可以推测，一定类型的前瞻会优先出现在某种特定语体的语篇中，特定语体的语篇中也会更多出现某类型的前瞻。这些推测将为将来假设的设定提供一定的参考。

表 4 - 12　　　　　　　　　　前瞻次数分布汇总表

次数 类型 语体	符合预期性的前瞻 qzfy	辜负预期性的前瞻 qzgy	展望性的前瞻 qzzw	总数
文学语体语篇 中出现的次数	179	60	19	258
政论语体语篇 中出现的次数	0	0	58	58
科技语体语篇 中出现的次数	4	0	123	137
总数	183	60	200	453

　　用公式（4-1）和公式（4-2）可以分别计算出总的前瞻以及各类型前瞻在语篇中出现次数的离中量数和集中量数等统计数值。它们的具体数值见表 4-13。

表 4 - 13　　　　　　　　　前瞻次数分布的统计表

变量名	定义	均值	标准差	最小值	最大值
前瞻	语篇中出现前瞻的数量（次）	6.34	11.92	0	61
符合预期性的前瞻	语篇中出现"符合预期性的前瞻"的数量（次）	2.61	6.91	0	47
辜负预期性的前瞻	语篇中出现"辜负预期性前瞻"的数量（次）	0.86	2.09	0	13
展望性的前瞻	语篇中出现"展望性的前瞻"的数量（次）	2.87	8.86	0	61

　　阅读表 4-13 可以看到，在三种类型前瞻的数值中，辜负预期性的前瞻均值最小，标准差也最小，这说明和另外两个类型的前瞻相比较，它在语料库中语篇里出现的数量最少，每个语篇平均不到一个，但离散程度最小，即会相对集中出现在某些语篇中。符合预期性的前瞻均值为 2.61，说明在

自建语料库中它在每个语篇中的平均出现次数为将近3个；标准差在三个前瞻类型中处于中间，说明它的次数分布比辜负预期性前瞻的次数分布要分散一些，但比展望性的前瞻要集中。展望性的前瞻在三个类型中，标准差最大，说明它在自建语料库中的语篇里分布次数最离散，最不集中。总的前瞻出现次数的均值为6.34，说明在不考虑类型的情况下，每个语篇中出现前瞻的平均个数为6个多。

三、前瞻范畴的统计分析

对自建语料库中前瞻具体类型和表现形式的划分不仅是语料库标注的需要，也有利于加深对所标注语料的认识，为以后的理论研究提供语例支持。只对前瞻进行阐述性的静态描写是不够的，还需要利用语料库中的数据对影响其次数分析的原因进行分析。只有这样，才能比较全面的展示出自建语料库中前瞻范畴的全貌。

（一）假设和变量的选取

按照实证分析的一般步骤，在对研究对象进行统计运算之前，需要建立面向研究内容的假设，并根据假设来选取因变量和自变量。目前在语言学界，描写性的研究比较多，实证性的研究还相对稀少。对前瞻在语篇中次数分布影响因素的相关研究还没有，因此需要我们在前人的理论研究和描述性分析中寻找可能存在的影响因素，并把它们设为自变量。在观察已经统计出来的数据表格（表4－12和表4－13）时，我们也得到了一些启示。这样，综合各方面的考虑，可以提出以下三个假设来分析总的前瞻次数分布的影响因素。

假设一：功能语体会影响前瞻在语篇中的次数分布，即在文学语体、政论语体和科技语体语篇中前瞻出现的次数是存在差别的。

假设二：前瞻与回溯、语义独立片段具有相关性，即前瞻在语篇中出现的次数与回溯出现的次数、语义独立片段出现的次数存在一定的关系。

假设三：语篇字数会影响前瞻出现的次数，即语篇字数越多，前瞻出现的次数也会越多，语篇字数越少，前瞻出现的次数也会相应减少。

　　此外，在表 4 - 13 中我们曾观察到，三个类型的前瞻各自会优先出现在某些语体的语篇中，某种语体的语篇里也会比较集中出现某种类型的前瞻，因此对影响不同类型前瞻在语篇中分布次数的因素我们也比较关注。

　　根据研究内容，结合小型自建语料库的元标注系统，可以选取功能范围、语篇字数、回溯出现的次数、语义独立片段出现的次数作为我们主要考察的自变量，语篇来源、作者性别、语篇发表时间作为参照自变量。本项研究中的变量、变量定义以及相关的统计数据见表 4 - 14。

表 4 - 14　　　　　　　前瞻次数分布影响因素研究的变量描述

变量名	定义	均值	标准差	最小值	最大值
前瞻	语篇中出现前瞻的数量（次）	6.34	11.92	0	61
语义独立片段	语篇中出现"语义独立片段"的数量（次）	10.89	15.05	0	94
功能范围					
文学	语篇是文学为1，否0	0.43	0.50	0	1
政论	语篇是政论为1，否0	0.29	0.46	0	1
科技	语篇是科技为1，否0	0.29	0.46	0	1
语篇来源					
网络	语篇来自于网络为1，否0	0.21	0.41	0	1
杂志	语篇来自于杂志为1，否0	0.16	0.37	0	1
报纸	语篇来自于报纸为1，否0	0.14	0.35	0	1
书籍	语篇来自于书籍为1，否0	0.49	0.50	0	1
字数	语篇的文字数量（字）	3340	4102	325	24565
回溯	语篇中出现回溯的数量（次）	12.23	13.47	0	85
性别	男性1，女性0	0.70	0.46	0	1
时期					
沙皇时期	语篇发表时间为沙皇时期赋值1，否0	0.14	0.35	0	1
苏联时期	语篇发表时间为苏联时期赋值1，否0	0.33	0.47	0	1
俄罗斯时期	语篇发表时间为俄罗斯时期赋值1，否0	0.53	0.50	0	1

在表 4 – 14 中，前瞻在语篇中出现的次数是需要考察的因变量，其余的变量均为自变量。自变量有两种类型，字数、回溯的次数以及语义独立片段的次数是数值型变量，可以直接进行运算，其余的自变量均为称名型变量，需要用"0"、"1"定义变换为虚拟变量后，才能运算。表 4 – 14 "定义"一栏中分别对称名型自变量进行了设定，并把它们转变为虚拟变量。

"时期"变量表示的是语篇发表的时间，对它仍然选择了先进行分期，然后再分别定义的方法。划分界限的依据是苏联成立的时间（1922 年）和其解体的时间（1991 年），语篇发表时间在 1922 年前（包括 1922 年）的为沙皇时期，发表时间在 1923 ~ 1991 年（包括 1991 年）的为苏联时期，1992 年（包括 1992 年）以后的为俄罗斯时期。

虽然时期、作者性别等变量在本项研究中不是主要关注的自变量，但仍需要严肃、仔细地对其进行定义和运算。因为随着未来对前瞻范畴研究的深入，自建语料库各类语篇的增多，即样本量的增加，也许在不久的将来的研究中，比如，研究不同时期语篇中前瞻分布次数的影响因素，或是作者性别是否会影响前瞻出现的次数等，它们也将成为被主要考察的自变量。

（二）计量方法

回归分析是研究因变量对自变量依赖关系的方法，它可以通过已知或设定值去估计或预测因变量的情况。假设因变量和自变量间的关系是线性的，可以用线性回归模型来拟合因变量和自变量的数据，并确定模型参数。在本项研究中，可以根据广义的线性回归模型，把因变量设为 QZ，自变量设为 X，建立前瞻在语篇中次数分布影响因素研究的基本模型为：

$$QZ_i = \beta_0 + \beta_i X_i + \varepsilon_i \qquad (4-7)$$

公式（4 – 7）中，左边的 QZ 表示第 i 个语篇中前瞻出现的次数。右边的 β_0 是常数项；ε_i 是随机误差项，表示在第 i 个语篇中所有可能存在的误差；X_i 表示第 i 个语篇中影响前瞻出现次数的因素，β_i 表示其系数。

本项研究中的自变量共有七个，把这七个自变量代入模型（4 – 7）中，就得到了实际用于运算的拓展模型：

$$QZ_i = \beta_0 + \beta_1 FS_i + \beta_2 ST_i + \beta_3 NC_i + \beta_4 YY_i + \beta_5 HS_i + \beta_6 SEX_i + \beta_7 DP_i + \varepsilon_i$$

$$(4-8)$$

在模型（4-8）中，右边各项中的 β_1、β_2……β_7 分别表示各影响因素的系数，FS_i 表示第 i 个语篇的功能范围，ST_i 表示第 i 个语篇的语篇来源，NC_i 表示第 i 个语篇的文字数量，YY_i 表示第 i 个语篇中语义独立片段出现的次数，HS_i 表示第 i 个语篇中回溯出现的次数，SEX_i 表示第 i 个语篇的作者性别，DP_i 表示第 i 个语篇发表的时间。

把因变量和各个自变量的数值输入计算机，使用最小二乘法做参数估计，并利用 10.0 版本的 STATA 统计分析软件可以很方便地进行计算。

（三）实证结果

前瞻在语篇中次数分布影响因素的研究中，它的因变量和各个自变量的计量结果如表 4-15 所示。计量结果表明，观测值数量是 70，表示运算的样本数量是 70 个语篇。R^2 的值为 0.4115，在 0 与 1 之间偏弱的中间位置，说明拟合优度一般。

表 4-15　　　　　　　　前瞻次数影响因素计量回归结果

变量名	系数值	标准差	T 值	P 值
功能范围（对照组：文学）				
政论	3.2648	4.7614	0.6900	0.4960
科技	3.3055	3.9451	0.8400	0.4060
语篇来源（对照组：网络）				
杂志	-3.5666	4.7315	-0.7500	0.4540
报纸	-9.9343 *	5.5760	-1.7800	0.0800
书籍	-12.1497 ***	3.6431	-3.3300	0.0010
字数	7.4096 ***	2.2724	3.2600	0.0020
语义独立片段	-0.0665	0.1564	-0.4300	0.6720
回溯	0.0230	0.1736	0.1300	0.8950
性别	-4.5259	3.2487	-1.3900	0.1690

续表

变量名	系数值	标准差	T 值	P 值
时期（对照组：沙皇时期）				
苏联时期	3.8626	4.4221	0.8700	0.3860
俄罗斯时期	-1.7074	5.0101	-0.3400	0.7340
常数项	-40.4183**	17.9842	-2.2500	0.0280
R^2	0.4115			
观测值数量	70			

注：***、** 和 * 分别表示在 1%、5% 和 10% 的统计水平上显著。

根据设立的假设，需要关注功能范围变量。政论语体的系数值为正3.2648，P 值为 0.4960，大于 0.1。这一结果表明，政论语体与前瞻出现的次数为正向影响关系，但这种影响并不显著。科技语体的系数值为正3.3055，P 值为 0.4060，大于 0.1。这些数值表明，与政论语体一样，科技语体对前瞻的次数分布是正相关关系，但这种关系不显著。

表 4-15 中，回溯变量的系数值是正 0.0230，P 值为 0.8950，大于0.1。这个结果说明，与功能范围变量一样，回溯出现次数与前瞻出现次数之间虽然具有正相关关系，但它们之间的这种关系不显著。语义独立片段的系数值为负 0.0665，P 值为 0.6720，大于 0.1，这说明，语义独立片段对前瞻次数分布的影响是负相关的关系，这种负向影响关系也不显著。

在计量科学中，模型自变量的系数值 β_i 除了观察正负，以确定自变量和因变量之间的影响关系是正向还是负向以外，还可以用来计算因变量对自变量的弹性。弹性（elasticity）最初是统计学中的概念，在模型中可用来计算回溯自变量对因变量具体影响的数值。在线性回归模型中，弹性的计算公式为：

$$E = \beta_i \overline{X_i} / \overline{Y} \tag{4-9}$$

在公式（4-9）中，E 表示弹性，β_i 表示自变量 X_i 的系数值，$\overline{X_i}$ 表示自变量 X_i 的均值，$\overline{Y}$ 表示因变量的均值。弹性 E 表示自变量 X_i 发生 1% 的变动时，因变量 Y 将发生 $\beta_i \overline{X}/\overline{Y}\%$ 的变动。[①]

[①] 参阅：杰弗里. M. 伍德里奇著，费剑平译校. 计量经济学导论 [M]. 北京：中国人民大学出版社，2010：42-43.

在表 4 – 14 中可以找到回溯变量与前瞻变量的均值，在表 4 – 15 中可以找到回溯的系数值，把找到的数据代入公式（4 – 9），可以计算出前瞻变量对回溯变量的弹性值，为 0.044368，即在控制其他变量的情况下，回溯变量每发生 1% 的变动，前瞻变量将发生 4.44368% 的变动。也就是说，假设原本回溯出现的次数为 100，前瞻出现的次数为 30；在控制其他变量的情况下，当回溯次数增加 1%，即增加 1 个（100 × 1%）时，前瞻出现的次数会相应增加 30 × 4.44368% 个，即 1.3310 个。弹性可以预测自变量和因变量之间具体影响的变动量。

表 4 – 15 中语篇字数的系数值为 7.4096，P 值为 0.0020，小于 0.1，甚至小于 0.01。这一结果表明，语篇字数与前瞻次数分布之间存在正向影响关系，而且这种影响关系不仅在 10% 的显著水平上显著，甚至在 1% 的显著水平上显著。也就是说，在控制其他自变量的情况下，语篇字数越多，前瞻出现的次数也会多。可以用弹性来计算一下它们之间的具体影响数值。由于语篇字数的各项数值均远远大于其他变量的数值，为了减小运算中的误差，需要利用对数公式来计算语篇字数的弹性，其公式（4 – 10）如下所示：

$$E = \beta_i / \overline{Y} \qquad\qquad (4 – 10)$$

把字数变量的系数值 7.4096（见表 4 – 15）与前瞻变量的均值 6.34（见表 4 – 14）代入公式（4 – 10），得到的计算结果为 1.168707。这说明语篇字数每发生 1% 的变动，前瞻出现的次数将随之变动 116.8707%。换句话说，如果语篇字数为 10000 时，前瞻出现 6 次；在控制其他变量不变的情况下，当语篇字数增加或减少 1% 时（10100 字或 9000 字），前瞻的出现会随之增加或减少 7.01224（6 × 116.8707%）次（13 个或 0 个）。

由于表 4 – 15 中计量结果表现出来的信息和我们在表 4 – 12 直接观察的信息有些出入，有必要对前瞻各类型分别进行分析。只要把因变量分别更换为符合预期性前瞻、辜负预期性前瞻和展望性前瞻，利用基本模型（4 – 7）和拓展模型（4 – 8）可以得到表 4 – 16、表 4 – 17 和表 4 – 18，它们分别为符合预期性前瞻的影响因素计量回归结果、辜负预期性前瞻的影响因素计量回归结果以及展望性前瞻的影响因素计量回归结果。

表 4 - 16 符合预期性前瞻的影响因素计量回归结果

qzfy 变量名	系数值	标准差	T 值	P 值
功能范围（对照组：文学）				
政论	- 4. 0354 *	2. 3884	- 1. 6900	0. 0960
科技	- 0. 8731	1. 9789	- 0. 4400	0. 6610
语篇来源（对照组：网络）				
杂志	3. 6141	2. 3734	1. 5200	0. 1330
报纸	0. 7768	2. 7970	0. 2800	0. 7820
书籍	- 1. 6058	1. 8275	- 0. 8800	0. 3830
字数	0. 6802	1. 1399	0. 6000	0. 5530
语义独立片段	- 0. 0008	0. 0784	- 0. 0100	0. 9920
回溯	0. 2561 ***	0. 0871	2. 9400	0. 0050
性别	- 0. 1966	1. 6296	- 0. 1200	0. 9040
时期（对照组：沙皇时期）				
苏联时期	1. 8589	2. 2182	0. 8400	0. 4050
俄罗斯时期	- 0. 7733	2. 5131	- 0. 3100	0. 7590
常数项	- 4. 2113	9. 0212	- 0. 4700	0. 6420
R^2	0. 5588			
观测值数量	70			

注：***、** 和 * 分别表示在 1%、5% 和 10% 的统计水平上显著。

表 4 - 17 辜负预期性前瞻的影响因素计量回归结果

qzgy 变量名	系数值	标准差	T 值	P 值
功能范围（对照组：文学）				
政论	- 1. 5355 **	0. 7238	- 2. 1200	0. 0380
科技	- 0. 6456	0. 5997	- 1. 0800	0. 2860
语篇来源（对照组：网络）				
杂志	- 0. 1876	0. 7192	- 0. 2600	0. 7950
报纸	- 0. 3369	0. 8476	- 0. 4000	0. 6920
书籍	- 1. 2636 **	0. 5538	- 2. 2800	0. 0260

续表

qzgy 变量名	系数值	标准差	T 值	P 值
字数	-0.1283	0.3454	-0.3700	0.7120
语义独立片段	0.0272	0.0238	1.1500	0.2570
回溯	0.0652 **	0.0264	2.4700	0.0160
性别	0.0255	0.4938	0.0500	0.9590
时期（对照组：沙皇时期）				
苏联时期	-0.6642	0.6722	-0.9900	0.3270
俄罗斯时期	-1.3695 *	0.7616	-1.8000	0.0770
常数项	2.9726	2.7338	1.0900	0.2810
R^2	0.5591			
观测值数量	70			

注：***、** 和 * 分别表示在 1%、5% 和 10% 的统计水平上显著。

表 4-18　　　　展望性前瞻的影响因素计量回归结果

qzzw 变量名	系数值	标准差	T 值	P 值
功能范围（对照组：文学）				
政论	8.8358 **	3.6847	2.4000	0.0200
科技	4.8242	3.0530	1.5800	0.1200
语篇来源（对照组：网络）				
杂志	-6.9931 *	3.6616	-1.9100	0.0610
报纸	-10.3742 **	4.3151	-2.4000	0.0190
书籍	-9.2803 ***	2.8193	-3.2900	0.0020
字数	6.8577 ***	1.7585	3.9000	0.0000
语义独立片段	-0.0929	0.1210	-0.7700	0.4450
回溯	-0.2983 **	0.1343	-2.2200	0.0300
性别	-4.3547 *	2.5141	-1.7300	0.0890
时期（对照组：沙皇时期）				
苏联时期	2.6679	3.4221	0.7800	0.4390
俄罗斯时期	0.4354	3.8772	0.1100	0.9110

续表

qzzw 变量名	系数值	标准差	T 值	P 值
常数项	− 39. 1796 ***	13. 9175	− 2. 8200	0. 0070
R^2	0. 3618			
观测值数量	70			

注：*** 、 ** 和 * 分别表示在 1% 、5% 和 10% 的统计水平上显著。

观察表 4 − 16 可以发现，功能范围中政论语体的系数值为 − 4.0354，P 值为 0.0960，这表示，政论语体对符合预期性前瞻出现次数的影响是负相关，这种负向影响关系在 1% 的显著水平上显著。换句话说，政论语体每变动 1%，符合预期性前瞻会随之发生负向变动 44.838% （根据公式 (4 − 9)： − 4.0354 × 0.29/2.61 可得到计算结果）科技语体变量的系数值是 − 0.8731，P 值为 0.6610，远大于 0.1，这表明，科技语体对前瞻出现次数有负向影响关系，但这种影响不显著。也就说，对于符合预期性前瞻而言，功能范围对它的出现次数是有影响的。在其他条件不变的情况下，政论语体语篇越多，符合预期性前瞻有 90% 的可能性一定会出现得越少；科技语体语篇越多，符合预期性前瞻可能会减少，但不太肯定。回溯的系数值为 0.2561，P 值是 0.0050，小于 0.01，这说明，回溯出现次数对前瞻出现次数的影响是在 1% 显著水平上的正向影响关系。利用弹性公式 (4 − 9) 可以具体计算一下回溯对符合预期性前瞻影响的实际数值：回溯每变动 1%，符合预期性前瞻将随之变动 120.0039% （0.2561 × 12.23/2.61）。语义独立片段变量的 P 值是 0.0008，系数值为负，说明它虽然对符合预期性前瞻有负向影响关系，但不明显。字数变量的 P 值为 0.5530，系数值为 0.6802，这一结果表明，语篇字数对符合预期性前瞻的正向影响关系不显著，即语篇篇幅长短对这种类型前瞻出现次数的影响不大。

查看表 4 − 17 中的计量回归结果可以发现，政论语体的 P 值是 0.0380，小于 0.05，系数值为 − 1.5355。这说明，政论语体对辜负预期性前瞻出现次数的影响是在 5% 的显著水平上显著的负向影响关系。也即是说，在其他因素不变的情况下，政论语体语篇越多，辜负预期性前瞻出现的次数有 95% 的可能会减少。在控制其他变量的情况下，政论语体语篇每增加或减少 1%，辜负预期性前瞻会随之减少或增加 51.778%（根据公式（4 - 9）：- 1.5355 × 0.29/0.86 可得到计算结果）。科技语体的 P 值是 0.2860，大于 0.1，系数值为 - 0.6456，说明科技语体与辜负预期性前瞻的次数分布是负相关关系，但不显著。因此，功能语体对辜负预期性前瞻在语篇中的次数分布是影响的，这种影响非常明显的体现在政论语体上。语篇字数变量的 P 值是 0.7120，系数值为 - 0.1283，说明语篇字数对辜负性预期前瞻出现次数的影响是负向不显著的。语义独立片段的 P 值是 0.2570，系数值为 0.0272，这一结果表明，语义独立片段对辜负预期性前瞻的影响是正向不显著的。回溯变量的 P 值是 0.0160，小于 0.05，系数值为 0.0652，说明回溯出现的次数对辜负预期性前瞻的次数分布是在 5% 的显著水平上的正相关关系。这种显著的正向影响关系表现为，在控制其他变量的情况下，回溯出现的次数每增加或减少 1%，辜负预期性前瞻出现的次数会随之增加或减少 92.7205%（根据公式（4 - 9）：0.0652 × 12.23/0.86 可得到计算结果）。

　　观察表 4 - 18 中的计量回归结果可以发现，功能语体中政论语体的 P 值为 0.0200，小于 0.05，系数值为 8.8358，这一结果表明，政论语体与展望性前瞻的次数分布是正相关关系，这种正向影响关系甚至在 5% 的显著水平上显著。也就是说，在控制其他变量的条件下，政论语体越多，展望性前瞻出现的次数也会随之增多，政论语体对展望性前瞻影响的具体数值关系是：政论语体每增加或减少 1%，展望性前瞻出现的次数有 95% 的可能会随之增加会减少 89.2816%（根据公式（4 - 9）：8.8358 × 0.29/2.87 可得到计算结果）。科技语体变量的 P 值为 0.1200，大于 0.1，系数值为 4.8284，这说明科技语体虽然与展望性前瞻出现次数之间存在着正向影响关系，但这种关系并不显著。字数变量的 P 值为 0.0000，几乎为 0，系数值为 6.8577，这一结果表明，语篇字数对展望性前瞻的次数分布在 1% 的显著水平上有正向影响关系。换句话说，语篇的篇幅越长，展望性前瞻出现的次数也随之越多。在控制其他变量的情况下，语篇字数每增加或减少 1%，展望性前瞻也会随之增加或减少 238.9443%（根据公式（4 - 10）：6.8577/2.87 可得到计算结果）。语义独立片段的 P 值是 0.4450，大于 0.1，系数值为 - 0.0929，这说明，语义独立片段与展望性前瞻的次数分布之间存在负向影响关系，但这种影响在 10% 的显著水平上不显著。回溯变量的 P 值为 0.0300，小于 0.05，系数值为 −0.2983，这一结果表明，回溯对展望性前瞻的次数分布有负向影响关系，这种负向影响关系在 5% 的显著水平上显著，即在控制其他变量的情况下，回溯出现的次数越多，展望性前瞻出现的次数有 95% 的可能会随之越少。它们之间具体的影响数量关系是：在控制其他变量的情况下，回溯出现次数每增加或减少 1%，展望性前瞻出现的次数会随之减少或增加 127.115%（代入公式（4 − 9）：−0.2983 × 12.23/2.87 可得到计算结果）。

（四）结论

根据对表 4 − 15 中计量结果的分析可以知道，政论语体和科技语体与前瞻出现次数之间虽然都具有正向影响关系，但这种关系不显著。换句话说，在控制其他变量的情况下，语篇是政论语体、科技语体还是文学语体对前瞻出现次数的影响都不大。因此，假设一不成立，前瞻在语篇中出现的总体次数分布与功能语体没有关系。表 4 − 15 中回溯和语义独立片段自变量的计量结果表明，虽然这两个变量与因变量之间存在正相关关系，但这两种关系均不显著，即在其他影响因素不变的情况下，不管是回溯，还是语义独立片段对前瞻出现次数的影响都非常不明显。因此，假设二也不成立。表 4 − 15 中的计量结果也表明，语篇字数与前瞻次数分布之间存在正向影响关系，而且这种影响关系不仅在 10% 的显著水平上显著，甚至在 1% 的显著水平上显著。因此，假设三成立，语篇字数对前瞻出现次数的影响非常大。

根据表 4 − 16、表 4 − 17 以及表 4 − 18 的计量回归结果可以知道，虽然功能范围与总的前瞻分布次数之间不存在显著影响关系，但不管是符合预期性前瞻、辜负预期性前瞻还是展望性前瞻，它们都与功能范围有显著的影响关系，也就是说，在其他条件不变的情况下，语体构成的改变会使它们各自在语篇中出现的次数发生改变，但它们各自改变的幅度是不同的。例如，在一组包含文学语体、政论语体和科技语体的语篇中，在其他因素不变的情况下，当政论语体语篇增加 1% 时，符合预期性前瞻出现的次数会随之减少 44.838%，辜负预期性前瞻出现的次数会随之减少 51.778%，展望性前瞻出现的次数会随之增加 89.2816%；当政论语体语篇减少 1% 时，符合预期性前瞻出现的次数会随之反而增加 44.838%，辜负预期性前瞻出现的次数也会随之增加 51.778%，展望性前瞻出现的次数则会随之减少 89.2816%。

表 4-15 的计量结果显示，回溯出现的次数对总的前瞻次数分布的影响在 10% 的显著水平上不显著，即回溯对前瞻基本上没有什么影响关系。但当按照符合预期性前瞻、辜负预期性前瞻以及展望性前瞻的类型分别进行线性回归检验后发现，回溯变量对这三种前瞻都有显著性影响。具体而言，回溯变量对符合预期性前瞻在 1% 的显著水平上有正向影响关系，对辜负预期性前瞻在 5% 的显著水平上有正向影响关系，对展望性前瞻在 5% 的显著水平上有负向影响关系。也就是说，在控制其他变量的情况下，当回溯出现次数增加 1% 时，符合预期性前瞻出现的次数会随之增加 120.0039%，辜负预期性前瞻出现的次数会随之增加 92.7205%，展望性前瞻出现的次数会随之减少 127.115%；当政论语体语篇减少 1% 时，符合预期性前瞻出现的次数会随之减少 120.0039%，辜负预期性前瞻出现的次数也会随之减少 92.7205%，展望性前瞻出现的次数则会随之增加 127.115%。

此外，虽然语篇字数对总的前瞻次数分布具有 1% 显著水平上的正向影响关系，但对三种类型前瞻分别用线性回归方程检验后发现，语篇字数是展望性前瞻在 1% 显著水平上的正向影响因素，而对其余两种类型的前瞻，即符合预期性前瞻与辜负预期性前瞻没有显著影响。

本 章 小 结

语言学研究的目的是为了深入了解语言现象的本质以及其中包含的相互关系。基于语料库的研究使用大量随机语料，通过把这些随机自然语料的观察转化为数据并对数据进行统计学分析，以此来对所要研究的语言现象进行定性和定量两方面的研究，确保研究具有科学性、准确性和真实性。

小型自建俄语语料库的标注是语篇层级的，因此可以利用它进行语篇研究。语义独立片段、前瞻和回溯都是加里别林语篇理论中最重要的语篇范畴之一。迄今为止，学界对它们的研究主要集中在解释和细化加里别林理论思想，以及探讨它们在特定语篇中的表现形式方面。因此，可以大胆尝试对三个语篇范畴利用自建语料库进行定性和定量两方面的研究。

根据对小型自建语料库中语料的具体分析可以发现，语义独立片段在语篇中的具体体现方式大致有七种，它们分别是作者箴言性质的评述、作品中人物的箴言性评述、作品中人物的心理活动、引述的内容、作者的插话或题外话、作品中人物的插话或题外话以及插入的介绍性内容。此外，虽然一般都认为语义独立片段的容量最小为一个句子，最大可能是段落或章节。但对自建语料库中的语例进行分析时，我们发现，在语篇中获得语义独立地位的单位也可以不是完整的句子，它们可以是句子的一部分，甚至也可以是短语。在语篇中虽然句子和大于句子的成分成为语义独立片段的情况更常见，但不能否认的是，低于句子层次容量的语义独立片段在语篇中也是存在的。以从自建语料库中得到的语义独立片段的数据为基础，根据设立的三个验证假设，利用统计学中广义的线性回归模型为计量方法，使用普通最小二乘法进行参数估计，用 STATA 软件在计算机上可以对影响语义独立片段次数分布的因素进行分析。统计分析的计量结果表明，语义独立片段在语篇中出现的次数与功能语体（指文学、政论和科技三个语体）没有明显关系；与前瞻出现的次数也没有明显关系，但受回溯出现次数的正向影响关系非常显著。此外，语篇字数越多，语义独立片段的次数也会相应增多。

在对小型自建语料库中语料进行细致整理的基础上，我们把回溯在语篇中的表现形式大致划分为六种类型，分别是回忆性的回溯、引述的话语或思想、介绍性的回溯、推断或揣测性的回溯、非现实性的回溯以及关键性事物引起的回溯。回溯和前瞻范畴都与时间密切相关，这就涉及时间起算点问题。在文学语体语篇中，应该按照文学作品内部被作者构建的篇内时间系统来确定时间计算点；虽然科技和政论语体语篇遵照的是现实时间系统，但必须站在历史的角度，把语篇当时创作的时间作为时间计算基点，只有这样才能在文学、科技和政论语篇中比较合理地判定是否出现了回溯或前瞻现象。利用从小型自建语料库中得到的数据，使用广义的线性回归模型为计量方法，应用普通最小二乘法作参数估计，可以在计算机上用

STATA 软件对影响回溯次数分布的因素进行定量分析。计量结果表明，功能范围会影响回溯在语篇中的分布次数——在控制其他条件的情况下，政论语体越多，回溯出现的次数也会越多；语义独立片段对回溯在语篇中出现的次数没有影响；前瞻对回溯在语篇中的次数分布有明显的正向影响关系。此外计量结果还表明，语篇的篇幅越长，回溯出现的次数也会越多。在对三个前瞻的具体类型进行次数分布影响因素的分析中，我们发现，显著影响总的前瞻次数分布的因素可能也同样是显著影响具体类型的因素，但也可能不是；每种类型前瞻的显著影响因素可能相同，也可能不同。

由于前瞻与预期有非常密切的关系，因此我们根据预期设定与预期实现间的关系，把小型俄语语料库中的前瞻语料大致划分为三种类型，即符合预期性的前瞻，辜负预期性的前瞻以及展望性的前瞻。每种类型的前瞻又分别包含有很多种具体的实现方式，比如直陈方式、感觉心理方式、提前计划方式、假设建议方式等。使用从小型自建语料库中得到的数据，利用广义的线性回归模型为计量方法，并用普通最小二乘法作参数估计，在计算机上用 STATA 软件可以对前瞻次数分布的影响因素进行定量分析。计量回归结果说明，功能语体（指文学、政论和科技三个语体）对前瞻的次数分布没有影响；语义独立片段的次数与回溯的次数对前瞻次数分布的影响都不显著；但语篇长度是前瞻出现的重要影响因素——语篇越长，前瞻出现的就会越多。对前瞻三种具体类型的计量分析表明，虽然功能范围因素和回溯因素各自与总的前瞻分布次数之间不存在显著影响关系，但不管是符合预期性前瞻、辜负预期性前瞻还是展望性前瞻，功能范围和回溯分别对它们的次数分布都有显著的影响；语篇字数虽然是展望性前瞻在 1% 显著水平上的正向影响因素，但对其余两种类型的前瞻没有显著影响。

第五章

基于新建俄语语料库的语篇后续研究

　　语料库的研究方法是目前公认的将定性研究和定量分析很好地融合在一起的方法，它几乎可以应用在语言学研究的各个领域。在语料库的研究方法中，语料库是基础和根本，语料库建设是重中之重，建库过程中最关键的环节——语料文本的标注，更是决定着语料库在建成后的应用方向、研究层次，甚至是研究内容。个人建设的语料库，由于在人力、物力和财力等方面比较受限，因此在某些地方难免会存在欠缺。此外，语言本身是发展变化的，语言学的研究是逐渐深入的，语料库建设随着科技进步也具有动态性。所有这些因素决定了语料库建设不可能一蹴而就，一成不变，而是具有开放性，需要不断补充和完善。

　　专门用于研究语篇范畴的个人自建小型语料库虽然总词次将近 18 万，包含三个语体的 70 个语篇，而且库中语篇全部用手工操作方式进行了元标注和面向研究问题的标注，但这个语料库在很多方面仍然需要继续改进和完善。只有继续充实语料库容量，不断加深语料库的标注水平，才能使语料库逐渐满足更多的语篇研究需要，更有用处。

第一节　新建俄语语料库的继续加工

　　语料库建设具有固定的程序和步骤，一般分为三个阶段，即建库前的设备准备阶段、语料的收集与整理阶段以及语料库文本标注阶段。语料库检索是否属于语料库建库过程，目前还存在争议。有些学者把它归于语料库建设过程，但更多的学者把它视为语料库数据分析和提取的过程。我们比较同意多数学者的意见，只要了解语料库的标注系统和标注符号，可以利用很多方法从语料库中找到适合某项研究的语料。

就语料库的一般建设过程而言，新建语料库的继续加工工作主要可以从以下两个方面来考虑，即语料库规模的扩大以及文本标注的细化和种类的增多。

一、语料库规模的扩大

目前我们的小型自建俄语语料库的总词数接近 18 万，这个规模虽然对于自建语料库来说，不算很小，但为了使语料库具有更大的代表性，还应该有选择地增加文本数量，扩大语料库的规模。语料库文本数量的扩充不应该是盲目的，应该遵循一定的原则，坚守语料库本身的设计目的。我们的语料库主要用于语篇层面的范畴研究，因此，在建库伊始就剔除了格式化印记比较强的公文语体，选择了灵活多样的文学语体、政论语体与科技语体。三个语体的设置，不仅使语料库文本的功能范围避免了单一，而且会使它们相互之间形成对照，可以让语料库满足更多类型的研究。在语料库文本的补充工作中，需要坚守这个原则，仍然选择这三个语体的语篇入库。

在已经建成的小型语料库里，30 个文学语体语篇的体裁类型有七种，它们分别是散文、惊险故事、爱情故事、战争故事、侦探故事、科幻作品以及儿童文学。这种体裁类型的划分，完全遵照了俄语国家语料库对文学语篇体裁的划分方法，只不过小型自建语料库里的种类比它要少得多，选择了其中最常见的七种类型。在未来的语料库扩建工作中，需要重点补充这七种类型的语篇，使每种体裁类型的语篇至少达到 10 个。目前在小型自建语料库中，只有散文体裁的语篇有 10 个，在未来更加细化的研究中基本可以代表该体裁类型的语篇，其他各体裁类型的语篇都比较少，有的只有一个。在创建小型俄语语料库时，我们选择七种文学体裁是经过慎重考虑的：为了使语料库具有尽可能大的代表性，在语篇数量一定的情况下，不能允许文学语体的语篇集中在一两种体裁范围内，必须保证语篇体裁的多样性。这是因为，如果出现了文学语篇只包含一两种体裁的情况，就会使对文学语篇的语篇范畴研究变为对文学语篇中某种体裁语篇的语篇范畴研究，自建语料库中文学语体语篇在体裁方面的代表性就不充分了，也会影响研究的质量和准确性。因此在语料库文学语篇体裁的构建上，当时我们的做法是必需的、也是唯一的选择。除文学语体语篇外，小型自建语料库中政论和科技语体的语篇在主题设置方面也存在同样的问题。自建库中政论语体和科技语体语篇各有 20 个，政论语篇的主题有 7 种，科技语篇的主题有 9 种。在自建语料库的扩建工作中，可以主要依据原有的语篇主题或体裁，有选择的增补语篇，如果每种体裁类型和主题的语篇都能增加到 10 个或 10 个以上，将使自建语料库能满足更多种类的研究。

在补充自建库中的语篇时，还需要考虑语篇发表的时间因素。在已经建成的小型语料库中，文学语体语篇的创作时间或发表时间是从 1830~2014 年，政论语体语篇的创作或发表时间为 1891~2014 年，科技语体语篇的创作时间或发表时间为 1979~2015 年。除了三种语体语篇创作或发表时间的期限设置得比较宽泛外，文学语体和政论语体的语篇几乎一年只选取了一个语篇，科技语体语篇因为在黑龙江大学俄语专业出版于一年的三册教材中选择了 6 个语篇，因此在时间上有 6 个是重复的，其余均为每年一篇。这样设置的原因仍然是为了尽可能地保证小型自建语料库在现有条件下拥有尽量大的代表性。通常认为，不同年份和不同时期的语篇相对而言要比同一年或同一时期的语篇差异性多一些、相同性少一些。如果语篇创作或发表时间都集中在一个很短的时间界限内，语料库就不能代表整个语言中语篇的一般情况，只能代表某一时间段的语篇状况。自建库中科技语体语篇发表时间的起点（1979 年）要比另外两个语体语篇晚很多（文学语体语篇发表的最早时间为 1830 年，政论语体语篇发表的最早时间为 1891年），出现这种情况的缘由，一是因为在现有条件下很难找到更早时间以前的科技出版物或教材，即使通过网络也查不到更早时间的科技语体语篇；二是因为科技书是有实效性的，人的科学认知逐渐发展进步，研究以前的科学研究成果，意义极其有限。在未来的自建库扩建工作中，可以重点增添创作于 21 世纪的语篇，尽量增添 20 世纪的语篇，少量增添 19 世纪的语篇。这种设计可以使语料库中收集的语篇尽可能地与时代相衔接，为社会生活所用。因此，多选择 21 世纪的语篇应该是个合理计划。

小型自建语料库中的语篇来源有四个，分别为网络、杂志、报纸和书籍。它们在语料库中的情况见表 5 - 1。观察表 5 - 1 可以发现，在已经建好的俄语语料库中，来源于书籍的语篇在所有来源中所占比例最大，达到 48.57%，近乎一半；除政论语体外，在另外两种语体中来源于书籍的语篇均占第一位，分别是文学语体占 66.67%，科技语体占 60%。来源于网络的语篇总体而言在语料库中第二多，占 21.43%，其他两类来源的语篇都比较少。值得注意的是，自建语料库中政论语体的语篇主要来源于报纸，占 50%；科技语体语篇的来源只有网络和书籍。

表 5 - 1　　　　　　　小型自建俄语语料库中语篇来源汇总

次数与比例　　类型　语体	网络	杂志	报纸	书籍	总数
文学语体语篇 次数与所占比例	4 13.33%	6 20%	0 0	20 66.67%	30 100%
政论语体语篇 次数与所占比例	3 15%	5 25%	10 50%	2 10%	20 100%
科技语体语篇 次数与所占比例	8 40%	0 0	0 0	12 60%	20 100%
总数与所占比例	15 21.43%	11 15.71%	10 14.29%	34 48.57%	70 100%

基于以上分析，可以把未来语料库中语料增补工作的重点放在网络上。这样决定的原因有二，一是因为网络是越来越常用的人际交往平台，语篇数量巨大，更新地也最快，能够最好最及时地反映语言的变化和新特征；二是因为通过网络获取语篇越来越方便和容易，在网络上公开发表的语篇一般都是公用语篇，只要在语料库元标注中注明出处、作者等信息，就不

会出现违反著作权等法律问题。

在未来俄语语料库的补充工作中，也需要对语篇作者方面的选择有所考虑。在语料库已经建成的部分里，由于每种语体语篇的总数有限，我们在选择语料文本时，尽量避免出现同一个作者的作品被多次收录的情况。这样，库中政论语体与科技语体中每个语篇的作者都不相同，文学语体语篇中只有布宁（И. А. Бунин）和契诃夫（А. П. Чехов）的作品各被收录两篇，其他均为一个作者收录一篇。布宁被收录至语料库中的作品虽然有两篇，但这两篇作品的发表时间一个为 1915 年，一个在 1941 年，时间跨度达 25 年之多；契诃夫的两个语篇分别创作于 1886～1892 年，时间跨度 6 年，时间跨度能使由于同一作者给语篇特征研究带来的误差缩小很多。此外，语料库中选择布宁和契诃夫各两篇作品的原因，还由于在建库过程中我们遵循的另一条语篇作者选择原则，即尽量选择名家名作。名作之所以成为名作，是因为它一般在文学史上具有代表性；名家之所以成为名家，是因为他的创作水平与同时代的其他作者相比是最高的。为了避免工作量超出能完成的界限，自建语料库中每个语篇的字数需要控制在 3 万字以内，这就决定了在文学作品的规格选择上，只能是短篇或稍短的中篇。纵观俄罗斯文学史，契诃夫是世界著名的三大短篇小说作家之一，布宁是获得诺贝尔文学奖的作家之一，而且他的中、短篇作品比较著名，因此，他们的作品对于俄罗斯文学语篇来说具有非常大的代表性。在语料库中政论语体语篇的选取上，我们也尽可能地遵守了上述原则，更多考虑名家名作，尽量在知名媒体中选择每个时期最被人关注事件的评论。此外，在语料库中作家作品的选择上，还需要考虑作者的性别比例问题。在语料库已建成的部分中，男性作家的比例为 60%。这是因为，早期无论何种语体语篇的作者都全部为男性，虽然在发表时间为 2000 年以后的语篇选择上我们已经注意作者性别的平衡问题，但由于现实社会中，男性作者语篇出现的概率确实比较大，因此被收录在语料库中语篇的作者比例仍然是男多女少。在后续的语料库建设中，需要详查 BNC、俄语国家语料库等世界著名语料库文本作者的性别比例，并以它们的比例为参照来继续改进和完善我们的俄语语篇研究语料库。

二、文本标注的进一步完善

除了扩充语料库的文本规模外，语料库的后续建设还应该包括提高库中语篇的标注水平以及增加新的标注种类，只有这样语料库才能为更多的语言学研究提供语料支持，为语篇研究提供帮助。

在俄语语料库已经建成的部分中，语篇标注包括两部分，即元标注和面向研究问题的标注。元标注系统的标注信息共有 11 项，但各语体中每个语篇都只有 10 个元标注项，因为文学语体语篇中没有"语篇主题"，科技和政论语体语篇中没有"语篇体裁"。这种做法是根据俄语国家语料库的元标注体系而形成的。经过利用小型自建语料库进行语义独立片段、前瞻和回溯范畴的研究实践后，我们觉得在语料库标注下一步的改进工作中，至少可以在元标注系统中再增加两个数值型标注项，即句子数目与段落数目。句子数目指一个语篇所拥有句子的总数量；段落数目指一个语篇拥有的段落总数量。句子和段落能在一定程度上反映语篇的结构特征。目前在语料库已建成的部分中，缺少语篇内容方面的元标注指标，如果增加了这两个元标注项，可能会在一定程度上改善元标注系统只关注语篇外部信息、少含有语篇内部信息的不利情况。

在语料库已建成的部分中，语篇内部面向研究问题的标注可以再细化。目前自建语料库中面向研究问题的标注共有 34 个标注项，它们分别是与语义独立片段范畴相关的 7 个、与回溯范畴相关的 6 个以及与前瞻范畴相关的 21 个。在初建研究语篇范畴的俄语语料库时，因为缺少可以借鉴的研究和操作方法，我们对语篇内部的范畴标注采用了先把主要范畴区分开来（初次标注），再在各范畴内部重新分类、细化标注的办法（第二次标注）。我们两次标注的方法虽然极大增加了手工操作的工作量，但为语义独立片段、前瞻和回溯范畴的研究提供了比较准确和翔实的语料支持，也为后续的研究打下了比较牢固的基础。

在语料库标注的完善工作中，可以以现有面向研究问题的标注项为基础，再增加一些能体现各范畴例句结构特征的项。例如，

<u>Дела звали к жизни.</u> Скоро Матрёна начинала вставать, сперва

двигалась медленно, а потом опять живо. （出自自建语料库文学语体——语篇5）

这是第四章中的例句（1）。画线部分是被标注出来的体现语义独立片段的例句，它属于语义独立片段表现形式中的作者箴言性评论。目前它在语料库中是这样被标注的：

［yyzp - ］Дела звали к жизни. ［- yyzp］Скоро Матрёна начинала вставать, сперва двигалась медленно, а потом опять живо.

从上面例句可以看出，现有的标注只在语篇中表明了哪些部分属于哪种语篇范畴的具体类型，不再含有其他信息。在未来，可以给画线部分标注上它的容量信息，标明它是短语、句子的一部分、句子、超句、段落还是段落群。假设语篇范畴的容量用C（capacity）表示，具体的形式用阿拉伯数字分别来标示：短语为1，句子的一部分为2，句子为3，超句为4，段落为5，段落群为6，上面的例句的标注可以被细化为：

［yyzp - ］Дела звали к жизни. ［- yyzp, C3］Скоро Матрёна начинала вставать, сперва двигалась медленно, а потом опять живо.

此外，还可以增加表明语篇范畴例句在整个语篇中位置的标注项。如果用P（paragraph）表示段落，用阿拉伯数字表示例句所在段落位于整个语篇中的第几个段落，那么上面例句的标注就会被继续细化为：

［yyzp - ］Дела звали к жизни. ［- yyzp, C3, P89］Скоро Матрёна начинала вставать, сперва двигалась медленно, а потом опять живо.

在原来标注的基础上，还可以添加的结构性标注项是语例位于所在段落的具体位置。语例如果位于所在段落的开头可以用1来表示，位于结尾部分用3来表示，不是开头也不是结尾的部分，即中间部分，可以用2表示；如果语例本身是段落或是段落群，可以用0来表示。段落内位置的标注符号可以用L（location）表示。上面例句在语篇中的标注可以再次被细化为：

［yyzp - ］Дела звали к жизни. ［- yyzp, C3, P89, L1］Скоро Матрёна начинала вставать, сперва двигалась медленно, а потом опять живо.

综上所述，在原来语篇内容标注的基础上，可以把每个范畴例句的标注项至少再增加三个，新增加的标注项都用于考察语篇范畴表现形式的结构特性。

除了细化原有的语篇标注系统外，语料库标注的完善工作还可以从另一个角度来考虑。目前的语料库状况对于研究语义独立片段、前瞻和回溯三个范畴比较适合，但完整的加里别林语篇理论中共有十个语篇范畴，即还有七个语篇范畴尚待用语料库的方法来研究。在比较长远的将来，可以把语料库改建成适合研究加里别林所有范畴的语料库。根据对加里别林语篇范畴理论的研究（详见本书第二章），我们认为，在其余七个语篇范畴中，相对比较容易用语言具体表达手段体现出来的是语篇情态性。在语料库标注的进一步完善工作中，可以考虑对库中全部语篇进行语篇情态性研究的标注。语篇情态性可分为主观情态性和客观情态性，我们主要关注主观情态性。主观情态性的体现形式大致可以分为两大类，一类是句子和语篇共有的表达手段，一类是语篇专有的表达手段，也就是说，主观情态性的表现方式一个是句子层面的，一个语篇层面的。在将来进行语篇标注时，两类表现方式还需要继续细化和深化。

第二节　基于新建俄语语料库的语篇继续研究

基于语料库的研究在理论上属于一元论，因为它把语言的多面多体全部整合到一个框架下研究；在实践中，它跨越学科属性，使众多学科交叉，把多个学科的理论和方法融合于一体并综合运用，所有的语言学假设和理论构建都可以在其内得到检验、证实或者颠覆。我国学者李文中对语料库语言学有过精辟的评价，"语料库语言学是语言学研究向语言本相的回归，是语言学研究的返璞归真。"①

基于语料库的方法是一种新兴的语言学研究方法，在利用语料库进行研究的过程中还存在着诸多挑战和难题，有待于不断地探索和解决。基于自建的小型俄语语料库，我们已经对语义独立片段、前瞻和回溯范畴做了比较成功的定性描述和定量分析，验证了一些在学界提出过的结论，证实

---

① 李文中. 语料库语言学的研究视野［J］. 解放军外国语学院学报，2010（2）：71.

了一些以前模棱两可、并不肯定的观点。在对这三个语篇范畴进行基于语料库的研究过程中，我们同时还注意到一些新现象，发现了一些语篇范畴研究的新视角，一些值得将来继续探讨和分析的研究课题。这些有待继续观察和研究的问题和现象主要表现在两个方面，即以语料库元标注系统为基础的研究以及根据语篇内部标注类型进行的研究。

一、根据元标注系统进行的语篇研究

在本书第四章，我们对语义独立片段、回溯和前瞻范畴进行研究时，使用的都是小型自建语料库中的全部样本，这从每个线性回归计量结果表格的观测值数量都是 70 的情况中可以看到，也即是说，我们没有具体研究某个语体中被研究语篇范畴的情况，而是把三个语体的语篇放在一起看成整体来研究的。这样设计研究的原因有三，一是因为在此之前，还没有基于语料库利用计量模型对语篇范畴进行研究的实践，按照实证主义的观点，探索性的研究应该也必须从最基础的部分开始做起，才能保证研究设计的合理性，保证研究结果的可信度。二是因为在利用小型自建语料库研究语篇范畴的时候，我们需要首先验证学者们都感觉到、但没有完全肯定的观点（功能范围会影响语篇范畴的次数分布）是否正确，如果功能语体确实对语篇范畴在语篇中的次数分布有显著影响，那么接下来可以具体研究每个语体中各语篇范畴的性质和分布特征；但如果功能语体对语篇范畴在语篇中的次数分布没有显著影响，那么在不同语体语篇中分别做研究就变得不那么有意义，因为只选择一个最具有代表性的语体进行研究就足够了。三是因为自建语料库的规模还不太具备完成按照不同语体进行语篇范畴进行分析的条件。

从表 4-2、表 4-6 和表 4-13 中可以看到，在对语义独立片段、回溯和前瞻在语篇中次数分布影响因素的分析中，我们都是从各个语篇范畴的具体表现形式角度来进行分类研究的。如果按照功能范围的类型来划分，可以研究某一类功能语体语篇中语篇范畴次数分布的影响因素，那样，根据广义的线性回归模型，我们可以设立这样一个面向研究问题的基本模型：

$$Y_i = \beta_0 + \beta_i X_i + \varepsilon_i \qquad (5-1)$$

模型（5-1）中，左边的 Y_i 表示第 i 个某语体语篇中某语篇范畴出现的次数。右边的 β_0 是常数项；ε_i 仍然代表随机误差，表示在第 i 个某语体语篇中所有可能存在的误差；X_i 表示第 i 个某语体语篇中影响某语篇范畴次数的因素，β_i 表示其系数。

如果我们研究的是文学语体语篇中语义独立片段范畴次数分布的影响因素，那么模型（5-1）可以被拓展为模型（5-2）：

$$YY_i = \beta_0 + \beta_1 GT_i + \beta_2 ST_i + \beta_3 NC_i + \beta_4 QZ_i + \beta_5 HS_i + \beta_6 SEX_i + \beta_7 DP_i + \varepsilon_i$$

$$(5-2)$$

在模型（5-2）中，除了第一个自变量 GT（语篇体裁）外，其他各自变量都与第四章中各拓展模型的自变量一样，各符号代表的含义也没有丝毫改变。在模型（4-4）、（4-6）和（4-8）中，都有 FS（功能范围）自变量，现在所做的研究针对的是文学语体语篇中语义独立片段的情况，因此 FS 是确定的，就不能成为自变量。一般认为，文学语篇的体裁是影响文学语篇各项语言学特征的重要因素之一，因此，文学体裁因素是文学语体语篇中语义独立片段范畴次数分布影响因素研究中被重点关注的指标之一，文学体裁自变量 GT 是模型（5-2）中最需着重考察的自变量之一。但在小型自建俄语语料库中，文学语体的体裁分类虽然有七种类型，但语篇总数量只有 30 个，平均每种体裁也只有 4 个多一些。在第三章对小型语料库代表性问题进行的研究中我们曾提到过，目前公认的某个语法范畴在基于语料库研究方法中最低有效代表样本量是 10 个。在我们的小型俄语语料库里，文学体裁中只有散文语篇有 11 个，满足研究条件，其他文学体裁类型的语篇都小于 10 个，不满足能代表本体裁类型的最小有效样本量。所以，上面我们设计的研究方法，待自建俄语语料库进行扩建后才能实施。语料库中的政论语体和科技语体虽然在元标注系统中没有语篇体裁标注项，但有语篇主题项，待它们每个语篇主题的样本量达到 10 个或 10 个以上时，也可以采用上面描述的方法来进行研究。语篇范畴与语篇体裁和语篇主题之间的研究将是一个非常有意义的研究题目，可以帮助我们了解每种功能语体具体的语篇范畴特征。

此外，等将来语料库的规模足够大，根据自建语料库的元标注系统，还能进行许多项既有趣又有意义的研究。例如，人类社会男女性别的二元对立，在文学作品的研究中早就被关注过，文学家们研究女性作者的作品题材、主题思想、观察社会的视角、对社会问题的思考、对女性自身认识等问题，并发现女性文学的许多特征①。在语言学研究中，也有很多对男性和女性语言使用差异方面的研究，包括性别词汇研究、性别言语行为差异研究、性别话语风格分析等等②。基于自建俄语语料库，我们也可以对语篇范畴在男性和女性创作的语篇中的特征与表现形式等进行分析。在对语义独立片段、前瞻和回溯范畴的研究中，虽然我们把性别考虑在三个语篇范畴次数分布的影响因素之中，并把它设为所建模型的因变量，但实际上并没有关注这项指标。观察表4－8可以发现，除了功能范围、字数、前瞻外，性别也是影响回溯在语篇中次数分布的显著因素之一。它的 P 值为 0.0960，小于0.1，系数值为－4.1257，这一结果说明，性别在10%的显著水平上对回溯在语篇中出现的次数有负向影响关系。也就是说，在控制其他变量的情况下，男性作者的语篇越多，回溯出现得就会越少。我们还可以根据弹性计算公式（4－9），计算出性别因素对回溯出现次数具体影响的数值：－23.614%［0.7×（－4.1257）÷12.23］，即在控制其他因素的情况下，性别因素每变动1%，回溯在语篇中的次数分布会向相反的方向变动23.614%。性别也是展望性前瞻在语篇中次数分布的显著影响因素之一。在表4－18中，性别变量的 P 值为0.0890，小于0.1，系数值为－4.3547，这说明，性别因素在10%的显著水平上对展望性前瞻在语篇中的次数分布具有负向影响关系。这些研究表明，语篇范畴由于语篇作者性别不同可能会出现分布上的不同。在不远的将来，可以在语料规模更大、标注更加完善的俄语语料库中，具体研究性别二元究竟在哪些方面影响语篇范畴的次

---

① 参阅：张晓丽，王丹. 继承与超越：从弗吉尼亚·伍尔夫到多丽丝·莱辛的女性文学［J］. 理论界，2011（2）：149－151；乔以钢. 论中国女性文学的思想内涵［J］. 南开学报，2001（4）：28－33；赵卫东. 人类生存视域下的女性话语［J］. 山西师范大学学报（社会科学版），2015（1）：156－160；王丽君. 反男权的女性主义叙事——以《丽石的日记》为例［J］. 赤峰学院学报，2015（1）：189－190.

② 参阅：樊斌. 基于汉语语料库的性别词汇研究［D］. 武汉：武汉理工大学，2005；陈丛耕. 汉语词语与性别关系研究［D］. 南京：南京师范大学，2008；王改燕. 男女言语行为差异初探［J］. 外语教学，1999（1）70－73；赵婷婷. 网络博客语言中的性别差异实证研究［J］. 内蒙古民族大学学报，2012（1）：25－26；吴雁，朱秋获. 英语性别语言话语风格特征比较［J］. 江西财经大学学报，2009（3）：93－96.

数分布。

　　等自建俄语语料库进一步扩建和完善后，还可以对不同时期语篇中的语篇范畴展开研究。在对语义独立片段、回溯和前瞻范畴进行研究时，我们还发现，时期因素也会成为影响语篇范畴次数分布的显著因素。在表4-4中可以看到，时期变量中俄罗斯时期的 P 值为 0.0970，小于 0.1，系数值为 6.9183，这说明，在控制其他变量的情况下，有90%的可能创作或发表时间为俄罗斯时期的语篇数量越多，语义独立片段出现的次数也会越多。在表4-9中可以看到，时期变量中苏联时期的 P 值为 0.0560，小于0.1，系数值为 2.6459，这一结果说明，在控制其他变量的情况下，创作或发表时间为苏联时期的语篇越多，回忆性回溯在语篇中出现的次数也会越多。在表4-17中可以看到，时期变量中的俄罗斯时期，P 值为 0.0770，小于0.1，系数值为 -1.3695，这表明，在10%的显著水平上俄罗斯时期是辜负预期性前瞻在语篇中次数分布的负向影响因素。这些结果足以证明，语篇创作或发表的时间也会影响语篇范畴，可以在将来利用语料库对语篇范畴与时间因素之间的相互关系做进一步的探讨。

　　基于未来更加完善的自建语料库，也可以对来源于不同载体语篇中的语篇范畴进行细致研究。我们在对语义独立片段、回溯和前瞻范畴进行研究时发现，语篇来源对语篇范畴在语篇中的次数分布有时会产生显著影响。例如，表4-4计量回归结果表明，语篇来源中的杂志变量在10%的显著水平上是语义独立片段在语篇中次数分布的负向影响因素。表4-15的计量结果表明，语篇来源中的报纸变量在10%的显著水平上是前瞻在语篇中次数分布的负向影响因素，书籍变量在1%的显著水平上对前瞻在语篇中的次数分布具有负向影响关系。表4-17的计量回归结果说明，语篇来源中的书籍变量在5%的显著水平上是辜负预期性前瞻在语篇中次数分布的负向影响因素。表4-18的计量结果表明，语篇来源中的杂志、报纸和书籍分别在10%、5%和1%的显著水平上是展望性前瞻在语篇中次数分布的显著负向影响因素。这些研究证明，语篇来源不同会对语篇范畴造成影响。在未来基于语料库的研究中，可以以此为研究视角，进一步分析不同来源语篇中语篇范畴的具体特征。

二、根据标注类型进行的语篇研究

随着自建语料库标注类型的增多，标注水平的提高，研究者将可以进行更多高质量的研究。如果在语篇内容标注中增加了前面我们设计的结构性标注，根据自建语料库中的语料，将可以了解语义独立片段、回溯与前瞻范畴在语篇中的位置分布特征，结合其他标注项，可以探讨它们对于语篇构建和理解的作用和意义。如果在语篇内容标注项中新增了研究语篇情态性范畴的标注，并完成对全库语篇文本的标注，就可以对文学、科技和政论语体语篇中的情态特征进行比较全面的分析。

此外，在基于小型自建语料库对语义独立片段、前瞻和回溯范畴在语篇中的具体表现形式进行研究时，我们观察到了一些语篇范畴表现形式的新类型，也需要在未来语料库的标注程度提高之后进行细致研究。这些新现象表现为，三个语篇范畴的表现形式可能在语篇中出现重叠和交叉。

语篇范畴表现形式的重叠，是指语篇中的某个片段既是这种语篇范畴的表现形式，同时也是另外一种语篇范畴的表现形式。根据小型自建俄语语料库中的语料，语篇范畴表现形式的重叠可以发生在文学语体和政论语体语篇中。这种现象在自建语料库里的文学语体语篇中只表现为一种类型：回溯—前瞻重叠，例如：

（1）Когда же открылась лакированная дверь, он вошёл с Филиппом Филипповичем в кабинет, и тот ослепил пса своим убранством ···. Свет заливал целую бездну предметов, из которых самым занятным оказалась громадная сова, сидящая на стене на суку.

···

Пёс дремал, тошнота прошла, пёс наслаждался утихшим боком и теплом, даже всхрапнул и успел увидеть кусочек приятного сна: будто бы он вырвал у совы целый пук перьев из хвоста···

···

··· Посредине кабинета на ковре лежала стеклянноглазая сова с распоротым животом, из которого торчали какие-то красные тряпки, пахнущие нафталином⋯.

— Я нарочно не убрала, чтобы вы полюбовались, —расстроенно докладывала Зина, —ведь на стол вскочил, мерзавец! И за хвост её—цап! Я опомниться не успела, как он её всю растерзал⋯. （出自自建语料库文学语体——语篇27）

（那个上了漆的房门一开，它就跟着菲利普·菲利波维奇走进了诊室。诊室里装饰豪华，公狗顿时眼花缭乱。⋯⋯灯光洒在数不尽的器物上，其中最招人注目的是一只大猫头鹰，它立在墙上伸出的一个干树枝上。

⋯⋯

公狗打着瞌睡，不过那股恶心劲儿过去了，它享受着这温暖和那半边身子不再疼痛的安谧感觉，甚至打了声呼噜，一时间还做了个快乐的小梦，梦见自己扯下猫头鹰尾巴上的一大把羽毛⋯⋯

⋯⋯

在诊室中间，地毯上躺着那只玻璃眼珠的标本猫头鹰，肚子被撕破了，从里面乱糟糟地冒出些红布条子，散发着一股萘的气味。⋯⋯

"我特意没去收拾，让您欣赏欣赏它的杰作，"吉娜沮丧地诉说着，"瞧这个坏蛋，都跳到桌上去了！抓住猫头鹰的尾巴——就咔这么一下！还没容我回过味儿来，它早把猫头鹰撕了个乱七八糟。⋯⋯"）①

画线部分就是所谓的回溯—前瞻重叠。流浪狗沙里克初到医生家时就很关注猫头鹰标本，同为动物，它高高站在上面，而且还早于沙里克就存在于医生家里了。当沙里克吃饱喝足、舒服地打个盹时，梦里都在回忆有关猫头鹰的事情，还幻想着有一天能揪下猫头鹰尾巴上的毛。后来趁人不备，找到机会，它真的把猫头鹰的尾巴扯坏了，还把肚子撕得乱糟糟的。沙里克的梦对在诊室初见猫头鹰这个上文情节而言，是回溯，是以失真幻想的梦境来回溯见到猫头鹰标本这件事；但对于下文情节，沙里克真的扯坏了

---

① 本节中例句（1）的译文参考了《布尔加科夫中篇小说：狗心》（张建华主编、吴泽霖译，北京：外学教学与研究出版社，2006）中的翻译，例句（2）的译文参考了《俄罗斯短篇小说选读》（刘永红、袁顺芝编著，武汉：武汉大学出版社，2010）中的翻译，例句（7）的译文参考了《俄罗斯历史之路——千年回眸》（李英男、戴桂菊著，北京：外语教学与研究出版社，2002）中的翻译，其余例句为本书作者所译。

猫头鹰尾巴上的毛并把整个猫头鹰标本都弄坏而言，又是一个用梦境中的幻想来预示下文情节的符合预期性前瞻。也就是说，画线部分是一个同时身兼回溯与前瞻的语篇范畴表现形式。

（2）Но отнюдь не была Матрёна бесстрашной. Боялась она пожара, боялась молоньи, а больше всего почему-то—поезда.

—Как мне в Черусти ехать, с Нечаевки поезд вылезет, глаза здоровенные свои вылупит, рельсы гудят—аж в жар меня бросает, коленки трясутся. Ей-богу правда! —сама удивлялась и пожимала плечами Матрёна.

…

—··· Почему без огней—неведомо, а когда паровоз задом идёт—машинисту с тендера сыплет в глаза пылью угольной, смотреть плохо. Налетели—и в мясо тех троих расплющили, кто между трактором и санями···.

…

На рассвете женщины привезли с переезда на санках под накинутым грязным мешком—всё, что осталось от Матрёны. Скинули мешок, чтоб обмывать. Всё было месиво—ни ног, ни половины туловища, ни левой руки··· （出自自建语料库文学语体——语篇5）

（但玛特辽娜也不是绝对什么都不怕的人，她怕大火，怕闪电，不知为什么最怕火车。

"有一次，我去切鲁斯基，火车从涅恰耶夫卡驶出来，瞪着大大的眼睛，铁轨轰轰响，我很害怕，两腿颤抖，真的。"玛特辽娜自己也觉得奇怪，于是耸耸肩。

……

"……为什么没有灯呢？不清楚。当机车倒退的时候，煤水车的煤灰溅到火车司机的眼睛里了，什么都看不清了，撞上了，拖拉机和爬犁之间的三个人都被压扁了。……"

……

天亮了，妇女们把玛特辽娜残存的遗体从道口用爬犁拉了回来，上面覆盖着脏兮兮的麻袋。拿掉麻袋，给她清洗，都混杂在了一起——脚、半个身体、左手都没有了。……）

　　例句（2）中画线部分也是一个回溯—前瞻重叠。玛特辽娜是个胆大的人，但不明缘由地害怕火车，她向寄住在家里的房客回忆了她莫名其妙害怕火车的经历。之后她真的惨死在火车之下。画线的部分一方面是回溯，是玛特辽娜回忆自己的一段经历，另一方面也是前瞻，害怕火车，是因为最终会死于火车，是对玛特辽娜最终命运的预示。

　　在语料库里的政论语体语篇中，语篇范畴表现形式的重叠体现为语义独立片段—回溯重叠。例如：

　　（3）Таких высказываний было множество, но в качестве образцового я приведу блог Евгения Гонтмахера из Института современного развития, того самого, который нам всё время рассказывал про большого либерала Медведева. (Либерал Медведев даже ездил к Гонтмахеру в институт, и для этого перекрывали Садовое кольцо в обе стороны.) （出自自建语料库政论语体——语篇16）

　　（这样的言论有很多，但我把叶甫盖尼·高特曼赫勒的博客作为范例，他来自现代发展研究所。他总是向我们讲述有名的自由主义者梅德韦杰夫。(自由主义者梅德韦杰夫甚至到过高特曼赫勒的研究所，因为这事"花园环"两边都禁止通行了。))）

　　画线的部分被括在括号里，与现实生活中的事件相联系，在语篇中却明显是作者有些跑题的插话，因此它是语义独立片段。画线部分讲述的事情显然是发生在以前的，因此作者在这里把它写出来，又构成回溯。所以，它既是语义独立片段，也是回溯。

　　语篇范畴表现形式重叠的语料虽然在语料库里的语篇中并不多见，但它反映了语篇范畴之间的密切关系，是值得继续关注和研究的现象。此外，语篇范畴表现形式在语篇中还存在着交叉现象。所谓交叉，是指语篇里一个语篇范畴的表现形式中还全部或部分包含另一种或一些语篇范畴的表现形式。虽然现在我们还没有对语料库中存在这种现象的全部语料进行详细的归类和分析，但据现有的语料可以肯定的是，它们不局限于特定的语篇范畴之间，而且在文学、政论和科技语体语篇中都有出现，即也不局限于

221

功能语体。例如：

（4）［qzzw－］Олег Смолин，［hsjs－］<u>давний и，пожалуй，самый яростный противник ЕГЭ</u>，［－hsjs］уверен，что предлагаемый компромисс будет принят.［－qzzw］（出自自建语料库政论语体——语篇18）

（奥列格．斯莫林，<u>恐怕是以前对国家统一考试最激烈的反对者</u>，现在他坚信，提议的折中方案将会被接受。）

这是摘自政论语篇中的一句话，画下划线的部分是对 Олег Смолин 这个人简单的回溯性介绍，但"уверен"和"будет принят"明显说明，这是一个前瞻的表现形式。整个句子是展望性前瞻的表现形式，画下画线的部分在句法上属于主语的修饰成分，因此回溯部分就镶嵌在整个表现前瞻范畴的句子之中。

（5）［hsjs－］В своих ответах на вопросы газеты 《Юманите》，опубликованных 8 февраля 1986 года，Вы утверждаете：［yyys－］《Теперь <u>насчет политзаключенных. У нас их нет. Как нет и преследования граждан за их убеждения. За убеждения у нас не судят</u>》.［－yyys］［－hsjs］（出自自建语料库政论语体——语篇10）

（1986 年 2 月 8 日出版的《法国周报》上，登载着您对该报所提问题的回答，您肯定地说："<u>现在谈谈政治犯的问题。我们没有政治犯。也没有因为公民的信仰迫害他们。我们不为信仰定罪。</u>"）

这是一个人写给戈尔巴乔夫的一封公开性，写信的时间是 1986 年 2 月 19 日。摘录的这段话提到 1986 年 2 月 8 日戈尔巴乔夫对外国媒体谈话的事情，是发生在写信之前的事情，因此构成了回溯。下画线的部分是对报纸内容的直接引述，具有篇际意义，属于引述性语义独立片段的表现形式，所以，整个句子是回溯中套着语义独立片段。

（6）［hsys－］<u>Совершенно прав Г. Вейнрих，который утверждает，что лингвист может разрешить себе взять лишь одну данность（donnee）как основу для конкретного исследования，например текста，в процессе коммуникативного акта</u>［yych1－］［Harold Weinrich，221］［－yych1］，［－hsys］но в таком случае его внимание концентрируется не на смысле всего отрезка，а на функции данного элемента（donnee）.（出自自建语料

库科技语体——语篇2）

（哈·维恩利赫认为，语言学家只能把客观材料作为具体研究的基础，例如交际行为过程中产生的语篇［哈罗德·维恩利赫，221］，这完全正确，但这里他关注的并不是整个片段的含义，而是语料成分的功能。）

这是科技语篇中语篇范畴表现形式交叉的例句。画线部分是对过去语言学家思想的引述，属于引述性的回溯，方括号中标示的是引述内容的出处，与语篇内容和篇外被引述的文献同时相关，因此又构成了插入性的语义独立片段。整体而言，是一个回溯表现形式中镶嵌语义独立片段表现形式的句子。

（7）Новым направлением российской политики стало продвижение на Кавказе.［hsjs－］Здесь с древних времён жили разные народы, одни из которых приняли ислам, в другие（грузины, армяне, осетины）издавна были христианами. Исламские ханства на востоке Кавказа находились в зависимости от Персии［yych1－］（Ирана）［－yych1］, а западные княжества пыталась подчинить себе Турция. Россия умело использовала национальные и религиозные противоречия в этом регионе для усиления своего влияния на Кавказе.［－hsjs］（出自自建语料库科技语体——语篇5）

（此时，俄罗斯对外政策的新方向是向高加索扩张。这里自古生活着不同民族，其中一些民族信奉伊斯兰教，另一些民族（格鲁吉亚人、亚美尼亚人和奥塞梯人）自古就是基督教徒。高加索东部地区的伊斯兰教各王国依附于波斯（伊朗），土耳其企图使高加索西部的各公国臣服于它。俄罗斯竭力利用该地区的民族和宗教矛盾扩大自己在高加索地区的影响。）

这是历史教科书中的一段话。画线部分明显是一个对高加索地区过去情况的回溯性介绍，中间提到波斯国，在波斯后面用括号标示出，它就是现在的伊朗。"Иран"具有双向意义，既解释了波斯就是伊朗，也与现在的伊朗这个国家相连，因此是一个语义独立片段。整段话中是回溯表现形式中包含着语义独立片段。

（8）Накануне вечером Пашута воротилась домой поздно, уже в темноте, доходил десятый час.［hsjs－］Поехав в город, она не собиралась задерживаться. Но не утерпела и зашла в свою столовую, а там девчонки пригласили поработать вечером на спецобслуживании … . Девчонки и ей сунули в баночке два комка мороженого. ［yyzp –］Девчонки — по привычке, по старой памяти, когда они действительно начинали девчонками, половина из них уже в бабках. ［– yyzp］［hsjs –］В сумке у Пашуты лежал ещё и пакет с пловом, выскребенным из остатков в котле…. (出自自建语料库文学语体——语篇 1)

（傍晚前帕舒塔才回到了家，已经很晚了，天已经黑了，9 点多钟了。进城时，她原本没打算耽搁很久。但没忍住，还是顺路去了趟自己以前工作过的食堂。姑娘们邀请她傍晚一起为特别工作服务。……姑娘们也塞给她一个装有两个冰激凌球的小盒。姑娘们的叫法是出于习惯，出于以前的记忆，当她们真的开始成为姑娘们的时候，之中的一半都已经只认金钱了。在帕舒塔的兜子里还放着一包从铁锅里刮出来的羊肉饭。……）

在这段话语中，被第一句话和最后一句话夹在中间的部分是一个回溯，介绍了帕舒塔回来之前所做的事情，回原来工作的食堂了，傍晚还在那里帮了些忙等等。然后在回溯结束之时，有了个含有哲理意义的感慨，构成了语义独立片段。所以这个缩减了的语段是一个介绍性回溯包含语义独立片段的例句。

（9）В машине царило молчание. Мне казалось, что молчали все по-разному.

…

［hshy –］Мы выехали рано утром, ещё до семи. ［qzfyj –］Часов пять на кряхтящем старце —《Москвиче》—［yych2 –］это в лучшем случае, если без поломок ［– yych2］. На катере, говорил Чурин, тоже два-три часа пути. ［– hshy］Значит, прибудем засветло и можно будет начать работу. ［– qzfyj］（出自自建语料库文学语体——语篇 24）

（汽车里一片沉默。我觉得，他们的沉默各有各的不同。

……

我们清早就出发了，还不到 7 点。如果哼哧哼哧叫的老爷车《莫斯科人》没有坏掉，最好的情况是，要坐上 5 个小时左右。邱林说过，坐汽艇还需要两到三个小时。也就是说，我们天亮以后才能到达，才能开始工作。）

文学语篇中的语篇范畴交叉现象有时候会比较复杂。例句（9）中，开头对车中沉默气氛的描写表明"我们"现在在车里，然后回忆"我们"早早就出发的经历，因此从"Мы выехали рано утром…"到"…тоже два-три часа пути"是一个回忆性的回溯。"我"对时间的估算：需要在老爷车中坐将近五个小时，还将需要坐汽艇，天亮才能到达，才能开始工作等，是一个计划性的前瞻，即从"Часов пять на кряхтящем старце"至语段结束是一个前瞻。"это в лучшем случае，если без поломок"这句话明显是一句插话性质的语义独立片段。综上，这个摘录的片段中包含有回溯、前瞻与语义独立片段三个语篇范畴的表现形式，而且是以杂糅的方式放置在一起的。

从以上例句可以体会到，虽然语篇范畴交叉现象在文学、政论和科技语体语篇中均可出现，但文学语篇中的交叉现象明显比政论和科技语体语篇中的交叉现象要复杂。目前阶段，基于自建小型语料库还只能对语篇中语篇范畴重叠和交叉现象做描述性分析，只有扩大语料规模，完善标注系统，提高标注水平，才能利用自建语料库对这个题目进行详细研究。

本 章 小 结

语言本身是不断发展变化的，语言学的研究是循序渐进、逐渐深入的，语言学理论在不断更新，人的认知会不断深化，语料库建设也将随着计算机等技术的进步而具有动态性。所有这些因素决定了语料库建设是一个具有开放性的过程，不可能一蹴而就、一成不变。个人自建小型俄语语料库虽然满足目前的研究需要，但为了提高语料库的利用率，使它具有更大的研究适应性，需要对它继续改进和完善。

根据语料库建设的一般过程，新建语料库的继续完善工作主要可以从两个方面着手，即语料库规模的扩大和文本标注的改进。语料库文本数量的增添不应该盲目无序，仍需严格遵守语料库初建时的设计目的和建库原则。在功能范围选择上，仍需要保持文学语体、政论语体与科技语体三个功能语体并存的配置。在选择入库语篇的类型上，文学语体语篇需要有针对性地按照现有的体裁种类有计划地增补，政论和科技语体语篇需要按照现有的主题设置有目的地补充。只有这样，才能保证将来的自建语料库在语篇体裁种类和主题方面具有符合代表意义的语料储备，才能利用语料库进行更加细化的语篇研究。在扩充自建语料库时，还需考虑语篇发表时间因素。在保证库中语篇时间具有代表性的同时，可以对创作于21世纪的语篇倾斜，尽量少选取老旧过时的语篇。因为现有语料库中来自于书籍的语篇比例将近一半，因此在未来的语篇来源选择上，可以更多地收录网络语篇，既操作方便快捷，又比较少涉及著作权等法律问题。在语篇作者的选择上，尽量考虑选择具有较大代表性的名家名作。在语篇作者性别的配置上，既需要注意两者的平衡，也要考虑自然语篇作者性别的实际情况。文本标注的改进主要包括两个方面，一个是在语篇元文本标注系统中考虑增加句子数目和段落数目两个标注项；另一个是在语篇内容标注中，增加一些为探讨语篇范畴位置而设置的项目，如语篇范畴例句的容量信息、在段落中的位置信息以及在语篇中的位置信息。

基于新建语料库的继续研究将主要体现在两个方面，即根据语料库元标注系统进行的研究，以及根据语篇内部标注类型进行的研究。根据语料库的元标注系统，在扩建后的自建语料库中可以对语篇范畴按照体裁或主题类型进行研究，分析每种功能语体具体的语篇范畴特征；可以从语篇作者性别二元性出发，分析在不同性别作者的语篇中语篇范畴的特征；可以根据语篇时间元标注项，对不同时期的语篇进行语篇范畴分析；可以根据语篇来源元标注项，分析网络语篇和非网络语篇中的语篇范畴特征，并可以做对比研究。随着自建语料库标注水平的提高，标注类型的增加，可以根据语篇内部具体标注类型对语篇范畴重叠和交叉现象进行详细的研究和分析。

随着语料库建设的逐步完善，利用它将可以进行更多高质量、有意义的语篇范畴研究项目；语篇范畴研究的逐渐深入，也会不断督促语料库进行更加细致的扩建和完善。

结　语

　　语篇是言语创造过程的产物，既是语言单位也是言语作品的单位，具有意义和结构上的完整性，体现为书面或口头形式，表达作者的态度和意向，具有明确的语用目的和使用范围。

　　在语言学外部，语篇是通向现代社会的门户，人们所从事的一切活动无一不通过语篇的构建和使用才得以成就，语篇是人们进行交际、沟通思想、了解知识的重要途径和载体，语篇也是语言教学的重要内容之一。可以说，语篇占据了人类社会活动的中心舞台，是探究现代社会的集结点。在语言学内部，重视语言功能和交际过程的研究趋势、语言学自身发展的内动力以及对形式主义研究的反思都促使语篇语言学在世界各地蓬勃兴起，并逐渐成为研究的热门课题。

　　如果说20世纪三四十年代是语篇研究的启蒙时代，20世纪90年代是语篇研究的发展和繁荣阶段，那么21世纪就是语篇研究跨越语言学本身界限的时代。这不只是因为语篇是人们交际过程中必须使用的语言单位，而且因为"语篇语言学的研究范围不断扩大和深化，其研究范围非常广泛。就研究对象而言，包括文学语篇、日常会话、广告、访谈、新闻、学术语篇、演讲、电子语篇等各种语类，特别是随着信息技术的发展，电子语篇不断得到关注，包括电子邮件、手机短信、超文本、网络聊天等；同时多模态语篇研究也在异军突起。"① 语篇的多样性、科学技术的发展、社会研究的综合化趋势以及纵深化演进过程都促使语篇研究必须朝着多维性、跨学科性的方向发展。

---

① 唐青叶. 语篇语言学 ［M］. 上海：上海大学出版社，2009：2 - 3.

　　打破学科界限，融合各个学科知识，发展出综合的、比较新的概念、方法或知识，无疑是跨学科研究超越于传统单学科研究的优势所在。我国学者刘仲林认为，跨学科研究包含三层含义："一是指打破学科壁垒，把不同学科理论或方法有机地融为一体的研究或教育活动；二是指包括众多的跨学科性学科在内的交叉学科群体，如社会心理学、环境科学、安全科学、生物化学等等；三是指一门以研究跨学科（交叉学科）规律与方法为基本内容的高层次学科，不探讨个别的跨学科现象或个别的交叉学科，而是研究跨学科的整体运动、普遍规律，即跨学科学。"① 随着人类知识水平的提高，对于复杂问题的解决必须从整体系统的高度去考量。科学研究中对其领域内某一问题的解决很难只从当前学科视角出发就能作出科学的结论，学科间的交叉、渗透和融合已经成为必然趋势，逐渐也将变成常态。

　　语篇研究的传统方法有很多，利用语料库对语篇进行研究是随着计算机科学的出现而产生的新兴方法，语料库语言学也正是语言学与计算机科学相互交叉产生的新学科。目前的语言学研究一般需要同时兼顾内在的直觉与外在的言语事实，既需关注内省，也需重视通过观察得来的自然语料，语料库的研究方法正好满足了这两个方面要求和发展趋势。在本质上，基于语料库的研究，是实证性研究在语料库语言学领域的延伸和应用。由于实证性研究具有固定的研究程序，以其为基础的基于语料库的研究方法也有相对固定的研究程序，即提出研究假设、确定操作方案、选定或建立合适的语料库、对数据进行统计分析、解释数据结果、作出结论。

　　基于语料库的俄语语篇研究，是一项极富挑战性的研究课题，它是一个交叉了语篇语言学、语料库语言学、统计学、计量科学、数学、计算机科学诸学科的跨学科研究，本质上属于跨学科的实践研究，具有一定的前沿性。具体而言，本书的理论基础是加里别林的语篇范畴理论，研究方法是语料库的方法，数据整理使用了统计学知识，实证分析利用了计量模型，参数估计使用了普通最小二乘法，运算数据应用了计算机统计分析软件。利用语料库数据对语篇范畴做定量分析的方法以前没有人用在语篇研究中，这是我们的一个大胆尝试，因为是探索性的研究，难免在某些方面存在着

---

① 刘仲林. 现代交叉科学 ［M］. 杭州：浙江教育出版社，1998：71.

不足。

　　此外，加里别林语篇范畴理论非常抽象和概括，如何把理论阐释设计为适合利用语料库进行的实践性研究，是本书研究的关键性问题。我们经过大量的资料查阅、慎重思考和实际探索，采用把语篇范畴具体化为科技、政论和文学语篇中各种表现形式的方法，并对这些表现形式进行归类，继而形成了自建语料库的标注体系。语篇范畴具体形式化的方式，每个研究者可能都会自己的想法和做法，我们采用的类型划分法只是为这项研究提供了一个研究方案和视角。

　　语篇研究就像一个天空，研究语篇的理论和方法就像翱翔于其中的鸟儿，多种多样，浩瀚渺渺。虽然仍有一些问题还有待于继续探索和解决，但我们的研究毕竟已从地上开始起飞，对着无垠的天空，拥有无限的发展空间，需要的只是时间、努力和勇气。

附录 I　语料库中语篇元信息标注符号表

序号	标注符号	标注符号的含义	标注符号下数字的含义							
			0	1	2	3	4	5	6	7
1	SN	编号 номер								
2	FS	功能范围 сфера функционирования		文艺语体	政论语体 政论语体	科技语体				
3	TITLE	语篇题目名称 название текста	无							
4	GT	语篇体裁 жанр текста		散文 классическая проза	惊险故事 приключения	爱情故事 любовная история	战争故事 война и воевик	侦探故事 детектив	科幻作品 фантастика	儿童文学 детская проза
5	DP	完成或发表的时间 дата создания или дата публикации								
6	ST	语篇来源 тип носителя		网络 интернет	杂志 журнул	报纸 газета	书籍 книга			

续表

序号	标注符号	标注符号的含义	标注符号下数字的含义							
			0	1	2	3	4	5	6	7
7	TT	语篇类型 тип текста		短篇小说 рассказ	中篇小说 повесть	趣闻 миниатюра	故事 сказка	长篇小说 роман		
8	NC	字符数（含空格） словоформ								
9	AU	作者 автор	不详 неизвестно							
10	SEX	作者性别 пол автора	不详 неизвестно	女性 женский	男性 мужкой					

附录 II　语料库中文学语体语篇元标注统计表

SN	FS	TITLE	GT	DP	ST	TT	NC	AU	SEX
1	1	В ту землю	1	1995	4	1	12044	В. Г. Распутин	2
2	1	Ванька	1	1886	4	1	1156	А. П. Чехов	2
3	1	Господин из Сан-Франциско	2	1915	4	1	6281	И. А. Бунин	2
4	1	Дождливый рассвет	3	1945	4	1	3546	К. Г. Паустовский	2
5	1	Матренин двор	1	1968	4	1	10996	А. И. Солженицын	2
6	1	Муму	1	1854	4	1	8286	И. С. Тургенев	2
7	1	После бала	3	1903	4	1	3084	Л. Н. Толстой	2
8	1	Русский характер	3	1942	4	1	2292	А. Л. Толстой	2
9	1	Станционный смотритель	1	1830	4	1	3450	А. С. Пушкин	2
10	1	Старуха Изергиль	1	1895	4	1	6921	Максим Горький	2
11	1	Судьба человека	4	1957	4	1	11079	М. А. Шолохов	2
12	1	Чудик	1	1967	4	1	2482	В. М. Шукшин	2
13	1	Шинель	1	1841	4	1	10130	Н. В. Гоголь	2
14	1	Гигант	1	2004	4	1	1814	Фазиль Искандер	2
15	1	Доктор Ионов	1	2011	2	1	2090	Игорь Попов	2

续表

SN	FS	TITLE	GT	DP	ST	TT	NC	AU	SEX
16	1	Первый поцелуй	3	2008	2	1	6625	Инга Петкевич	2
17	1		2	1998	1	3	325	0	0
18	1	В двух шагах от Рая	4	1981	2	1	14409	Сергей Наумов	2
19	1	Прости	5	1988	4	1	2205	Л. Л. Арестова	1
20	1	Трамвай на улице Липовой	6	2001	1	1	2428	Н. Орехов, Г. Шишко	2
21	1	Натали	3	1941	4	1	8650	И. А. Бунин	2
22	1	Тяжелая кровь	7	1992	4	4	3993	Ю. Я. Яковлев	2
23	1	А я кто?	7	1989	4	4	625	Наталья Абрамцева	1
24	1	Случай не реке	5	1988	4	1	7023	Л. Л. Арестова	1
25	1	Попрыгунья	3	1892	4	1	7542	А. П. Чехов	2
26	1	Встреча	1	1958	1	1	2285	В. В. Набоков	2
27	1	Собачье сердце	6	1968	1	2	24565	М. А. Булгаков	2
28	1	Помрачение	1	2014	2	1	3593	Ольга Лукинова	1
29	1	Ледяные ежи	1	2012	2	1	3196	Геннадий Николаев	2
30	1	Семейный ужин	1	2012	2	1	5690	Александр Вергелис	2

附录Ⅲ 文学语体语篇中语义独立片段的次数分布统计数据

SN	yyzp	yyrp	yyrx	yyys	yych1	yych2	yych	yyjs
1	25	9	12	0	3	2	5	7
2	0	1	0	0	0	0	0	0
3	6	3	0	0	0	0	0	2
4	1	4	0	2	0	0	0	0
5	4	15	4	0	0	2	2	5
6	4	1	0	0	6	0	6	0
7	0	4	1	1	0	1	1	0
8	3	1	1	1	0	0	0	1
9	1	3	0	1	1	1	2	1
10	1	15	1	0	0	0	0	0
11	4	14	0	0	0	2	2	0
12	0	3	0	0	0	0	0	0
13	8	0	0	2	15	0	15	3
14	0	2	0	0	0	0	0	3
15	1	0	0	2	0	0	0	3

续表

SN	yyzp	yyrp	yyrx	yyys	yych1	yych2	yych	yyjs
16	2	15	7	0	0	2	2	2
17	0	0	0	0	0	0	0	0
18	3	13	2	0	0	0	0	0
19	6	0	7	0	2	0	2	1
20	0	5	3	0	0	0	0	0
21	0	5	4	1	0	0	0	1
22	0	14	8	0	0	0	0	3
23	0	1	3	0	1	0	1	0
24	1	9	19	0	0	9	9	1
25	2	10	4	1	3	0	3	0
26	1	2	18	0	2	1	3	2
27	3	26	10	21	30	4	34	0
28	2	3	2	0	2	1	3	0
29	2	4	1	0	5	6	11	0
30	9	4	0	1	7	11	18	0

附录 IV 文学语体语篇中回溯的次数分布统计数据

SN	hscc	hsjs	hsfx	hsys	hstd	hshy
1	3	15	0	0	0	8
2	0	2	1	0	0	5
3	2	7	0	0	0	1
4	0	5	0	0	0	3
5	6	9	1	4	0	19
6	1	7	0	0	0	1
7	1	2	2	4	0	5
8	1	1	0	3	0	1
9	2	4	0	0	0	4
10	6	2	1	0	0	9
11	5	2	2	4	0	10
12	0	3	0	1	0	0
13	2	4	1	3	0	0
14	0	0	0	0	0	1
15	2	2	0	0	0	1

续表

SN	hscc	hsjs	hsfx	hsys	hstd	hshy
16	2	4	0	1	0	7
17	0	0	0	0	0	0
18	2	19	0	0	4	14
19	14	0	3	0	0	2
20	3	1	0	3	2	1
21	0	5	0	5	1	13
22	1	9	5	1	0	15
23	0	0	0	0	0	0
24	0	19	0	6	4	11
25	0	7	0	1	0	3
26	0	6	0	2	0	6
27	25	30	1	2	2	25
28	2	6	1	7	0	8
29	1	2	0	0	0	3
30	2	8	2	3	0	11

附录 V　文学语体语篇中前瞻的次数分布统计数据

SN	qzfyc	qzfym	qzfyx	qzfyt	qzfyg	qzfys	qzfyy	qzfyj	qzfy	qzgyc	qzgym	qzgyx	qzgyt	qzgyg	qzgyy	qzgyj	qzgy	qzzw
1	2	0	2	2	0	0	0	0	6	0	0	0	0	1	0	0	1	0
2	0	0	0	0	0	0	0	0	0	1	1	0	0	0	0	0	2	3
3	3	0	0	1	2	0	0	0	6	2	0	0	0	0	0	0	2	0
4	1	0	0	0	0	0	0	0	1	0	0	3	0	0	0	0	3	0
5	0	0	0	0	2	3	0	0	5	0	0	0	0	0	0	0	0	0
6	1	0	0	0	1	0	0	0	2	1	0	0	0	0	0	0	5	0
7	0	0	0	0	1	0	0	0	1	0	0	1	3	1	0	0	1	0
8	1	0	0	0	0	0	0	0	1	0	0	0	0	0	0	0	0	0
9	0	0	0	0	2	0	0	0	2	0	0	0	1	0	1	0	2	0
10	1	0	0	0	1	1	1	0	3	0	0	0	0	0	0	1	0	0
11	5	0	4	0	1	0	0	0	10	1	0	0	1	0	0	0	2	3
12	1	0	0	0	1	0	0	0	2	0	0	0	0	0	0	0	0	1
13	1	0	0	0	1	1	1	0	3	0	0	1	1	0	0	0	2	0
14	0	0	0	0	0	0	0	0	0	1	0	0	0	1	0	0	2	0
15	0	0	0	0	0	0	0	0	0	0	0	0	0	0	0	0	0	0

续表

SN	qzfyc	qzfym	qzfyx	qzfyt	qzfyg	qzfys	qzfyy	qzfyj	qzfy	qzgyc	qzgym	qzgyx	qzgyt	qzgyg	qzgyy	qzgyj	qzgy	qzzw
16	6	0	0	0	0	0	0	0	6	0	0	0	0	0	0	0	0	0
17	0	0	0	0	0	0	0	0	0	0	0	0	0	0	0	0	0	0
18	2	0	1	33	2	0	0	9	47	1	0	0	7	0	0	1	9	4
19	1	0	0	3	0	0	0	0	4	1	0	0	1	0	1	0	3	0
20	0	0	0	0	0	0	0	0	0	0	0	0	1	0	0	3	4	0
21	5	0	0	1	0	1	1	1	9	0	0	0	0	0	0	0	0	0
22	1	0	0	2	2	0	0	1	6	0	0	0	0	0	0	0	0	2
23	0	0	0	1	0	0	0	0	1	0	0	0	0	0	0	0	0	4
24	2	0	0	11	2	0	0	3	18	1	0	0	1	0	0	1	3	0
25	1	0	0	1	0	1	0	2	5	1	0	1	0	0	0	0	2	0
26	0	0	0	0	0	0	0	0	0	0	0	0	1	0	0	0	1	0
27	7	1	2	8	5	2	0	2	27	0	0	0	9	0	0	4	13	0
28	1	0	0	0	1	0	0	0	2	0	0	0	0	0	0	1	1	0
29	2	0	0	1	0	0	0	2	5	0	0	0	0	0	0	0	0	1
30	3	0	0	1	0	1	0	2	7	0	1	0	1	0	0	0	2	1

附录 VI 语料库中政论语体语篇的元标注统计表

SN	FS	TITLE	THT	DP	ST	TT	NC	AU	SEX
1	2	Славянофильство теории и славянофильство жизни	1	1891	4	1	2712	К. Н. Леонтьев	2
2	2	Судьба Петербурга	1	1918	4	1	1319	Н. В. Устрялов	2
3	2	Будет ли существовать Россия?	1	1929	2	1	3717	Г. П. Федотов	2
4	2	Пока райком ждет указаний…	1	1937	3	1	855	Д. Содинцева, Е. Федоров	1
5	2	Победа!	1	1945	3	1	637	0	0
6	2	Отеческая забота партии	1	1953	3	3	1213	К. Костенко	2
7	2	Англия, 15 Октября	1	1964	3	1	449	В. Осипов	2
8	2	Главная отрасль	3	1971	3	1	700	Г. Боровиков	2
9	2	От коммунистов и трудящихся Украины	1	1982	3	4	606	0	0
10	2	Письмо М. С. Горбачеву	1	1986	3	5	1937	А. Д. Сахаров	2
11	2	Подлец? Кто подлец?	2	1998	3	6	802	А. Соколянский	2
12	2	Евгений Киселев: "Таганка прошла через мою судьбу?"	2	2003	3	2	811	Мила Кузина	1

续表

SN	FS	TITLE	THT	DP	ST	TT	NC	AU	SEX
13	2	Как ценятся западные дипломы в России	4	2006	2	7	487	Алексей Крашаков	2
14	2	Деньги пошли в лес	3	2007	2	7	897	Алексей Крашаков	2
15	2	Выгоды и риски	5	2008	1	7	760	Максим Блант	2
16	2	Платные парковки	1	2012	2	7	1367	Юлия Латынина	1
17	2	И - о футболе	6	2012	1	7	607	Леонид Поляков	2
18	2	Отечественное образование зависло на волоске	4	2013	2	7	658	Григорий Шугаев	2
19	2	Китайская обезьяна смеётся над европейским бумажным тигром	1	2014	1	7	339	0	0
20	2	Политика европейских санкций должна быть пересмотрена	1	2014	3	2	443	Татьяна Байкова	1

241

附录VII 政论语体语篇中语义独立片段的次数分布统计数据

SN	yyzp	yyrp	yyrx	yyys	yych1	yych2	yych	yyjs
1	0	0	0	7	20	1	21	0
2	3	0	0	4	1	0	1	0
3	0	0	0	2	1	0	1	0
4	0	0	0	0	0	0	0	0
5	1	0	0	0	0	0	0	0
6	0	1	0	1	0	1	1	0
7	0	0	0	0	1	0	1	0
8	2	0	0	0	0	0	0	0
9	0	0	0	0	0	0	0	0
10	2	0	0	3	11	0	11	0
11	2	0	0	1	8	0	8	0
12	0	0	0	0	1	0	1	0
13	0	0	0	0	1	0	1	0
14	0	0	0	0	0	0	0	0
15	0	0	0	0	0	0	0	5

续表

SN	yyzp	yyrp	yyrx	yyys	yych1	yych2	yych	yyjs
16	0	0	0	0	1	0	1	0
17	0	0	0	0	1	0	1	0
18	0	0	0	0	0	0	0	0
19	0	0	0	1	0	0	0	0
20	0	0	0	0	0	0	0	0

附录Ⅷ 政论语体语篇中回溯的次数分布统计数据

SN	hscc	hsjs	hsfx	hsys	hstd	hshy
1	0	13	1	10	1	1
2	0	9	0	7	0	0
3	0	7	0	4	0	1
4	1	6	0	4	0	0
5	0	5	0	1	0	0
6	0	2	0	5	0	4
7	0	0	0	0	0	0
8	0	6	0	1	0	1
9	0	3	0	0	0	0
10	1	15	0	2	0	0
11	0	6	0	2	0	0
12	0	6	0	0	0	2
13	0	2	0	0	0	0
14	0	3	0	0	0	0
15	0	5	0	0	0	0

续表

SN	hscc	hsjs	hsfx	hsys	hstd	hshy
16	0	3	0	7	0	0
17	2	3	0	0	0	1
18	1	8	0	6	0	2
19	0	2	0	3	0	0
20	0	2	0	4	0	0

附录IX 政论语体语篇中前瞻的次数分布统计数据

SN	qzfy	qzgy	qzzw	qzzwy	qzzwg	qzzwj	qzzwc	qzzwd
1	0	0	2	2	0	0	0	0
2	0	0	2	1	0	0	0	1
3	0	0	18	11	1	4	1	1
4	0	0	0	0	0	0	0	0
5	0	0	3	3	0	0	0	0
6	0	0	0	0	0	0	0	0
7	0	0	0	0	0	0	0	0
8	0	0	0	0	0	0	0	0
9	0	0	1	1	0	0	0	0
10	0	0	2	2	0	0	0	0
11	0	0	0	0	0	0	0	0
12	0	0	0	0	0	0	0	0
13	0	0	0	0	0	0	0	0
14	0	0	5	4	0	0	1	0
15	0	0	7	3	1	2	1	0

续表

SN	qzfy	qzgy	qzzw	qzzwy	qzzwg	qzzwj	qzzwc	qzzwd
16	0	0	2	2	0	0	0	0
17	0	0	3	2	0	0	1	0
18	0	0	6	6	0	0	0	0
19	0	0	2	2	0	0	0	0
20	0	0	5	3	0	1	1	0

附录 X 语料库中科技语体语篇的元标注统计表

SN	FS	TITLE	THT	DP	ST	TT	NC	AU	SEX
1	3	Синтаксис—душа предложения	7	1979	4	1	1726	Д. Э. Розенталь	2
2	3	Автосемантия отрезков текста	7	1981	4	2	2882	И. Р. Гальперин	2
3	3	Молекулярное строение веществ	8	1985	4	1	856	郑锦棠	2
4	3	Загадка летучих мышей	8	1995	4	1	816	郑锦棠	2
5	3	Россия в начале 19 в.	9	2002	4	1	973	李英男，戴桂菊	1
6	3	М. Ю. Лермонтов (1814—1841)	2	2003	4	1	3351	任光宣等	2
7	3	Лекция 4. Объекты гражданских правоотношений	11	2004	1	3	1705	О. А. Рузакова	1
8	3	Историосемантика и символика красного цвета в китайском языке	2	2008	1	4	1698	Т. А. Морозова	1
9	3	Памятка туристу по Египту	12	2008	1	5	2185	0	0
10	3	Как стать бизнесменом?	5	2011	4	6	1110	何文丽	1
11	3	Зверские трудности перевода	1	2011	4	6	1251	何文丽	1
12	3	Спутники детства	1	2011	4	6	1019	何文丽	1

续表

SN	FS	TITLE	THT	DP	ST	TT	NC	AU	SEX
13	3	Знакомство с китайской чайной церемонией	2	2011	4	6	1950	郑永旺	2
14	3	Рыночная экономика в России—Сущность и основные черты	5	2011	4	6	872	邓军	1
15	3	Эти странные русские	1	2011	4	6	2746	В. И. Жельвис	2
16	3	Отчет о работе старшей медицинской сестры нейрохирургического отделения Семеновой Нины Владимировны за 2011 год	10	2012	1	7	4124	Н. В. Семенова	1
17	3	Торт вишневый	1	2012	1	8	373	Елена Эллиотт	1
18	3	Инструкция к холодильнику	13	2013	1	5	3350	0	0
19	3	За что выросшие дети обижены на своих родителей	1	2014	1	6	383	Юлия Озерова	1
20	3	Интернет магазин мебели 《Mebelny - Dom》	5	2015	1	9	335	0	0

附录 XI 科技语体语篇中语义独立片段的次数分布统计数据

SN	yyzp	yyrp	yyrx	yyys	yych1	yych2	yych	yyjs
1	0	0	0	10	0	0	0	1
2	0	0	0	7	5	0	5	0
3	0	0	0	0	1	1	1	0
4	0	0	0	0	0	0	0	0
5	0	0	0	0	5	0	5	1
6	0	0	0	16	3	0	3	0
7	0	0	0	0	4	0	4	0
8	0	0	0	4	8	0	8	0
9	0	0	0	0	0	0	0	0
10	4	0	0	8	0	0	0	0
11	0	0	0	0	1	1	1	0
12	0	0	0	0	0	0	0	0
13	0	0	0	0	9	0	9	0
14	0	0	0	0	0	0	0	0
15	6	3	0	5	0	0	0	1

续表

SN	yyzp	yyrp	yyrx	yyys	yych1	yych2	yych	yyjs
16	0	0	0	1	1	0	1	0
17	0	0	0	0	4	0	4	0
18	0	0	0	0	2	0	2	0
19	0	0	0	0	0	0	0	0
20	0	0	0	0	0	0	0	0

附录XII 科技语体语篇中回溯的次数分布统计数据

SN	hscc	hsjs	hsfx	hsys	hstd	hshy
1	0	5	0	5	0	0
2	7	7	0	13	0	1
3	0	1	0	0	0	0
4	0	5	0	0	0	0
5	0	3	0	0	0	0
6	0	2	0	7	0	0
7	0	0	0	0	0	0
8	0	8	0	0	0	0
9	0	0	0	0	0	0
10	0	2	0	0	0	0
11	0	6	0	0	0	1
12	0	9	0	0	0	0
13	0	1	0	0	0	0
14	0	2	0	0	0	0
15	0	9	1	2	0	0

续表

SN	hscc	hsjs	hsfx	hsys	hstd	hshy
16	0	33	0	1	0	0
17	0	9	0	0	0	1
18	0	0	0	0	0	0
19	0	0	0	0	0	0
20	0	0	0	0	0	0

附录 XIII　科技语体语篇中前瞻的次数分布统计数据

SN	qzfyc	qzfyt	qzfy	qzgy	qzzw	qzzwy	qzzwg	qzzwj	qzzwc	qzzwd	qzzwh
1	2	0	2	0	0	0	0	0	0	0	0
2	0	0	0	0	2	2	0	0	0	0	0
3	0	0	0	0	0	0	0	0	0	0	0
4	0	0	0	0	0	0	0	0	0	0	0
5	0	0	0	0	0	0	0	0	0	0	0
6	1	0	1	0	0	0	0	0	0	0	0
7	0	0	0	0	0	0	0	0	0	0	0
8	0	0	0	0	0	0	0	0	0	0	0
9	0	0	0	0	40	0	1	20	0	11	8
10	0	0	0	0	0	0	0	0	0	0	0
11	0	0	0	0	1	1	0	0	1	0	0
12	0	0	0	0	0	0	0	1	1	0	0
13	0	0	0	0	0	0	0	1	0	0	0
14	0	0	0	0	6	6	0	0	0	0	0
15	0	0	0	0	0	0	0	0	0	0	0

续表

SN	qzfyc	qzfyt	qzfy	qzgy	qzzz	qzzwy	qzzwg	qzzwj	qzzwc	qzzwd	qzzwh
16	0	0	0	0	1	0	0	0	1	0	0
17	0	1	1	0	0	0	0	0	0	0	0
18	0	0	0	0	61	13	19	0	0	18	11
19	0	0	0	0	2	2	0	0	0	0	0
20	0	0	0	0	8	2	0	0	0	0	6

参 考 文 献

一、外文部分

[1] Aijmer, K. & B. Altenberg. Advances in Corpus Linguistics [C]. Beijing: World Book Publishing Company, 2009.

[2] Beaugrande, R. de & W. U. Dressler. Introduction to Text Linguistics [M]. London: Longman, 1981.

[3] Beaugrande, R. Descriptive Linguistics at the Millennium: Corpus Data as Authentic Language [J]. Journal of Language and Linguistics, 2002, Vol 1 (2).

[4] Biber, D. Representativeness in Corpus Design [J]. Literary and Linguistic Computing, 1993 (8/4).

[5] Biber, D. , Conrad and R. Reppen. Corpus Linguistics: Investigating Language Structure and Use [M]. Cambridge: Cambridge University Press, 1998.

[6] Chomsky, N. Aspects of the Theory of Syntax [M]. Cambridge: MIT, 1965.

[7] Fauconnier, G. & Tumer, M. Conceptual Integration Networks [J]. Cognitive Science, 1998 (22)

[8] Fillmore, C. J. "Corpus Linguistics" or "Computer-aided armchair Linguistics" [A]. J. Svarevik (ed). Directions in Corpus Linguistics [C]. Berlin: Mouton de Grueter, 1992.

[9] Firth, J. R. Papers In Linguistics 1934 ~ 1951 [M]. London: Oxford University Press, 1957.

[10] Guy, A. Corpora in Language Pedagogy: Matching Theory and Prac-

tice, in Principles & Practice in Applied Linguistics [M]. New York: Oxford University Press, 1995.

[11] Halliday, M. A. K. & R. Hasan. Cohesion in English [M]. 北京: 外语教学与研究出版社, 2001.

[12] Halliday, M. A. K. Linguistic structure and language function [A]. in John Lyons ed. New Horizons in Linguistics [C]. Harmondsworth: Penguin Books, 1970.

[13] Harris, Zellig, S. Discourse Analysis [J]. Language, 1952 (28).

[14] Janssen, S. Automatic sense—disambiguation with LDOCE: enriching syntactically analyzed corpra with semantic data [A]. in Arts, J. & Meijs (eds) Theory and Practice in Corpus Linguistics [C]. Rodopi, 1990.

[15] Kennedy. J, An Introduction to Corpus Linguistics [M]. London: Longman, 1998.

[16] Lee, D. Genre, Register, Text Types, Domains, and Styles: Clarifying the Concepts and Navigating a Path though the BNC Jungle [J]. Language Learning & Technology, 2001, 5/3.

[17] Leech, G. Corpus annotation schemes [J]. Literary and Linguistic Computing. 1993, 8 (4).

[18] Leech, G. Grammar of Spoken English: New Outcomes of Corpus-oriented Research [J]. Language Learning, 2000 (4).

[19] Malinowsky, P. Coral Gardens And Their Magic [M]. vol. 2, The Language of Magic And Gardening. London: Allen & Undwin, 1933.

[20] McCarthy, M. Spoken Language and Applied Linguistics [M]. Cambridge: Cambridge University Press, 1998.

[21] McEnery, T. & Wilson, A. Corpus Linguistics [M]. Edinburgh University Press, 1996.

[22] Meyer. C. F. English Corpus Linguistics: An Introduction [M]. Cambridge: Cambridge University Press, 2002.

[23] Renouf, A. Corpus development [A]. In Sinclair, J. (Ed). Looking Up [C]. London: Collins, 1987.

［24］Schmidt, K. M. Begriffsglossar und Index zu Ulrichs von Zatzikhoven Lanzelet ［M］. Niemeyer, 1993.

［25］Sinclair, J. Basic computer processing of long texts ［A］. In G. Leech & C. Candlin (Eds). Computes in English Language Teaching and Research ［C］. London: Longman, 1986.

［26］Sinclair, J. Reading Concordances ［M］. London: Pearson, 2003.

［27］Sinlair, J. Corpus, Concordance, Collocation ［M］. Oxford & New York: Oxford University Press, 1991.

［28］Stenstrom, B. A. Didcourse tags ［A］. In A arts, J. & Meijs (eds). Theory and Practice in Corpus Linguistics ［C］. Rodopi, 1984.

［29］Stubbs, M. Texts, corpora, and problems of interpretation: a response to Widdowson ［J］. Applied Linguistics, 2001, 22 (2).

［30］Tognini - Bonelli, E. Corpus Linguistics at Work. Amsterdam and Philadelphia: John Benjamins ［M］. 2001.

［31］Алефиренко Н. Ф. Смысловая структура текста ［J］. Семантика языка и текста: Сб. науч. ст. Под ред Ф. П. Сергеева. Волгоград, 1998 (4).

［32］Анисимова. Е. Е. Лингвистика текста и межкультурная коммуникация на материале креолизованных текстов ［M］. М. : Издательский центр. Академия, 2003.

［33］Будагов Р. А. Филология и культура ［M］. М. , 1980.

［34］Валгина Н. С. Теория текста ［M］. М. , 2003.

［35］Вандриес. Ж. Язык ［M］. М. , 1937.

［36］Гальперин И. Р. Текст как объект лингвистического исследования ［M］. М. : Наука, 1981.

［37］Зарубина Н. Д. Текст: лингвистический и методический аспекты ［M］. М. , 1981.

［38］Золотова Г. А. Роль ремы в организации и типологии текста ［A］. Синтаксис текста ［C］. М. , 1979.

［39］Ингве В. Гипотеза глубины ［A］. Новое в лингвистике ［C］. вып. 4. М. , 1965.

［40］Иоанесян. Е. Р. Противоречивость и точка отсчета ［A］. Логический анализ языка. Противоречивость и аномальность текста ［C］. М. : Наука, 1990.

［41］Кожина М. Н. Стилистический энциклопедический словарь русского языка. Под ред. М. Н. Кожиной. М. : Флинта: Наука, 2003.

［42］Красных В. В. 《Свой 》 среди 《чужих》: мир или реальность? ［M］. М. 2003.

［43］Леонтьев А. А. Понятие текста в современной лингвистике и психолингвистике. Психолингвистичекая природа текста и особенности его восприятия ［M］. Киев. : 1979.

［44］Лосева Л. М. Как строится текст: Пособие для учителей ［M］. Под ред. Г. Я. Солганика. М. , Просвещение, 1980.

［45］Лотман Ю. М. Анализ поэтического текста ［M］. Л. : 1972.

［46］Лукин. В. А. Художественный текст: Основы лингвистической теории и элементы анализа: Учеб. для филол. спец. вузов ［M］. М. , Издательство 《Ось – 89》, 1999.

［47］Малычева, Н. В. Текст и сложное синтаксическое целое: системно-функциональный анализ ［D］. Ростов-на-Дону, 2003.

［48］Манн Т. Иосиф и его братья ［M］. М. , т. 2. , 1968.

［49］Матвеева Т. В. Функциональные стили в аспекте текстовых категорий: Синхронно-сопоставительный очерк ［M］. Свердловск, Изд. УралУн-та, 1990.

［50］Мещанинов И. И. Члены предложения и части речи ［M］. М. , 1945.

［51］Милевская Т. В. Связность как категория дискурса и текста ［M］. Ростов-на-Дону, 2003.

［52］Москальчук Г. Г. Структурная организация и самоорганизация текста ［M］. Барнаул, 1998.

［53］Николаева Т. М. Текст. // под ред. Ярцевой В. Н. Большой энциклопедический словарь: Языкознание ［Z］. М. : Изд. Большая российская энциклопедия，1998.

　　［54］Одинцов В. В. Стилистика текста［М］. М. ，1980.

　　［55］Папина. А. Ф. Текст：его единицы и глобальные категории：Учебник для студентов-журналистов и филологов［М］. М. ：Едиториал УРСС，2002.

　　［56］Поспелов Н. С. Сложное синтаксическое целое и основные особенности его структуры［С］. Доклады и сообщения Института русского языка АН СССР［А］. М. ：Изд-во АН СССР. вып. 2 1948.

　　［57］Реферовская Е. А. Коммуникативная структура текста в лексико-грамматическом аспекте［М］. Л. ，1989.

　　［58］Солганик Г. Я. Стилистика текста［М］. М. ，1997.

　　［59］Степанов Г. В. Заметки об образном строе лирики Пушкина［J］. Roma. Accademia Nazionale. Lincei，1978.

　　［60］Степанов Г. В. Несколько замечаний о специфике художественного текста［А］. Сб. научных трудов МГПИИЯ вып. 103. Лингвистика текста［С］. М. ，1976.

　　［61］Степанов Г. В. Семиотика［М］. М. ，1971.

　　［62］Толстой Л. Н. Война и мир［М］. М. ，Собр. соч. Т. 6，1953.

　　［63］Тураева З. Я. Лингвистика текста［М］. М. ，1986.

　　［64］Фигуровский И. А. Синтаксис целого текста и ученические письменные работы［М］. М. ，1961.

　　［65］Филиппов К. А. Лингвистика текста［М］. СПб. ：Изд. С-Петербургский ун-т，2003.

　　［66］Чернухина И. Я. Общие особенности поэтического текста［М］. Воронеж：Изд-во. ВГУ，1987.

　　［67］Шевченко Н. В. Основы лингвистики текста［М］. М. ，2003.

二、中文部分

　　［68］Щукин А. А. 再论俄罗斯篇章语言学现状［С］. 俄语语言文学研究［А］. 北京：外语教学与研究出版社，2002.

　　［69］安利. 论语篇的语义独立片段［J］. 中国俄语教学，2009（2）.

［70］车琳.文学语篇的时间范畴［J］.中国俄语教学，2013（3）.

［71］陈丛耕.汉语词语与性别关系研究［D］.南京：南京师范大学，2008.

［72］陈洁，张婷婷.俄罗斯语篇语言学研究述评［J］.外语与外语教学，2008（7）.

［73］陈勇.论经验主义和理性主义之争——关于西方语言学研究中的认识论［J］.外语学刊，2003（3）.

［74］陈勇.篇章内容的层次结构与人的世界［J］.外语学刊，2006，（3）.

［75］陈勇.关于篇章的符号学地位问题［J］.解放军外国语学院学报，2009（6）.

［76］陈勇.关于篇章的符号学分析［J］.外语研究，2010（1）.

［77］崔刚，盛永梅.语料库中语料的标注［J］.清华大学学报（哲学社会科学版），2000（1）.

［78］崔卫，刘戈.俄文网络信息资源及利用［M］.北京：北京大学出版社，2013.

［79］邓军、郝斌、赵为总主编，邓军主编.俄语8（全新版）［M］.北京：北京大学出版社，2011.

［80］邓军、郝斌、赵为总主编，何文丽主编.俄语6（全新版）［M］.北京：北京大学出版社，2011.

［81］邓军、郝斌、赵为总主编，郑永旺主编.俄语7（全新版）［M］.北京：北京大学出版社，2011.

［82］丁善信.语料库语言学的发展及研究现状［J］.当代语言学，1998（3）.

［83］杜江主编.计量经济学及其应用［M］.北京：机械工业出版社，2010.

［84］杜金榜.语篇分析教程［M］.武汉：武汉大学出版社，2013.

［85］樊斌.基于汉语语料库的性别词汇研究［D］.武汉：武汉理工大学，2005.

［86］冯志伟.基于经验主义的语料库研究［J］.术语标准化与信息技

术，2007（1）.

　　[87] 傅兴尚等主编. 俄罗斯计算语言学与机器翻译 [M]. 北京：语文出版社，2009.

　　[88] 耿修林. 社会调查中样本容量的确定 [M]. 北京：科学出版社，2008.

　　[89] 桂诗春，杨惠中. 中国学习者英语语料库 [M]. 上海：上海外语教育出版社，2003.

　　[90] 郭春燕. 对话语篇的整合研究 [D]. 哈尔滨：黑龙江大学，2010.

　　[91] 郭明. 俄罗斯语言篇章范畴与小说研究 [M]. 哈尔滨：黑龙江大学出版社，2012.

　　[92] 韩宝成. 外语教学研究中的统计方法 [M]. 北京：外语教学与研究出版社，2008.

　　[93] 何婷婷. 语料库研究 [D]. 武汉：华中师范大学，2003.

　　[94] 胡曙中. 英语语篇语言学研究 [M]. 上海：上海外语教育出版社，2008.

　　[95] 胡咏梅. 计量经济学基础与 STATA 应用 [M]. 北京：北京师范大学出版集团，2010.

　　[96] 胡壮麟. 语篇的衔接与连贯 [M]. 上海：上海外语教育出版社，1994.

　　[97] 华劭. 语言经纬 [M]. 北京：商务印书馆，2003.

　　[98] 黄昌宁，张小凤. 自然语言处理技术的三个里程碑 [J]. 外语教学与研究，2002（3）.

　　[99] 黄国文. 语篇分析的理论与实践——广告语篇研究 [M]. 上海：上海外语教育出版社，2008.

　　[100] 黄良文主编. 统计学原理 [M]. 北京：中国统计出版社，2004.

　　[101] 姜望琪. 语篇语言学研究 [M]. 北京：北京大学出版社，2011.

　　[102] 杰弗里·M. 伍德里奇著，费剑平译校. 计量经济学导论 [M]. 北京：中国人民大学出版社，2010.

　　[103] 克里斯特尔·D.. 沈家煊译. 现代语言学词典 [M]. 北京：商

务印书馆，2007.

[104] 乐苓. 俄语科学篇章的结构和类型 [D]. 哈尔滨：黑龙江大学，2005.

[105] 李建国.《中华人民共和国著作权法》条文释义 [M]. 北京：人民法院出版社，2001.

[106] 李少哲. 俄语语料库和基于语料库的语法研究 [D]. 哈尔滨：黑龙江大学，2012.

[107] 李绍山. 语言研究中的统计学 [M]. 西安：西安交通大学出版社，2008.

[108] 李文戈. 语篇对比与翻译研究 [D]. 哈尔滨：黑龙江大学，2010.

[109] 李文中. 语料库语言学的研究视野 [J]. 解放军外国语学院学报，2010 (2).

[110] 李锡胤. 篇章结构的功能分析尝试 [J]. 外语学刊，1993 (6).

[111] 李英男，戴桂菊. 俄罗斯历史之路 [M]. 北京：外语教学与研究出版社，2002.

[112] 梁茂成，李文中，许家金. 语料库应用教程 [M]. 北京：外语教学与研究出版社，2010.

[113] 梁茂成. 理性主义、经验主义与语料库语言学 [J]. 中国外语，2010 (4).

[114] 梁茂成. 语料库应用教程 [M]. 北京：外语教学与研究出版社，2010.

[115] 梁南元. 书面汉语自动分词系统——CDWS [J]. 中文信息学报，1987 (2).

[116] 林超. 俄汉图书辅文对比研究 [D]. 哈尔滨：黑龙江大学，2010.

[117] 林超. 图书辅文题首研究 [J]. 中国俄语教学，2010 (1).

[118] 刘金明. 语篇语言学流派与语篇交际的构成原则 [J]. 天津外国语学院学报，2005 (3).

[119] 刘兴兵. 语料库建设中影响其代表性的因素 [J]. 十堰职业技

术学院学报，2003（4）.

[120] 刘永红，袁顺芝. 俄罗斯短篇小说选读［M］. 武汉：武汉大学出版社，2010.

[121] 刘泽权.《红楼梦》中英文语料库的创建及应用研究［M］. 北京：光明日报出版社，2010.

[122] 刘仲林. 现代交叉科学［M］. 杭州：浙江教育出版社，1998.

[123] 卢婧. 伍尔夫《到灯塔去》的时间艺术［D］. 南京：南京师范大学，2005.

[124] 罗宾斯. 简明语言学史［M］. 许德宝，等译. 北京：中国社会科学出版社，1997.

[125] 吕长竑. 语篇的语料库研究范式评介［J］. 外国语，2010（2）.

[126] 聂仁发. 汉语语篇研究回顾与展望［J］. 宁波大学学报（人文科学版），2009（3）.

[127] 钱敏汝. 篇章语用学概论［M］. 外语教学与研究出版社，2001.

[128] 乔以钢. 论中国女性文学的思想内涵［J］. 南开学报，2001（4）.

[129] 秦晓晴. 外语教学研究中的定量数据分析［M］. 武汉：华中科技大学出版社，2010.

[130] 史铁强，安利. 论语篇的主观情态性［J］. 解放军外国语学院学报，2009（1）.

[131] 史铁强，安利. 语篇的回眸与前瞻［J］. 四川外语学院学报，2008（4）.

[132] 史铁强，安利. 语篇语言学［M］. 北京：外语教学与研究出版社，2012.

[133] 宋春阳. 科学理性时代的语言学研究——理性主义的发展与语言学研究［J］. 北方论丛，2003（2）.

[134] 宋余亮. 俄语现代标注语料库的理论与实践［D］. 苏州：解放军外国语学院，2006.

[135] 孙珊珊，许余龙，段嫚娟. 前瞻中心排序对英汉指代消解影响的对比分析［J］. 外语教学与研究，2013（6）.

[136] 孙廷廷 . 现代汉语回溯性话语标记考察 [D]. 武汉：华中师范大学，2012.

[137] 唐青叶 . 语篇语言学 [M]. 上海：上海大学出版社，2009.

[138] 滕延江，李平 . 基于语料库的语篇分析范式研究 [J]. 外语学刊，2012（1）.

[139] 田海龙 . 语篇研究：范畴、视角、方法 [M]. 上海：上海外语教育出版社，2009.

[140] 汪涌豪 . 范畴论 [M]. 上海：复旦大学出版社，1999.

[141] 王福祥 . 汉语话语语言学初探 [M]. 北京：商务印书馆，1989.

[142] 王改燕 . 男女语言行为差异初探 [J]. 外语教学，1999（1）.

[143] 王克非等 . 双语对应语料库：研制与应用 [M]. 北京：外语教学与研究出版社，2004.

[144] 王丽君 . 反男权的女性主义叙事——以《丽石的日记》为例 [J]. 赤峰学院学报，2015（1）.

[145] 王松林 . 苏联话语语言学的发展 [J]. 中国俄语教学，1987（2）.

[146] 王臻 . 俄语语料库语言学研究现状与瞻望 [J]. 中国俄语教学，2007（2）.

[147] 吴汉东 . 知识产权法 [M]. 北京：中国政法大学出版社，2009.

[148] 吴雁，朱秋荻 . 英语性别语言话语风格特征比较 [J]. 江西财经大学学报，2009（3）.

[149] 吴贻翼，雷秀英，王辛夷，李炜 . 现代俄语语篇语法学 [M]. 北京：商务印书馆，2003.

[150] 谢家成 . 论个人教学语料库的构建 [J]. 外语电化教学，2003（3）.

[151] 徐赳赳，现代汉语篇章语言学 [M]. 北京：商务印书馆，2010.

[152] 许余龙 . 篇章回指的功能语用探索——一项基于汉语民间故事和报刊语料的研究 [M]. 上海：上海外语教育出版社，2006.

[153] 杨惠中 . 语料库语言学导论 [M]. 上海：上海外语教育出版社，2004.

［154］易绵竹，武斌，姚爱钢．工程语言学［M］．上海：上海外语教育出版社，2007．

［155］俞士汶．计算语言学概论［M］．北京：商务印书馆，2007．

［156］张会森．修辞学通论［M］．上海：上海外语教育出版社，2002．

［157］张继东，赵晓临．基于语料库的英语语言特征研究［M］．上海：上海交通大学出版社，2012．

［158］张建华．陈馥，译．布宁短篇小说选［M］．北京：外语教学与研究出版社，2006．

［159］张建华．吴泽霖，译．布尔加科夫中篇小说：狗心［M］．北京：外语教学与研究出版社，2006．

［160］张晓丽，王丹．继承与超越：从弗吉尼亚·伍尔夫到多丽丝·莱辛的女性文学［J］．理论界，2011（2）．

［161］赵洪展．对小型语料库的初步研究［J］．辽宁行政学院学报，2006（12）．

［162］赵军，徐波，孙茂松，靳光谨．中文语言资源联盟的建设和发展［A］．中文信息处理若干重要问题［C］．北京：科学出版社，2003。

［163］赵婷婷．网络博客语言中的性别差异实证研究［J］．内蒙古民族大学学报，2012（1）．

［164］赵卫东．人类生存视域下的女性话语［J］．山西师范大学学报（社会科学版），2015（1）．

［165］郑贵友．汉语篇章分析的兴起与发展［J］．汉语学习，2005（5）．

［166］郑锦棠．俄语科技文选［M］．上海：上海外语教育出版社，1995．

［167］宗成庆，曹右琦，俞士汶．中文信息处理60年［J］．语言文字应用，2009（4）．